Grant Norris, James R. Hurley,
Kenneth M. Hartley, John R. Dunleavy,
John D. Balls

E-Business und ERP

Grant Norris, James R. Hurley, Kenneth M. Hartley und John R. Dunleavy sind Partner bei der Unternehmensberatung PricewaterhouseCoopers. Grant Norris und James R. Hurley beschäftigen sich seit langem mit der Entwicklung und Einführung von E-Business- und ERP-Systemen. Kenneth M. Hartley ist Experte für die Entwicklung und Einführung von Produktionssystemen, für Supply Chain Management und Prozessoptimierung. John R. Dunleavy ist weltweit zuständig für die E-Business Initiative im Bereich Finanzen und Controlling. John D. Balls ist CIO, Vice President und Leiter des ERP-Projekts eines Fortune 100 Unternehmens in der Kommunikationsbranche.

**Grant Norris, James R. Hurley,
Kenneth M. Hartley, John R. Dunleavy,
John D. Balls**

E-Business und ERP

Interne Prozesse mit dem Internet verbinden

Deutsch von Helmut Mertes

Die amerikanische Originalausgabe erschien 2000 bei John Wiley & Sons, New York. All rights reserved. Authorized translation from the English language edition published by John Wiley & Sons, Inc.
© 2000 by PricewaterhouseCoopers LLP.

1. Auflage 2002

Die Deutsche Bibliothek – CIP-Einheitsaufnahme
Ein Titeldatensatz für diese Publikation ist bei Der Deutschen Bibliothek erhältlich.

© Wiley-VCH Verlag GmbH, Weinheim; 2002

Gedruckt auf säurefreiem Papier.

Alle Rechte, insbesondere die der Übersetzung in andere Sprachen, vorbehalten. Kein Teil dieses Buches darf ohne schriftliche Genehmigung des Verlages in irgendeiner Form – durch Photokopie, Mikroverfilmung oder irgendein anderes Verfahren – reproduziert oder in eine von Maschinen, insbesondere von Datenverarbeitungsmaschinen, verwendbare Sprache übertragen oder übersetzt werden. Die Wiedergabe von Warenbezeichnungen, Handelsnamen oder sonstigen Kennzeichen in diesem Buch berechtigt nicht zu der Annahme, dass diese von jedermann frei benutzt werden dürfen. Vielmehr kann es sich auch dann um eingetragene Warenzeichen oder sonstige gesetzlich geschützte Kennzeichen handeln, wenn sie nicht eigens als solche markiert sind.

    All rights reserved (including those of translation into other languages). No part of this book may be reproduced in any form – by photoprinting, microfilm, or any other means – nor transmitted or translated into a machine language without written permission from the publishers. Registered names, trademarks, etc. used in this book, even when not specifically marked as such, are not to be considered unprotected by law.

Satz   M-O-P-S, Kirsten Pfaff, Hennef
Druck   Strauss Offsetdruck GmbH, Mörlenbach
Bindung   Wilhelm Osswald + Co. KG, Neustadt
Umschlaggestaltung   Simone Buck

Printed in the Federal Republic of Germany

Inhalt

Vorwort XI

Einleitung 1

ERP und E-Business: eine sich entwickelnde Beziehung 1

Die ERP/E-Business-Herausforderung: Der Abschied von alten Vorstellungen 4

Neue Technologien – neue Optionen 6

Das elektronische Unternehmen 9

Adaptive und disruptive Technologien 10

Definition von ERP und E-Business 12

ERP – E-Business

Grundlegende Annahmen 16

ERP/E-Business Matrix 16

E-Business-Optionen 18

Keine E-Business-Fähigkeiten – Channel Enhancement – Integration der Wertschöpfungskette – Branchentransformation – Konvergenz

ERP-Optionen 21

Startups – Nicht-integrierte Systeme – Funktionsorientiertes ERP – Bereichsorientiertes ERP – Vollständig integriertes ERP

Vorherrschende Architektur bei der Verbindung von ERP
und E-Business   23

**Von innen nach außen – Von außen nach innen:
Komplementäre Technologien für ERP und E-Business**   25

Die Kombination beider Systeme   26

ERP: Der Knotenpunkt eines Einzelunternehmens   29

Finanzen – Fertigung – Logistik – Verkauf und Marketing – Human Resources

ERP allein kann die Anforderungen der Kunden des
21. Jahrhunderts nicht erfüllen   33

E-Business ist die ideale Erweiterung der internen Prozesse   34

*Kundenorientierung – Interaktive Beziehungen zu Partnern innerhalb der
Wertschöpfungskette – ERP steigert das Potenzial von E-Business*

E-Technologie   41

Offene Standards   41

Architektur in der Endphase   42

**Web Economics: Bewertung Ihrer ERP- und
E-Business Investitionen**   45

Fünfzig Jahre Bewertungsgeschichte   47

ERP funktioniert mit traditionellen Bewertungsverfahren   50

*Warum sollte ein ERP-System implementiert werden? – Wie sollte ein ERP-System
implementiert werden? – Wie hoch sind die Kosten? – Welchen Nutzen bringt eine
Implementierung?*

E-Business erfordert neue Verfahren   55

Durchführung der ROV™ Analyse   60

Eingrenzen (Framing) – Analysieren – Interpretieren – Implementieren

Die richtigen Investitionen   64

ERP/E-Business Matrix: Optionen und Szenarien   67

ERP-Szenarien   67

Startups – Nicht-integrierte Systeme – Die Integration von ERP ist abhängig von der Unternehmensorganisation – Begrenztes/Einzelfunktions-ERP – Integriertes Geschäftsbereich-ERP – Integriertes Unternehmens-ERP

Shared Service Center   79

Zeit und Kosten   79

Hinter dem Web: Supply Chain Management   81

E-Lieferkette   82

Die sechs Komponenten der E-Lieferkette   85

Supply Chain Replenishment – E-Procurement – Zusammenarbeit bei der Planung – Zusammenarbeit bei der Produktentwicklung – E-Logistics – Supply Webs

Die drei Phasen der Integration der Lieferkette   88

Advanced Planning and Scheduling   89

Warum werden APS-Systeme benötigt? – Was leistet APS? – ERP und APS

ERP und E-Business „beflügeln" sich gegenseitig   92

Die ERP- und Value Chain Integration ist vergleichbar mit E-Business in großem Maßstab   94

Customer Relationship Management   97

Warum steht Customer Relationship Management heute auf der Tagesordnung?   98

Technology-Enabled Selling (TES)   99

Call Center   100

E-Call Center   102

Internet Protokoll Telefonie   102

Vor-Ort-Service   103

Data-Warehousing und Data-Mining   104

Auswirkungen von ERP/E-Business auf Shared Services   105

Konsolidieren, komprimieren und verwerfen   106

Die Natur von Shared Service Centern   108
Insourcing oder Outsourcing

Bedeutung von ERP für Shared Service Center   110

Alternative Szenarien für Shared Service Center   111
Integriertes Front- und Back-Office – Separates Front- und Back-Office – Virtuelles Shared Service Center

Shared Service Center in erweiterten Unternehmen   115

Spiel auf drei Ebenen: Technologie, Prozesse und Menschen   117

Durchführung eines umfangreichen E-Business-Projekts   117

Strategische Aspekte   117
Technologie – Prozesse – Menschen

Durch Menschen werden Veränderungen organisch   122

Die Förderung auf der Führungsebene ist ein Schlüsselfaktor   *123*

Operative Probleme   *124*
Technologie – Prozesse – Menschen

Organisatorische Reichweite   *126*

Komplexität der Veränderungen   *126*

Widerstände   *127*

Kulturelle Herausforderungen   *128*

Fähigkeit zum Wandel   *128*

Konzepte des Change-Managements   *128*
Entwicklung einer Vision des Wandels – Festlegung einer Änderungsstrategie – Aufbau einer Führungsstruktur für Veränderungen – Commitment für Veränderungen aufbauen – Performance-Management und Menschenführung – Definition der Business-Benefits – Die Entwicklung einer Unternehmenskultur – Organisationsdesign

Zielpunkte in der ERP/E-Business Matrix   *135*

Sechs definierte Bereiche in der ERP/E-Business Matrix   *135*
Welches Ziel kann ein Unternehmen ansteuern und warum? – Ausgangspunkt: Wo befinden sich die meisten Unternehmen heute? – Endpunkt: Wo sollten sich die meisten Unternehmen befinden?

Der Weg zum Ziel   *142*
Unterstützung durch die Geschäftsführung – Kopplung der Veränderungen an die Geschäftsstrategie – Unterstützung durch Mitarbeiter – Proaktive Teams – Software- und Hardware-Integration – Definierte und verfeinerte Geschäftsprozesse – Datenstandards und Datenintegrität – Klug ausgewählte Geschäftspartner – Innovationsfähigkeit

Migrationsoptionen   *147*

Feststellen, wohin ein Unternehmen steuert und warum   *148*

Analyse der organisatorischen Fähigkeiten   *149*

Planung der Vorgehensweise   *151*

Schlüsselfragen bei allen Migrationspfaden

Implementierung auf dem Migrationspfad   *154*

Startup – Nicht-integrierte Systeme – Begrenztes/Einzelfunktions-ERP – Integriertes Geschäftsbereich-ERP – Integriertes Unternehmens-ERP

Programm- und Projektmanagement   *161*

Programmmanagement   *161*

Struktur des Geschäftsmodells und der Führungsebene   *162*

Projektmanagement   *163*

Wie begegnen ERP-Anbieter den Herausforderungen des E-Business?   *167*

Erweiterte ERP-Funktionalität   *169*

Customer Relationship Management – Advanced Planning and Scheduling – Wertorientiertes strategisches Management – Shared Services

Portale, Communities und Börsen   *174*

Neue Modelle für die Bereitstellung von ERP-Funktionen   *175*

Wo stehen die Anbieter heute?   *176*

Wie werden sich Unternehmen vernetzen?   *179*

Glossar   *181*

Danksagung   *187*

Register   *189*

Vorwort

Für Beobachter des Technologiesektors war die Fusion von Time Warner und America Online ein bedeutendes Ereignis. Durch diese größte Transaktion ihrer Art in der Geschichte wurde die Verbindung eines Internet-Unternehmens mit einem traditionellen Medienunternehmen vollzogen und Technologie mit Inhalten sowie E-Speed mit Business Speed verbunden. Dieser Deal enthüllt den wahren Wert des Internet und des E-Business und markiert zugleich den Beginn der „Click-and-Brick-Ära". Auf diese Weise bestätigte sich, was viele seit langem vermutet hatten, nämlich dass traditionelle Unternehmen das Internet für sich erschließen müssen, wenn sie überleben wollen. Auf der anderen Seite profitieren reine Internet-Firmen von den Werten und der Infrastruktur ihrer „Substanzpartner".

Die Verknüpfung von Internet-Technologien mit traditionellen Geschäftsmodellen betrifft alle Branchen und ist die vorläufig letzte Phase der kontinuierlichen Evolution der Geschäftswelt. Betrachten wir zum Beispiel die Automobilindustrie. Seit der bahnbrechenden Einführung des Prinzips der Arbeitsteilung in der Fertigung, hat diese Branche ihre Führungsposition beim Einsatz innovativer Konzepte behauptet. Dazu zählt die Umstrukturierung von Geschäftsprozessen, die Implementierung von Materials Requirement Planning (MRP), Manufacturing Resource Planning (MRP II), einer Just-in-Time-Fertigung (JIT) und die Installation einer Enterprise Resource Planning (ERP) Software. Heute ist das Internet das zentrale Instrument zur Verwirklichung des Branchenziels, einen Bestell-/Lieferzyklus von fünf Tagen, eine globale Reichweite und Personalisierung zu erreichen. Auf ihm basieren Entscheidungen über das Outsourcing der Fertigung, es definiert die Rolle der Händler und deren Beziehung zu den Kunden neu und es bewirkt einen Wandel der Rolle des Markeninhabers. Mit anderen Worten, die Bedeutung des Internets für die Automobilindustrie heute ist vergleichbar mit der des Fließbands für die Industrie vor einem Jahrhundert. Wenn aber der Auftragseingang, die Fertigung, das Finanz- und Personalwesen sowie andere Back-Office-Systeme nicht mit dem Internet verbunden werden, haben auch innovationsfreudige Unternehmen kaum Aussicht auf Erfolg.

Diesen Herausforderungen muss sich nicht nur die Automobilindustrie stellen sondern alle Unternehmen – virtuelle und traditionelle. Einerseits müssen Internet-Firmen, trotz eines entgegengesetzten Megahype, effiziente Geschäftsprozesse erst noch etablieren und umsetzen, um Produkte herzustellen und zu bewegen, diese zu vermarkten und zu verkaufen, Finanzen und Mitarbeiter zu managen und im Ringen mit Regulierungsbehörden zu bestehen. Andererseits müssen traditionelle Unternehmen die strategischen Möglichkeiten des Internets und der E-Technologie wahrnehmen oder ihrem Untergang ins Auge blicken.

Für alle Unternehmen aber gilt: Sie müssen ihre Geschäftsinfrastruktur und Arbeitsweise ändern, um schneller auf die Bedürfnisse der Kunden reagieren zu können. Durch seine Fähigkeit, Kunden und Lieferanten mit E-Speed miteinander zu verbinden, gehört das Internet zweifellos zu den kritischen Faktoren dieses Wandels. Web-Portale spielen dabei zwar eine wichtige Rolle, stellen aber nur einen Teil der Lösung dar. Die bestehenden internen Infrastrukturen der heutigen globalen Unternehmen stellen gewaltige Investitionen in Technologie, Schulung und Business Engineering Research dar, die in einigen Fällen seit mehreren hundert Jahren betrieben werden. In den vergangenen 15 Jahren haben diese Investitionen zum größten Produktivitätsschub seit der Erfindung des Computers vor rund 50 Jahren beigetragen.

Den größten Erfolg werden die Unternehmen haben, die diese Investitionen zu nutzen wissen und E-Business-Lösungen implementieren, die eingebettet sind in bestehende solide Infrastrukturen und auf gut funktionierenden ERP-Systemen basieren. Die heutigen Manager sollten die in der Vergangenheit erzielten Erfolge nicht zunichte machen sondern sich fragen: Wie maximiere ich den Nutzen der Investitionen in die bestehende Infrastruktur? Wie können wir mit unseren derzeitigen Mitteln den Internet-Markt erschließen und wie können wir im Wettbewerb mit reinen Dot.com Unternehmen bestehen?

Die Autoren dieses Buchs sind der Meinung, dass die Antwort darauf in einer Kombination von Geschwindigkeit, der geschäftlichen Möglichkeiten, dem technischen Know-how und, vielleicht als wichtigstem Element, der Umsetzung zu suchen ist. Ihre Botschaft lautet: Unternehmen mit soliden Geschäftsinfrastrukturen, die sich ERP-Software und -Fähigkeiten zunutze machen, sind am besten positioniert, um im E-Business erfolgreich bestehen zu können.

Dieses Buch:

- bietet einen Bezugsrahmen für das Verstehen der Möglichkeiten, die das E-Business einem traditionellen Unternehmen unter Berücksichtigung seiner Infrastrukturen bietet,
- zeigt, warum Unternehmen E-Business-Technologien benötigen, die eine enge Verknüpfung der Informationsressourcen ihrer Kunden, Lieferanten und anderen Geschäftspartnern mit ihren bestehenden ERP-Systemen und Datenbeständen ermöglichen,
- stellt die These auf, dass das Internet zwar die treibende Kraft hinter neuen Geschäftsstrategien ist, ERP aber ein unverzichtbares Element darstellt, um diese Strategien umzusetzen,
- analysiert die Modelle zur Bewertung von Investitionen in Technologien und andere Infrastrukturen und
- analysiert die Auswirkungen des Internets auf das Supply Chain Management, das Customer Relationship Management und Shared Services.

Die Autoren untersuchen zudem, welchen Einfluss die Kultur beim Unternehmen selbst und bei seinen Geschäftspartnern auf den Erfolg haben kann. Mit Hilfe einer neu entwickelten ERP/E-Business-Matrix zeigen sie, welche Schritte erforderlich sind, damit ein Unternehmen von seiner derzeitigen Positionierung im ERP/E-Business zu der Position gelangt, die es für die Zukunft anstrebt. Für einen solchen Wandel ist es unverzichtbar, E-Business als eine Kernkompetenz zu definieren, er ist aber auch in hohem Maße von einer effizient implementierten und gewarteten Infrastruktur oder einem Backbone-System auf ERP-Basis abhängig.

Manager auf allen Ebenen werden von der Lektüre dieses Buchs profitieren. Es bietet Antworten auf komplexe Fragen und klare, lösungsorientierte Empfehlungen, die jedes Unternehmen in dieser entscheidenden Phase voranbringen. Ihr Erfolg wird davon abhängen, ob bestehende Stärken und neue Fähigkeiten erfolgreich miteinander kombiniert werden können, um von den enormen Möglichkeiten zu profitieren, die uns die Zukunft bietet.

Ric Andersen
Partner, PricewaterhouseCoopers LLP

Einleitung

Jahrzehntelang vertraten Managementtheoretiker die Auffassung, dass Unternehmen eine engere Verknüpfung der einzelnen Elemente der Supply Chain (von den Rohstoffen bis zu den Kunden) verwirklichen könnten und sollten. Um dieses Ziel zu erreichen, setzen Unternehmen seit Ende der neunziger Jahre in zunehmendem Maße auf Internet- und Netzwerktechnologien. Dabei gelangten sie jedoch zu der Erkenntnis, dass ein Austausch exakter Daten mit ihren Geschäftspartnern ohne ERP-Software unmöglich ist.

Durch die Tätigkeit für unsere Kunden haben wir festgestellt, dass eine sinnvolle Einführung von abgestimmten E-Business- und ERP-Technologien eindeutig einen größeren Nutzen bringt als die bloße Summe der Einzelsysteme dies erwarten ließe. Die Netzwerktechnologie haucht der mächtigen und technisch schwerfälligen ERP-Technologie, deren Wert zudem nicht immer auf Anhieb erkennbar ist, Leben ein. Die ERP-Technologie ihrerseits ermöglicht es dem E-Business, sein volles Potenzial zu entfalten und eine pompöse Webseite mit Substanz zu füllen. Während ERP-Systeme die Informationen innerhalb des Unternehmens organisieren, sorgt das E-Business für eine möglichst weite Verbreitung dieser Informationen. Mit anderen Worten, ERP und E-Business beflügeln sich gegenseitig.

ERP und E-Business: eine sich entwickelnde Beziehung

ERP ist die neueste Entwicklung in einer Reihe von Fertigungs- und Finanzinformationssystemen, die seit Ende der vierziger Jahre konzipiert wurden, um den Informationsfluss zu rationalisieren, der den physischen Warenfluss, von den Rohstoffen bis zu den fertigen Produkten, abbildet. Dieser Informationsfluss vollzieht sich sowohl innerhalb eines Unternehmens als auch zwischen dem Unternehmen und anderen Beteiligten (Firmen, die Dienstleistungen für das Unternehmen erbringen) an der Supply Chain und den Endbenutzern.

Zwischen 1950 und 1980 wurde intensiv an der Rationalisierung des Materialflusses gearbeitet. Die informationslastigen Komponenten der Geschäftsprozesse, wie zum Beispiel die Annahme und Ausführung von Bestellungen, wurden nicht optimiert oder aufgrund von Vernetzungs- und Kommunikationsproblemen vernachlässigt. Noch heute haben viele Unternehmen Schwierigkeiten, verlässliche Informationen schnell über die Supply Chain zu verteilen. Einfache Informationen, wie zum Beispiel Lagerbestände und Lieferbarkeit, stehen dann möglicherweise nicht allen Bereichen innerhalb eines Unternehmens rechtzeitig zur Verfügung und Geschäftspartner werden gar nicht informiert.

Die ersten Schritte für eine Systematisierung des Informationsflusses innerhalb des Produktionsprozesses wurden bereits in den sechziger Jahren unternommen, als die erste Materials Requirement Planning (MRP) Software auf den Markt kam. In den achtziger Jahren versuchte man, diese Anwendungen robuster zu machen und in die Lage zu versetzen, Informationen zu generieren, die auf realistischeren Annahmen beruhen. Diese Bemühungen führten zu der Entwicklung von Manufacturing Resource Planning (MRP II) Software. In den neunziger Jahren schließlich wurde ERP-Software entwickelt, ein umfassenderes „Paket" von Anwendungen, mit denen alle internen Transaktionen miteinander verknüpft werden können.

In den vergangenen Jahren hat sich E-Business explosionsartig verbreitet. Einige Verfechter behaupten, dass diese Technologie die ultimative Lösung für dieses Problem des Informationsmanagements sei. Während bei den traditionellen Informationssystemen für das Produktionsmanagement (MRP, MRP II und ERP) der Informationsfluss innerhalb eines Unternehmens im Vordergrund stand, ermöglichen Web-basierte Technologien eine Übertragung von Informationen zwischen Unternehmen, von einem Unternehmen zum Kunden und vom Kunden zum Unternehmen.

Die Tage, in denen das Internet in erster Linie ein Rechercheinstrument war, sind lange vorbei. Heute ist es der Motor, der die Zukunft des E-Business bestimmt. Forschungsgruppen wie Forrester, Gartner und AMR erwarten in den ersten fünf Jahren des neuen Jahrhunderts ein enormes Wachstum im Bereich des E-Business. Nachdem die Unternehmen den Ausbau ihrer IT-Systeme weitgehend abgeschlossen und sie für das neue Jahrtausend und den Euro fit gemacht haben, verfügen sie Analysten zufolge nun über die erforderlichen Möglichkeiten, um ihre Ressourcen für eine Optimierung ihrer Geschäftsmodelle durch E-Business einzusetzen.

Einige vertreten die Meinung, dass sich die meisten Unternehmen in ihrem Eifer, sich zu einem E-Business zu entwickeln, gegen die Einführung eines ERP-Systems entscheiden, die Entwicklung eines laufenden ERP-Projekts stoppen oder sich sogar von ERP als der Technologie für die Transaktionsverarbeitung ganz verabschieden. Als Grund hierfür werden Kompatibilitätsprobleme angeführt, die ein reibungsloses Zusammenspiel von E-Business-Anwendungen anderer Hersteller mit den aktuellen Lösungen von ERP-Anbietern erschweren. Wir stellen jedoch fest, dass einige Unternehmen E-Business-Anwendungen aufbauen, auf die Entwicklung von ERP-Systemen aber weit gehend verzichten, in der Hoffung, irgendjemand werde das Back-End irgendwann integrieren. Dies hat zur Folge, dass Unternehmen mit E-Business-Anwendungen, die keine Funktionen zur Ausführung von Bestellungen und Bestellstatusinformationen bieten, entweder ein Informationsdefizit aufweisen oder Daten neu erstellen müssen.

Einige Verfechter des E-Business behaupten, dass Web-basierte Technologien das Potenzial besitzen, interne Informationssysteme zu verdrängen, insbesondere in Informationsunternehmen, die keine physischen Produkte herstellen oder transportieren. Die entschiedensten Befürworter vertreten sogar die These, dass Web-basierte Technologien dies auch in Fertigungsunternehmen leisten können.

Das elektronische Unternehmen ist nach ihrer Auffassung ein Unternehmen, das mit Hilfe Web-basierter Systeme auf elektronischem Wege mit allen seinen Partnern auf der Lieferantenseite wie auch auf der Kundenseite kommuniziert. Die Transaktionsverarbeitung innerhalb des Unternehmens kann diesen Befürwortern zufolge über die Software dieser Front-End-Kommunikationssysteme abgewickelt und von einer Station an die nächste übergeben werden. Wir sind jedoch der Meinung, dass alle Firmen, die groß genug sind, um als Unternehmen angesehen zu werden, ein internes Transaktionssystem benötigen, das unabhängig von den Front-Ends auf Lieferanten- und Kundenseite arbeitet. Die besten internen Transaktionssysteme basieren zurzeit auf ERP-Software. Die sich daraus ergebenden Probleme sind daher weit komplexer als die Verkünder der E-Business-Lehre uns glauben machen wollen. Ohne klare interne Prozesse und Daten funktioniert E-Business nicht.

Die Frage, ob wir uns für die Entwicklung von E-Business-Lösungen oder die Implementierung eines ERP-Systems entscheiden, stellt sich dabei jedoch nicht. Beides ist erforderlich. In Zukunft wird ERP eine Einheit bilden und sich gemeinsam entwickeln mit einer Vielzahl anderer Technologien, die in ihrer Gesamtheit das E-Business-Modell unterstützen. Diese Entwicklung ist bereits erkennbar. Aber bis dahin und als Diskussionsgrundlage muss noch zwischen der Transaktionsverarbeitungsfunktion von ERP und den Kommunikationsmöglichkeiten von E-Business-Technologien unterschieden werden. Die Frage lautet, wann soll man Ressourcen in welche Technologien stecken, um die Effizienz beider Systeme auf lange Sicht zu maximieren.

Die ERP/E-Business-Herausforderung: Der Abschied von alten Vorstellungen

Um ERP-Systeme in einer E-Business-Umgebung möglichst effizient nutzen zu können, müssen alte Vorstellungen von ERP über Bord geworfen werden. Eine dieser Vorstellungen ist, dass ERP immer gleich aussieht. Die ERP-Software der nächsten Jahre wird sicherlich anders aussehen als die in den neunziger Jahren entwickelte ERP-Software. Die Bereitstellung der ERP-Funktionen wird sich ebenfalls verändern.

So könnte ein Software-Anbieter, der sich heute auf nur eine Front-End-E-Business-Anwendung konzentriert, in Zukunft eine Transaktionskomponente in seine Produkte integrieren, die eine Verbindung zu den Front-End-Systemen von anderen Unternehmen ermöglicht. Oder ein Unternehmen könnte ein internes Transaktionssystem entwickeln, das nur Transaktionen zwischen zwei E-Business-Front-Ends verarbeiten kann. (Dies könnte man als „ERP Light" oder „Mini ERP" bezeichnen.) Eine andere Möglichkeit sind Weiterentwicklungen, mit denen ERP-Anbieter ihre Produkte flexibler und leichter implementierbar machen, und entweder E-Business-Funktionen hinzufügen oder die Kompatibilität ihrer Systeme mit Front-End-E-Business-Produkten von anderen Anbietern verbessern.

Warum stellt dies für die ERP-Anbieter eine Herausforderung dar? Unternehmen setzen ERP-Software ein, um Prozesse realisieren zu können, die zu einem Wettbewerbsvorteil führen (zum Beispiel durch Preisgestaltung, Werbemaßnahmen, die individuelle Gestaltung von Produkten oder das Bundling von Produkten und Dienstleistungen). Diese komplexen und häufig individuellen Prozesse funktionieren in der Praxis des Internet meist nicht ohne Probleme.

E-Business zwingt die ERP-Anbieter, die Rolle ihrer Produkte innerhalb des Unternehmens zu überdenken. Alle Beteiligten versuchen auf die ein oder andere Weise, die Funktionen von ERP-Systemen zu erweitern und Front-End-Technologien zu integrieren, um mit Hilfe von Portalen Trading Communities zu schaffen und eine Interaktion mit Web-basierten Technologien und Technologien anderer Anbieter zu ermöglichen. Unterdessen gehen Drittanbieter angesichts der beherrschenden Stellung von ERP bei den internen Unternehmensfunktionen eigene Wege.

SAP hat beispielsweise mySAP.com™ entwickelt. PeopleSoft entwickelt derzeit eine hundertprozentige iClient-Version. Oracle hat seine ERP-Produkte komplett überarbeitet und auf Internet-Technologie umgestellt und seine Client/Server-Architektur verworfen. Microsoft arbeitet intensiv an Application Protocol Interfaces (APIs) für Windows 2000. i2, ein Anbieter von Supply Chain Management Software, rückt den ERP-Anbietern von dieser Seite zu Leibe. RosettaNet setzt Standards für den Datenaustausch. Extricity positioniert seine Produkte als Mittler für die Internet-Kommunikation und Neon hilft bei der Anbindung des Internets an bestehende Unternehmensanwendungen. Commerce One und Ariba bringen Käufer und Verkäufer im Web zusammen.

Eine weitere überholte Vorstellung ist, dass ein ERP-System zwangsläufig auch physisch auf dem Gelände des Unternehmens installiert und von dem Unternehmen verwaltet werden muss. In Zukunft kann der Betrieb des ERP-Systems noch konsequenter als bisher außerhalb des Unternehmens angesiedelt werden. Auf diese Weise werden viele Unternehmen von der Last der Installation und der Wartung befreit. In vielen Unternehmen kann auch das eigentliche ERP über das Web bereitgestellt werden, nämlich durch das Outsourcing von Geschäftsanwendungen an Application Service Provider (ASP).

Beim Outsourcing führt der Service-Provider das ERP in der mit dem Kunden vereinbarten Weise durch. Der Kunde ist zwar Inhaber der Software-Lizenz, er muss sich jedoch nicht um deren Betrieb kümmern. Die Software befindet sich auf dem Server des Service-Providers und wird individuell auf die Bedürfnisse des Kunden angepasst. Einige ERP-Anbieter sind daran interessiert, Software auf diese Weise anzubieten. Dies gilt auch für Anbieter anderer Anwendungen sowie Drittanbieter, die ihren Kunden den Betrieb von beliebig vielen und unterschiedlichen Anwendungen anbieten. Beim ASP (auch als gehostete oder gemietete Anwendungen bezeichnet) wird die Anwendung in einer vorgegebenen, nicht veränderbaren Form bereitgestellt. Es bleibt dem Kunden überlassen, seine Geschäftsprozesse umzugestalten und an die bereitgestellte Anwendung anzupassen.

Heute eignet sich das ASP-System insbesondere für Unternehmen, in denen die Basis-Transaktionsverarbeitung nicht zu den Kernkompetenzen gehört. In Zukunft wird die Fähigkeit eines Unternehmens, Transaktionsdaten in Wissen und Verständnis über geschäftliche Abläufe umzusetzen, um Entscheidungsprozesse zu unterstützen, der Schlüssel zu seinem Erfolg sein. Zudem werden Unternehmen in Zukunft analysieren, auf welchem Weg sie am billigsten verlässliche, lückenlose und einheitliche Transaktionsdaten generieren können. In der Geschichte des Computers war dies bislang ein teurer Prozess.

Neue Technologien – neue Optionen

Heute beschränken die meisten Unternehmen ihre E-Business-Aktivitäten auf einfache E-Buy- und E-Sell-Anwendungen. Meist wird nach dem Grundsatz gehandelt „baue es auf und die Kunden werden kommen". Für die meisten traditionellen Unternehmen (oder „Non-Dot.com-Unternehmen", wie sie inzwischen genannt werden) bedeutet der Web-basierte Verkauf jedoch eine Kannibalisierung ihrer anderen Vertriebskanäle.

Reinen Dot.com-Unternehmen gelingt es zwar, den Non-Dot.coms einige Marktanteile abzujagen. Einige Dot.coms stellen jedoch fest, dass ihre internen Transaktionsverarbeitungssysteme angesichts ihres exponentiellen Wachstums nicht robust genug sind, um mit dem gestiegenen Absatzvolumen fertig zu werden. Einige Dot.coms mussten zudem feststellen, dass ihre internen Systeme den Anforderungen nicht gewachsen sind, sobald das Geschäft über ihre Web-basierten Vertriebskanäle läuft.

Heute präsentiert sich der Markt für neue Technologien in robuster Verfassung. Viele Start-Up-Unternehmen bieten Nischenprodukte, beispielsweise für das E-Selling oder das Supply Chain Management. Die Anbieter von ERP-Lösungen haben die Lage ebenfalls erkannt und arbeiten daran, ihre Produkte um diese Funktionen zu erweitern. Zwei der frühen Nischenanbieter in diesem Bereich, Siebel mit seiner Customer Relationship Management (CRM) Software und i2 mit seiner Supply Chain Management (SCM) Software, sind relativ große Firmen und setzen ERP-Anbieter von außen unter Druck.

Ziel dieser neuen Technologien ist das „E-nabling" der erweiterten Wertschöpfungskette. Es ist zu erwarten, dass Unternehmen in Zukunft in solchen erweiterten Value Chains zusammenarbeiten. Der Erfolg eines Unternehmens wird davon abhängen, ob es seine internen Informationssysteme erfolgreich in die Informationskette, die die Wertschöpfungskette der physikalischen Waren abbildet, integrieren kann. Alle anderen Unternehmen werden scheitern. Die erfolgreichen Unternehmen werden Teil eines vernetzten Teams von Geschäftspartnern sein, die sich den Kundennutzen zum Ziel gesetzt haben. Nur die wenigsten Unternehmen werden (wenn überhaupt) in der Lage sein, auf sich allein gestellt gegen ein solches Team zu bestehen. Die erforderliche Technologie, um sich zu solchen Teams zusammenzuschließen, steht bereits zur Verfügung. Schon heute ist erkennbar, wie sich starke Teams allmählich herausbilden.

Mit anderen Worten, die Kombination von E-Business-Technologien und ERP eröffnet Unternehmen neue Möglichkeiten, um ihre Rentabilität zu steigern und substanzielle Wettbewerbsvorteile zu erlangen. In den folgenden Kapiteln dieses Buchs beschäftigen wir uns mit verschiedenen dieser Möglichkeiten und ihren Auswirkungen für Unternehmen, die in einer E-Business-Umgebung aktiv sind. Wir untersuchen zudem die heutige Rolle von ERP im Zusammenhang mit neuen Geschäftsmodellen, die auf E-Business und damit verbundenen Technologien basieren und den nächsten Schritt in der organisatorischen Evolution markieren – ein Schritt mit möglicherweise revolutionären Auswirkungen.

Das elektronische Unternehmen

Obwohl die Web-basierte Technologie erst wenige Jahre alt ist, hat sie bereits weit reichende Auswirkungen auf Verbraucher und Unternehmen auf der ganzen Welt gezeigt. Andere Technologien, wie zum Beispiel Enterprise Resource Planning (ERP) in den neunziger Jahren, waren zwar bedeutende Meilensteine, aber E-Business war eine Revolution. Wie Abbildung 1.1 zu entnehmen ist, hat es 16 Jahre gedauert, bis die Zahl der PC-Benutzer auf 50 Millionen gestiegen war, aber nur vier Jahre, bis ebenso viele das Internet

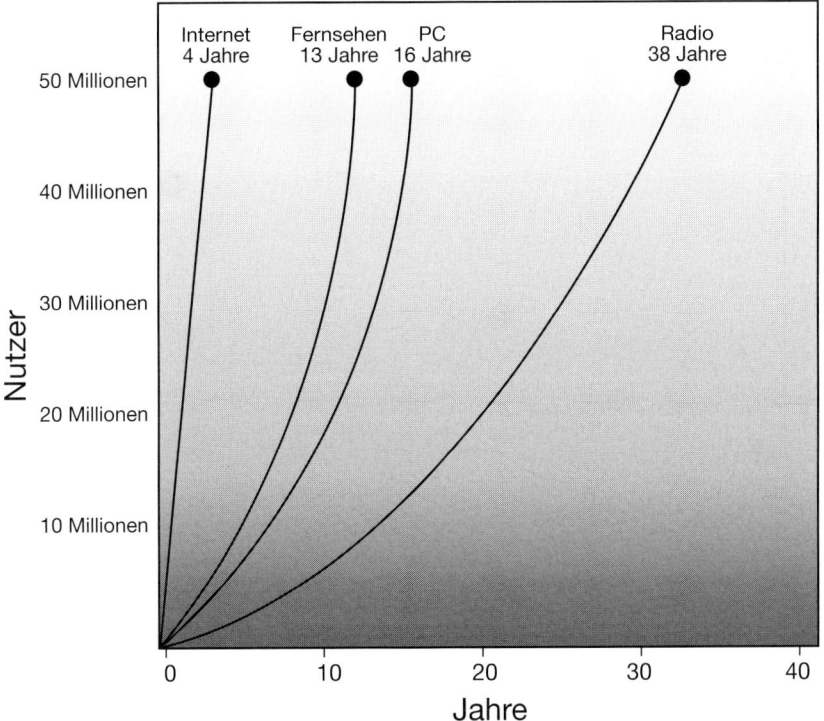

Abb. 1.1 Dauer bis zum Erreichen von 50 Mio. Nutzern

nutzten, nachdem diese Technologie der breiten Öffentlichkeit zur Verfügung stand.

Adaptive und disruptive Technologien

Während ERP eine adaptive Technologie ist, handelt es sich beim E-Business um eine disruptive Technologie. Durch adaptive Technologien werden bisherige Technologien schrittweise weiterentwickelt. Disruptive Technologien hingegen verändern das Leben der Menschen oder die Arbeitsweise von Unternehmen. Das Tastentelefon war beispielsweise eine adaptive Technologie, während das Telefon als solches eine disruptive Technologie darstellte. Die elektrische Lokomotive war eine adaptive Technologie, während die Eisenbahn selbst eine disruptive Technologie war.

Wie Abbildung 1.2 veranschaulicht, beginnt der Lebenszyklus der meisten Technologien mit einer anfänglichen Euphorie, gefolgt von einer Phase des Lernens und Experimentierens, einem zweiten Technologieschub und einer Konsolidierung der Infrastruktur. Erst dann erreichen sie ihre kritische Masse. Der Lebenszyklus disruptiver Technologien, wie zum Beispiel von Internet und E-Business, erreicht nach der anfänglichen Euphorie die kritische Masse bereits innerhalb kürzester Zeit (gestrichelte Linie).

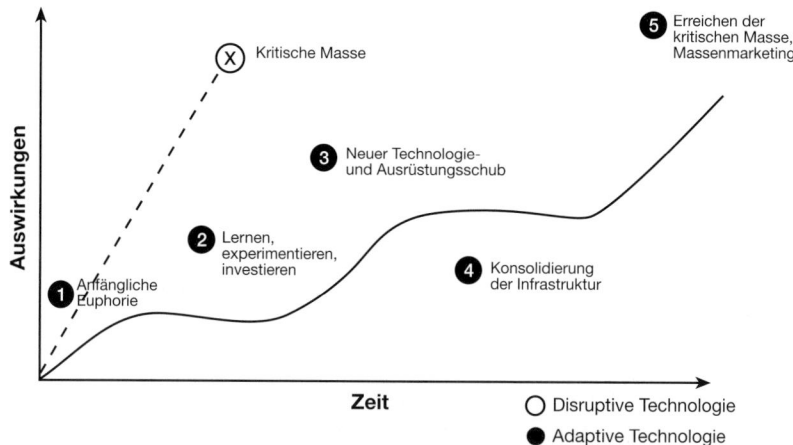

Abb. 1.2 Lebenszyklus von adaptiven und disruptiven Technologien im Vergleich

Abbildung 1.3 zeigt den Lebenszyklus einer disruptiven Technologie, in diesem Fall von Elektrostahlwerken (so genannte Minimills).

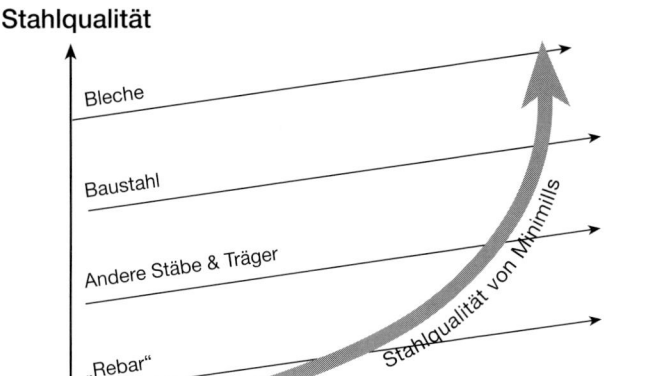

Abb. 1.3 Lebenszyklus einer disruptiven Technologie

In den siebziger Jahren weigerten sich die großen Stahlkonzerne in das Minimill-Geschäft einzusteigen, weil diese Elektrostahlwerke seinerzeit nur Stahl von minderer Qualität produzierten und mit ihrem Baustahlgeschäft konkurrierten. In den achtziger Jahren wurde die Stahlqualität der Minimills jedoch deutlich verbessert, und durch ihre wettbewerbsfähigen Preise büßten traditionelle Stahlwerke einen großen Teil ihres Umsatzes ein.

Beim E-Business zeichnet sich eine ähnliche Entwicklung ab. Im Business-to-Consumer (B2C) Bereich erkannten viele traditionelle Unternehmen erst nach einem starken Rückgang ihrer Marktanteile, dass Dot.com-Firmen Endkunden besser erreichen und so einen echten Wettbewerbsvorteil besitzen. Im Business-to-Business (B2B) Bereich werden Unternehmen, die nicht die Bedeutung des E-Business erkennen, bald aus den fortschrittlichen Netzwerken herausgedrängt.

E-Business besitzt disruptiven Charakter, denn es verändert die Art und Weise, wie Unternehmen mit Geschäftspartnern und Kunden interagieren grundlegend. E-Business ist auf die Beziehungen außerhalb des eigentlichen Unternehmens ausgerichtet und zwingt es, zumindest in der Theorie, die Erwartungen von Außenstehenden zu erfüllen.

ERP stellt hingegen eine Anpassung und Weiterentwicklung früherer Datenverarbeitungstechnologien dar. ERP vereint in sich die Finanz-, Beschaffungs- und Fertigungsplanung und hat die Abläufe dieser früheren Technologien weiterentwickelt. Dies war ein gewaltiger Schritt, in erster

Linie weil Unternehmen nun gezwungen waren, ihre Geschäftsprozesse und die Abläufe der Informationsverarbeitung aufeinander abzustimmen.

E-Business bewirkt zwar einen schnellen Wandel der grundlegenden Paradigmen, nach denen Unternehmen arbeiten. Ein Unternehmen kann aber die Möglichkeiten des E-Business nur dann voll ausschöpfen, wenn es über leistungsfähige, integrierte interne Informationssysteme verfügt, nämlich über ein ERP-System, das mit den Produkten eines anderen Software-Entwicklers zusammenarbeitet (zum Beispiel SAP mit SpaceNet).

Definition von ERP und E-Business

Was genau bedeutet ERP und E-Business?

ERP

ERP ist ein strukturiertes Konzept zur Optimierung der internen Wertschöpfungskette (Value Chain) eines Unternehmens. Wurde die Software in allen Bereichen des Unternehmens vollständig installiert, verbindet sie die einzelnen Teile des Unternehmens durch eine logische Übertragung und die gemeinsame Nutzung (Sharing) von allgemeinen Daten mit einem integrierten ERP. Wenn Daten, wie zum Beispiel über einen Verkauf, an einer Stelle im Unternehmen entstehen, durchlaufen sie die Software, die automatisch die Auswirkungen der Transaktion auf andere Bereiche berechnet (zum Beispiel auf die Fertigung, den Lagerbestand, die Beschaffung und Rechnungsstellung) und den Vorgang im Hauptbuch verbucht.

Die eigentliche Aufgabe von ERP besteht darin, die Prozesse und Daten innerhalb eines Unternehmens zu organisieren, zu systematisieren und zu standardisieren. Die Software verwandelt Daten in nutzbare Informationen und stellt die Daten für eine Analyse zusammen. Auf diese Weise werden alle gesammelten Transaktionsdaten zu Informationen aufbereitet, die Unternehmen bei ihrer Entscheidungsfindung unterstützen.

ERP-Software an sich ist nicht strategisch. Sie ist vielmehr eine unterstützende Technologie und besteht aus verschiedenen integrierten Software-Modulen. Die Implementierung von ERP erfordert wesentliche Eingriffe in die organisatorischen, kulturellen und geschäftlichen Prozesse eines Unternehmens. Viele in den neunziger Jahren entwickelte ERP-Produkte zwangen Unternehmen, ihre geschäftlichen Prozesse umzugestalten und ermöglichen es, Arbeiten zu eliminieren, die nicht zur Wertschöpfung beitrugen.

Auf diese Weise konnten sich die Mitarbeiter auf Aktivitäten konzentrieren, die der eigentlichen Wertschöpfung dienten, und die Produktivkräfte des Unternehmens konnten erheblich gestärkt werden. Eines der wichtigsten Motive für die Umgestaltung von Prozessen ist die Notwendigkeit, die finanzielle Performance des Unternehmens zu verbessern, indem man seine operative Performance verbessert. Langfristige finanzielle Verbesserungen lassen sich nur erzielen, wenn ein Unternehmen einen steigenden Kundennutzen realisiert und gleichzeitig die Kosten für die Erstellung dieses Werts senkt.

Allzu oft wurde und wird ERP-Software als ein Mittel zur bloßen Kostensenkung angesehen. Daher gab es in den Unternehmen häufig starken Widerstand gegen die Implementierung einer solchen Software, und nicht alle ERP-Implementierungsprogramme hatten den erwarteten Erfolg für das Unternehmen. Inzwischen wissen wir, dass alle Beteiligten innerhalb des Unternehmens die neue Technologie nicht nur annehmen, sondern auch neue Arbeitsweisen akzeptieren müssen, um einen echten Wandel herbeizuführen. In einem Unternehmen mit einem implementierten ERP-System sind die Mitarbeiter aufgrund der neuen Technologie und der neuen Prozesse gezwungen, ihre Fertigkeiten weiterzuentwickeln.

Die Einführung von ERP-Software und die gleichzeitig erforderliche Veränderung der Geschäftsprozesse berühren zwangsläufig die organisatorische Struktur eines Unternehmens und, was noch wichtiger ist, die individuelle Rolle der Mitarbeiter innerhalb des Unternehmens. Die Umgestaltung von Prozessen und die Implementierung von Software bringt häufig einen Personalabbau mit sich. In expandierenden Unternehmen können Mitarbeiter in anderen Bereichen eingesetzt werden. In stagnierenden oder schrumpfenden Unternehmen muss das Management komplexere Veränderungen vornehmen, um erfolgreiche Prozessveränderungen oder eine Systemimplementierung durchführen zu können. Diese Probleme treten auch bei der Implementierung von E-Business-Lösungen auf. Alle Erfahrungen, die bei einer früheren ERP-Implementierung gesammelt wurden, können dabei hilfreich sein. Die Weiterentwicklung von Fertigkeiten ist bei der Implementierung von ERP ein bekanntermaßen besonders wichtiger Faktor. Dieser Faktor kann beim E-Business eine noch größere Rolle spielen.

E-Business

Electronic Business umfasst drei Phasen: E-Commerce, E-Business und E-Partnering. In den frühen Phasen der E-Business-Aktivitäten eines Unternehmens geht es fast immer darum, die Kunden zu erreichen. In den späteren Phasen steht die Steigerung des Kundennutzens im Vordergrund, um den Wert für den Kunden zu steigern.

Beim E-Commerce wird entweder ein Internet-basierter Vertriebskanal genutzt, um das Marketing zu verbessern und Produkte oder Dienstleistungen zu verkaufen, oder der Einkauf über das Internet abgewickelt, um die Effizienz zu steigern. Dank E-Commerce können diese Einkaufs- und Verkaufstransaktionen mit minimalen Eingriffen in die Unternehmenskultur und Geschäftsprozesse durchgeführt werden.

E-Commerce beinhaltet E-Storefront und E-Catalog, E-Billing und E-Payment sowie rudimentäre Formen des E-Procurement. Der elektronische Datenaustausch (Electronic Data Interchange – EDI) ist eine der Technologien, die viele Jahre die Grundlage des B2B-E-Commerce waren. Die heutigen Web-basierten Technologien machen EDI überflüssig, das eine spezifische und individuell angepasste Technologie zwischen zwei Unternehmen war. Leider benötigen viele Unternehmen noch immer EDI für die Kommunikation mit ihren bestehenden Systemen. Aufgrund der Allgegenwärtigkeit der öffentlichen Internet-Technologie seit Mitte der neunziger Jahre, muss heute praktisch jedes Unternehmen in der Lage sein, seine Geschäfte über das Internet abzuwickeln.

Mit Hilfe elektronischer Informationstechnologien und offenen Standards verbessert E-Business die geschäftliche Performance, indem Verbindungen zu Lieferanten und Kunden in allen Phasen der Wertschöpfungskette etabliert werden. Durch eine Stärkung der Bindungen innerhalb der Wertschöpfungskette zwischen einzelnen Unternehmen sowie zwischen Unternehmen und dem Endverbraucher, kann E-Business die Performance deutlich verbessern. Während beim E-Commerce der Akzent auf der Verbesserung der Effizienz im Verkauf, Marketing und Einkauf liegt, steht beim E-Business die Steigerung der Effektivität durch verbesserten Kunden-Service, Kostensenkungen und rationalisierte Geschäftsprozesse im Vordergrund. Für einige Unternehmen steht E-Commerce im Zentrum ihrer elektronischen Geschäftsstrategie; bei anderen hingegen ist er Teil einer komplexeren E-Business-Strategie.

Zur Rationalisierung der Geschäftsprozesse durch E-Business müssen die folgenden beiden Voraussetzungen erfüllt sein: Vertrauen zwischen den Geschäftspartnern und die Verständigung auf die standardmäßige Arbeitsweise sowie die Vereinbarung einer gemeinsamen Datensprache, um die Abwicklung beidseitiger Geschäftsvorfälle über das Internet zu erleichtern.

Im Extremfall würde ein virtuelles Unternehmen nur die Produktentwicklung, das Marketing, die Preisgestaltung, Fertigung, das Inkasso und die Buchhaltung verwalten, während andere für den Rest zuständig sind. E-Business-Anwendungen verwalten Lieferanten- und Kundendaten sowie alle damit verbundenen Transaktionen. Das Unternehmen erstellt lediglich einen Verkaufsplan und einen Herstellungsplan. Abbildung 1.4 zeigt eine mögliche Strategie für ein virtuelles Unternehmen und seine Wertschöpfungskette.

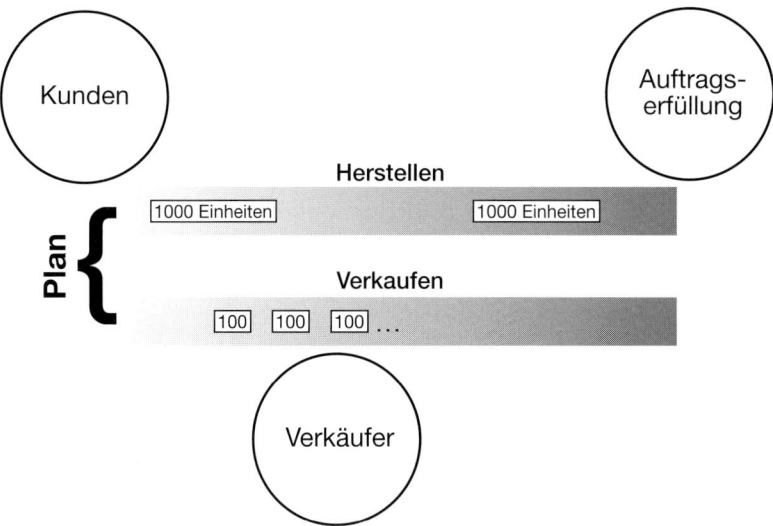

Abb. 1.4 Die Wertschöpfungsketten-Strategie eines virtuellen Unternehmens

E-Partnering ist eine enge Beziehung zwischen Unternehmen, die mit Hilfe des E-Business eine Umgebung generieren, um gemeinsame geschäftliche Verbesserungen, gemeinsame Vorteile und Erfolge zu realisieren. E-Partnering ist mehr als die bloße Verknüpfung von Geschäftssystemen. Es ist eine strategische, kundenorientierte Beziehung, in der Unternehmen kooperieren, um eine Wertschöpfungskette in ihrer Gesamtheit zu optimieren.

Grundlegende Annahmen

Bei der Untersuchung der Beziehungen zwischen E-Business und der ERP-Technologie gehen wir von den folgenden Annahmen aus:

– Erste Annahme: Außer den wenigen Firmen, die sich darauf beschränken, Informationen zu sammeln und Käufer und Verkäufer zusammenzubringen, benötigen alle Unternehmen irgendein internes System, um den internen Informationsfluss mit dem physischen Fluss von Waren- und/oder Dienstleistungen sowie mit dem Geldfluss abzugleichen. In praktisch jedem Unternehmen müssen bestimmte Aufgaben in bezug auf Geschäftsinformationen erledigt werden. ERP vereinfacht diese Aufgaben. Die Web-basierte Technologie betrifft den „elektronischen" Teil eines elektronischen Unternehmens, während ERP den „klassisch unternehmerischen" Teil erfasst.

– Zweite Annahme: Die beste Ergänzung zum E-Business ist ein optimal abgestimmtes ERP-System (ERP im weitesten Sinne). Dem E-Business-System wird heute zwar die größte Beachtung geschenkt, insbesondere von Verbraucherseite, aber die Systeme hinter der Website (ERP) sind weit wichtiger. ERP-Systeme werden benötigt, um die Versprechungen auf der Website zu erfüllen, das heißt die Versprechungen des E-Business.

– Dritte Annahme: Es gibt keinen Weg, der allein zum Erfolg führt. Jedes Unternehmen muss sowohl in bezug auf die Implementierung von ERP als auch von E-Business seine eigene Strategie festlegen. Diese Strategie wird bestimmt von den Ansprüchen der Kunden, der Wettbewerbssituation und dem aktuellen Status des Unternehmens (seine Veränderungsbereitschaft und seine technischen Möglichkeiten) sowie dem Status seiner Geschäftspartner und ihrer Systeme.

ERP/E-Business Matrix

Abbildung 1.5 zeigt ein von PricewaterhouseCoopers* entwickeltes neues E-Business-Modell.

* Eine detaillierte Darstellung dieses Modells befindet sich in Martin V. Diese, Conrad Nowikow, Patrick King, and Amy Wright, *Executive's Guide to E-Business: From Tactics to Strategy* (New York: John Wiley & Sons, 2000).

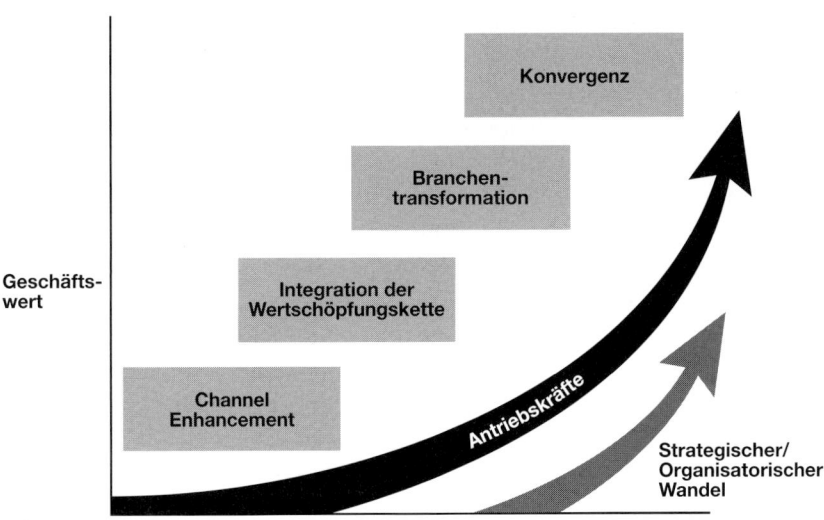

Abb. 1.5 E-Business-Panorama

	Keine E-Business Fähigkeiten	Channel Enhancement	Integration der Wertschöpfungskette	Branchentransformation	Konvergenz
Startup					
Nichtintegrierte Systeme					
Begrenztes Einzelfunktions-ERP					
Integriertes Geschäftsbereich-ERP					
Integriertes Unternehmens-ERP					

Abb. 1.6 ERP/E-Business-Matrix

Um rationale Entscheidungen über den Einsatz von Ressourcen bei der Implementierung von E-Business oder ERP oder beidem treffen zu können, muss ein Unternehmen seine Ausgangsposition beim E-Business kennen und sich zudem über die Endposition im Klaren sein, die es im Hinblick auf die vielfältigen Möglichkeiten erreichen will. Um dies zu vereinfachen, haben wir eine E-Business/ERP-Matrix entwickelt (Abbildung 1.6). Auf der X-Achse dieser Matrix sind die fünf möglichen Phasen eines E-Business Konzepts zu sehen und auf ihrer Y-Achse die fünf möglichen Phasen eines ERP-Konzepts.

E-Business-Optionen

Die fünf Optionen in der E-Business-Matrix sind:

1. Keine E-Business Fähigkeiten**
2. Channel Enhancement
3. Integration der Wertschöpfungskette
4. Branchentransformation
5. Konvergenz

Man kann sich E-Business als ein Panorama vorstellen, das sich aus einer Reihe von Einzelbildern („Schnappschüsse") zusammensetzt, die von links nach rechts überlappend angeordnet sind. Auf diese Weise bleiben die Randbereiche erhalten und die Grenzen sind verwischt. Nicht alle Teile eines Unternehmens (insbesondere eines Unternehmens mit mehreren Geschäftsbereichen) müssen sich zur gleichen Zeit in demselben Schnappschuss befinden. Während ein Unternehmen das E-Business-Panorama durchläuft, wird E-Business in zunehmendem Maße zu einem bestimmenden Faktor für das Geschäftsmodell des Unternehmens. Dies ist ein wichtiger Aspekt. Der Grad der strategischen und organisatorischen Veränderung innerhalb der vier Schnappschüsse nimmt zudem von links nach rechts zu.

** In unserer Matrix ist „Kein E-Business" der Ausgangspunkt des Vier-Schnappschuss-Modells, dem Start-Up-Unternehmen ohne E-Business- und ERP-Fähigkeiten zugeordnet sind. Dieser „leere" Ausgangspunkt ist notwendig für unsere Darstellung der Migrationspfadoptionen in den Kapiteln 9 und 10.

Keine E-Business-Fähigkeiten

Noch immer gibt es Unternehmen, die kein E-Business einsetzen. Es werden jedoch täglich weniger. Aber angesichts der Wachstumsraten im E-Business, ist ein Festhalten am Vor-E-Business-Zeitalter keine echte Alternative.

Channel Enhancement

Die meisten Unternehmen steigen mit punktuellen Lösungen in das E-Business ein, zum Beispiel indem Sie über das Web verkaufen, ihren Kunden Self-Service anbieten oder eine Web-basierte indirekte Beschaffung durchführen. In diesem Bereich nutzen die Unternehmen die Web-Technologie um bestehende oder neue Geschäftsprozesse zu modifizieren und um die Performance zu verbessern. Mit anderen Worten, sie setzen E-Commerce ein – das Marketing, der Verkauf oder der Kauf von Produkten und Dienstleistungen über das Internet.

Integration der Wertschöpfungskette

Sobald die Unternehmen das Channel Enhancement beherrschen, prüfen die meisten die Möglichkeiten eines Einsatzes von E-Business, um die betrieblichen Prozesse ihrer Kunden und Lieferanten in ihre eigenen Prozesse und Systeme integrieren zu können. Dabei nutzen die Unternehmen das Internet, um E-Customer Relationship Management (eCRM) und E-Supply Chain Management (eSCM) Funktionen zu implementieren. Mit diesen Funktionen können die Unternehmen ihre betrieblichen Prozesse nahtlos mit den Prozessen ihrer Kunden und Lieferanten verknüpfen. Auf der Kundenseite erstellen die Unternehmen personalisierte Websites und Portale, um die Abwicklung von Geschäften über das Internet zu vereinfachen und Kundeninformationen zu sammeln. Auf der Lieferantenseite stellen die Unternehmen Design-, Planungs- und Prognosedaten zur Verfügung, um den Fluss von Informationen zu beschleunigen. Seit mit dem Internet ein preisgünstiges Instrument für die Übermittlung von Informationen zur Verfügung steht, entdecken viele Unternehmen das Outsourcing wieder als Möglichkeit, um die Effizienz von Prozessen zu steigern.

Branchentransformation

Die Branchenführer nutzen die Möglichkeiten des E-Business, um ihre Strategien, Organisationen, Prozesse und Systeme zu verändern und so einen Wettbewerbsvorteil zu erlangen. Seit der industriellen Revolution folgen die Unternehmen dem gleichen Grundmodell, um gegen ihre Mitbewerber im Markt zu bestehen. E-Business eröffnet den Unternehmen jedoch Möglichkeiten, ihre Branchen vollständig zu verändern und dadurch den Shareholder Value zu maximieren. Unternehmen, die ein Geschäftsmodell zur Umgestaltung ihrer Branche erstellen wollen, richten ihre Strategien auf ihre Kernkompetenzen aus und nutzen das Internet, um die Teile ihres Geschäfts auszulagern, die nicht zu ihren Kernkompetenzen gehören. Diese Unternehmen etablieren zudem Strategien, um direkt mit ihren Kunden zu kommunizieren. Darüber hinaus suchen sie nach Möglichkeiten, die Produktpalette ihrer Kunden mit Hilfe des Internet um Service-Angebote zu erweitern und die Abwicklung der nicht zu deren Kerngeschäft gehörenden Teile zu übernehmen. Indem Unternehmen und ihre Partner interne Systeme über das Web verknüpfen und so neue Märkte erschließen, neue Möglichkeiten schaffen, neue Kunden gewinnen sowie neue Produkte und Dienstleistungen entwickeln, wird die Trennlinie zwischen den Unternehmen immer weiter aufgehoben.

Konvergenz

Unter Branchenkonvergenz versteht man die Kooperation von Unternehmen aus unterschiedlichen Branchen, um den Verbrauchern Waren und Dienstleistungen anzubieten. Die Konvergenz ist nicht nur eine Funktion des E-Business beziehungsweise der Internet-Technologie, sie ist auch eine Folge der Branchenderegulierung, der Unternehmensglobalisierung, der Entwicklung der Kundennachfrage und neuer Wettbewerbstaktiken. Mit Hilfe des Internet können diese Unternehmen leicht Partnerschaften für die Entwicklung von Produkten und Dienstleistungen schließen und ihren Kunden so einen One-Stop-Shop bieten. Theoretisch ist eine Konvergenz auch ohne E-Business möglich. Da aber die Kosten für den Austausch von Informationen kontinuierlich sinken, kann die Branchenkonvergenz leichter und billiger realisiert werden. E-Business versetzt ein Unternehmen dank sinkender Kosten und der rasanten technischen Entwicklung in die Lage, Konvergenz als Geschäftsstrategie zu verfolgen.

ERP-Optionen

Wir haben fünf verschiedene ERP-Kategorien definiert, denen ein Unternehmen zugeordnet werden kann: Startups, nicht-integrierte Systeme, begrenztes Einzelfunktions-ERP, integriertes Geschäftsbereichs-ERP und integriertes Unternehmens-ERP. In der Praxis ist ein bestimmtes Unternehmen wahrscheinlich nicht in allen Aspekten mit einer dieser Kategorien deckungsgleich. Sie bieten jedoch einen Rahmen für eine sinnvolle und verständliche Analyse der verfügbaren Optionen.

Startups

Ein Startup-Unternehmen ist eine neue Firma ohne Erfahrungen mit Informationssystemen. Ein solches Unternehmen kann die Architektur eines Informationssystems von Grund auf neu entwickeln. Ohne Altsysteme oder ERP ist ein solches Unternehmen frei in der Entwicklung des Konzepts, mit dem es den gewünschten Status beim E-Business erreichen will. Zudem kann es die Auswahl eines Systems von seinem Fortschritt beim E-Business abhängig machen.

Nicht-integrierte Systeme

Ein Unternehmen mit nicht-integrierten Informationssystemen verfügt *per definitionem* nicht über einen schnellen und systematischen Datenaustausch zwischen seinen internen Systemen, mit denen Geschäftsvorfälle aufgezeichnet werden. Es besitzt für jeden Geschäftsbereich beziehungsweise für jede Aufgabe gegebenenfalls ein spezielles System. Ein solches Unternehmen ist in hohem Maße abhängig von „Black Box"-Software und manuellen Prozessen, mit denen Daten innerhalb des Unternehmens verarbeitet werden. Die Wartungs- und Entwicklungskosten der Software sind hoch, und das Unternehmen ist wahrscheinlich nicht in der Lage, sich rasch an Veränderungen anzupassen.

Funktionsorientiertes ERP

Ein Unternehmen mit funktionsorientiertem ERP hat ein oder einige wenige zentrale ERP-Module (meistens in den Bereichen Finanzen, Human Resources und/oder Produktion) in seinen einzelnen Geschäftsbereichen installiert. Solche Systeme wurden wahrscheinlich im Zusammenhang mit Kostensenkungsmaßnahmen eingeführt. Sie bleiben aber suboptimal, da jedesmal manuell eingegriffen werden muss, wenn die Daten aus einem anderen System benötigt werden

Bereichsorientiertes ERP

Ein Unternehmen mit bereichsorientiertem ERP hat ein vollständig integriertes ERP-Programmpaket in einem oder mehreren Geschäftsbereichen installiert, um so das Aufkommen an Kunden- und Lieferantentransaktionen, das die E-Business-Front-End-Systeme liefern, besser abwickeln zu können.

Im Idealfall fungiert ein solches Unternehmen als „Holdinggesellschaft", die den nicht miteinander verbundenen Wertschöpfungsketten in den verschiedenen Geschäftsbereichen übergeordnet ist. Die Lieferanten, Kunden, Produkte und das Management sind in keiner Weise miteinander verknüpft, und zwischen den einzelnen Geschäftsbereichen werden keine Synergien realisiert. Bei einer separaten Implementierung von ERP in einzelnen Ländern wird zudem keine oder nur eine geringfügige Datenintegration über die Ländergrenzen hinweg erzielt.

Vollständig integriertes ERP

Nur sehr wenige Unternehmen können dieser Kategorie zugeordnet werden, in der ein vollständig integriertes ERP-Programmpaket in allen Unternehmensbereichen implementiert wurde. Die Unternehmen dieser Kategorie besitzen einen spezifischen Vorteil: Sie verfügen über eine interne Software, die Versprechungen auf der Website des Unternehmens erfüllt, und sie besitzen die Fähigkeit, sich „dem Kunden gegenüber einheitlich zu präsentieren", und zwar nicht nur in bezug auf das Design der Webseite sondern auch hinsichtlich der Verzahnung der Web-basierten Funktionen mit den internen „Back-Office"-Funktionen.

Für Kunden bedeutet diese Integration, dass eine Web-basierte Bestellung direkt und in Echtzeit ausgeführt werden kann und entsprechend der Beschreibung verfügbar ist. Für Lieferanten bedeutet diese Integration, dass das Unternehmen in der Lage ist, den Zufluss von Materialien in den Produktionsprozess effektiv zu steuern, und zwar zum Vorteil beider Beteiligten, anstatt dem Lieferanten lediglich die Lagerhaltung aufzubürden.

Vorherrschende Architektur bei der Verbindung von ERP und E-Business

Da ERP- und E-Business-Technologien um die zukünftige Vorherrschaft konkurrieren, können Unternehmen beim Aufbau ihrer Systemarchitekturen zwischen zwei Optionen wählen: ein ERP-System mit einem umfassenderen Integrationsgrad, das Customer Relationship Management- (CRM) und Supply-Chain Management- (SCM) Module sowie Web-basierte Schnittstellen mit externen Systemen umfasst, oder ein „Best-in-Breed" Portfolio-Assembly-Modell.

Diese Lösung, die Module verschiedener Anbieter vorsieht ermöglicht es dem Unternehmen, das jeweils klassenbeste funktionale Modul anzuschaffen. Die Implementierung einer solchen Lösung kann jedoch die Kosten in die Höhe treiben und mehr Ressourcen in Anspruch nehmen. Eine integrierte Lösung eines Anbieters kann zwar die Implementierung vereinfachen, dies geht aber möglicherweise zu Lasten der Funktionalität und des Leistungsumfangs in bestimmten Bereichen. Viele Anbieter von ERP- und E-Business-Lösungen nutzen Internet-Portale, um beide Optionen zu kombinieren. Auf diese Weise kann ein Benutzer über ein einheitliches Portal auf eine Vielzahl von integrierten Lösungen für unzählige Probleme zugreifen.

Für die Verbraucher waren Portale zu Anfang Recherche-Werkzeuge (vergleichbar mit den Suchmaschinen), mit denen nur die Datenbanken von Mitgliedsorganisationen abgefragt und nicht das gesamte Internet durchsucht werden konnten. Mit solchen Portalen können die Benutzer das Web aus einem personalisierten Blickwinkel betrachten und eine Vielzahl von Werkzeugen und Informationsquellen nutzen, um nur zuvor gefilterte Informationen zu erhalten. Portale dienen zudem als Foren für Communities und ermöglichen mit Hilfe von vielen verschiedenen Medien (Direct Messaging, Internet Protocol [IP] Telefonie, Video, Message Posting, usw.) einen dynamischen Informationsaustausch.

Beim B2B gewinnt ein Portal die Bedeutung einer Gemeinschaft von Anbietern, die das Portal nutzen, um potenziellen Käufern eine Vielzahl von Lösungen für verwandte Probleme anzubieten. Die verfügbaren Werkzeuge der heutigen Portale werden ständig leistungsfähiger. Die Trennlinie zwischen Portalen und Application Service Providern ist bereits verwischt.

Von innen nach außen – Von außen nach innen: Komplementäre Technologien für ERP und E-Business

Im Geschäftsleben des 21. Jahrhunderts bewegen sich die ERP- und Internet-Technologie schnell aufeinander zu. Bislang ist diese Vereinigung jedoch unvollständig und ihre genaue Natur unklar. Daher ist es für Unternehmen mit einem E-Business-Modell heute unerlässlich, alle diese Technologien und ihre Funktionalitäten separat zu betrachten und zu verstehen.

ERP ist der interne technologische Knotenpunkt des jeweiligen Unternehmens. Mit Hilfe der Web-basierten Technologie wird die interne Informationsinfrastruktur des einzelnen Unternehmens in die externe Umgebung ausgedehnt. Diese Struktur repräsentiert die Marke des Unternehmens und projiziert sie in den Markt. ERP zielt auf eine Steigerung der Effizienz und Effektivität der internen Prozesse, während beim E-Business die Steigerung der Effizienz und Effektivität von externen, unternehmensübergreifenden Prozessen und die Verkaufsförderung von Produkten im Vordergrund steht. Während die ERP-Technologie die aktuelle Geschäftsstrategie unterstützt, öffnet E-Business die Tür zu neuen strategischen Möglichkeiten. Damit ERP und die Web-basierte Technologie wirksam miteinander kombiniert und beide Technologien ihren maximalen Nutzen entfalten können, müssen die Anbieter verstehen, welchen Nutzen ihre Systeme einander bieten.

Bei einer vollständigen Installation als integrierte Programmpakete arbeiten die heutigen ERP-Systeme quasi als zentrale Speicher für interne Unternehmensdaten, die aus fünf übergeordneten Prozessen gewonnen werden: Finanzen, Logistik, Produktion, Human Resources sowie Verkauf und Marketing. ERP-Software hilft einem Unternehmen, seine gesamten internen Informations-Ressourcen effektiv und effizient zu verwalten und so seine strategischen Ziele zu erreichen (Abbildung 2.1).

Die Web-basierte Technologie stellt über das Internet Verbindungen zu einer Vielzahl von externen Teilnehmern her. Für jede dieser Beziehungen gibt es eine autonome (Stand-Alone) E-Business-Software. Solche Software stammt zumeist von Anbietern, die sich auf die Entwicklung der besten Anwendung für einen bestimmten Prozess spezialisiert haben. Darüber hinaus wurden Software-Lösungen für das Management von mehreren solcher Beziehungen entwickelt. In den Abbildungen 2.1 und 2.2 ist das Wissensmanagement keiner bestimmten Technologie zugeordnet. Das Wissensmanagement ist vielmehr angelegt als ein Prozess, der von einem Unternehmen verlangt, die Daten in allen Informationskanälen zu erschließen und diese Informationen zu konsolidieren, damit sie vom Unternehmen genutzt werden können.

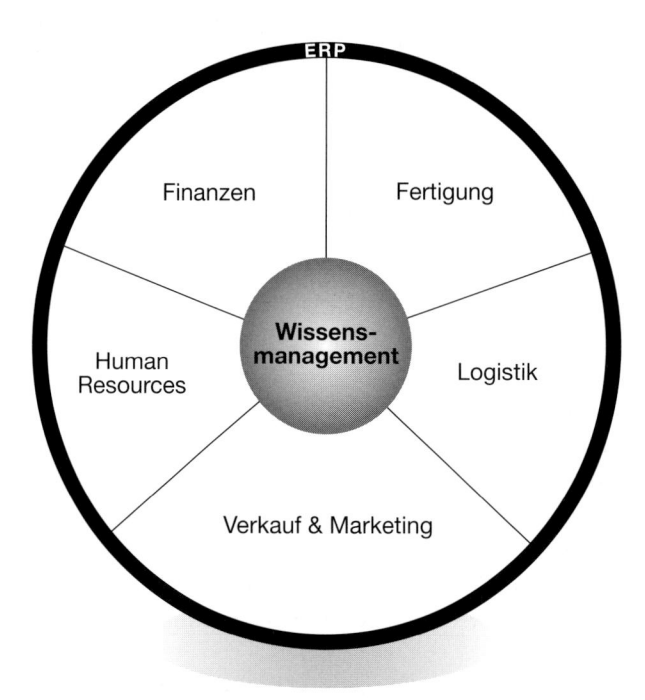

Abb. 2.1 Bei ERP stehen interne Unternehmensdaten, Informationen und Wissen im Mittelpunkt

Die Kombination beider Systeme

E-Business-Anwendungen sind von außen nach innen gerichtet und sollen die Informationen des Unternehmens extern verfügbar machen. Gleichzeitig wird der Blickwinkel von ERP, das sich traditionell ausschließlich mit internen Aktivitäten beschäftigte, von innen nach außen gerichtet, um alle externen Partner mit Unternehmensinformationen zu versorgen.

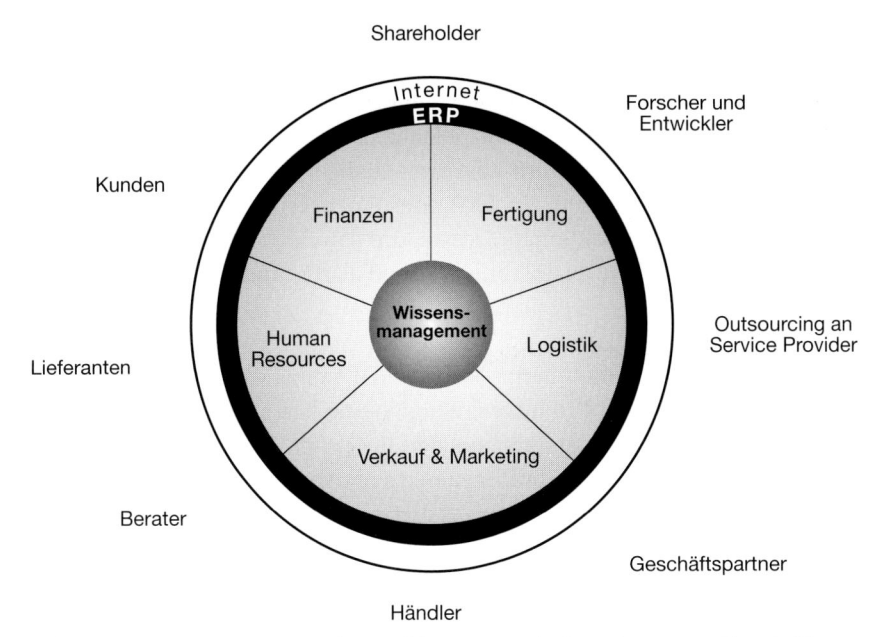

Abb. 2.2 E-Business ist ausgerichtet auf die Kommunikation mit externen Shareholdern

Da Web-basierte Technologien disruptiv sind, vertreten einige die Meinung, dass sie alle anderen Technologien verdrängen werden. Diese Auffassung teilen wir jedoch nicht. ERP wird immer seinen Stellenwert behalten. Als adaptive Technologie ersetzt ERP frühere Technologiegenerationen, die für die gleichen Problemstellungen entwickelt wurden, insbesondere Materials Requirement Planning (MRP) und Manufacturing Resource Planning (MRP II). Die Web-basierte Technologie hingegen beschäftigt sich mit völlig anderen Belangen.

Einige betrachten dieses Thema aus einem anderen Blickwinkel und argumentieren, dass E-Business-Anwendungen bei der Transaktionsverarbeitung leistungsfähig genug sind, um ERP zu ersetzen, und zudem in der Lage sind, Transaktionen an andere E-Business-Anwendungen zu „übergeben" – beispielsweise ein Web-basiertes Front-End für den Auftragseingang, das von Kunden genutzt werden kann und das die Transaktion an eine Anwendung übergibt, die Materialbestellungen in dem Front-End generiert, das die Lieferanten nutzen oder in ein Front-End, das Logistik-Anbieter verwenden, usw.

Kein Zweifel, dieses technische Kunststück ist zumindest in der Theorie machbar. Bei seiner Umsetzung stellen sich jedoch zwei schwerwiegende Probleme:

1. Selbst wenn man davon ausgeht, dass viele der heutigen großen Produzenten von physischen Waren in Zukunft reine Informationsunternehmen sein werden, müssen an irgendeiner Stelle am Ende der Informationskette die Waren produziert werden. Die Organisation, deren interne Prozesse im Zusammenhang stehen mit der physischen Produktion, benötigen ein ERP oder einen vergleichbaren unternehmensweiten Transaktionsprozessor, um den Bestand an Geldern, Menschen, Rohstoffen, Halbfabrikaten und Fertigprodukten verfolgen zu können.

2. Sobald ein Unternehmen – selbst ein Finanzdienstleister, der keine echten physischen Produkte erzeugt – eine bestimmte Größe erreicht hat, muss es Informationen aus den Bereichen Finanzen und Human Resources ERP-gerecht aufbereiten. In einigen Fällen können Prozesse an externe Anbieter vergeben werden, soweit es sich nicht um Kernaktivitäten handelt oder diese für das Unternehmen von strategischer Bedeutung sind. Ein Outsourcing aller Geschäftsprozesse eines Unternehmens ist jedoch nicht möglich. Kein Unternehmen wird je so virtuell sein, dass ein Management von Menschen oder Geldern überflüssig ist und dass es die gesetzlichen Rahmenbedingungen, in denen es weltweit seine Geschäfte tätigt, nicht erfüllen müsste.

Der Verdrängung der ERP-Technologie durch die Internet-basierte Technologie steht zudem ein Problem entgegen, das eher praktischer als philosophischer Natur ist. Auch wenn die Internet-basierte Technologie in Zukunft ERP-Funktionen anbietet, bleiben es gleichwohl Funktionen des ERP. Oracle hat diesen Weg bereits beschritten. Wenn Anbieter von Web-basierten Technologien versuchen Probleme zu lösen, die von ERP bereits abgedeckt werden, entziehen sie damit der Weiterentwicklung ihrer eigenen Web-basierten Technologien die Ressourcen und müssen möglicherweise unter den Konsequenzen leiden.

Erstens, mit einem solchen Vorgehen würde man den Kunden, die eine überlegene Web-basierte Technologie suchen, einen Bärendienst erweisen. Dies könnte Unternehmen zudem einen Wettbewerbsnachteil gegenüber jenen Firmen eintragen, die sich weiterhin auf reine E-Business-Lösungen konzentrieren. Eine Weiterentwicklung der Produkte im Hinblick auf eine möglichst einfache Integration in die aktuelle ERP-Technologie und die ERP-Systeme der nächsten Generation scheint die bessere Vorgehensweise für Anbieter von E-Business-Lösungen.

Zweitens, das in bestehende ERP-Pakete eingebrachte Geschäfts- und Prozesswissen ist sehr umfangreich, und die ERP-Software ist ausgereift und bewährt. Die Wiederherstellung dieses Wissens auf der Grundlage einer Web-basierten Technologie erfordert einen erheblichen Überarbeitungsaufwand und erneutes Testen und vor allem eine Umschulung der Mitarbeiter auf nicht erprobter Anwendungssoftware – ein alles andere als effizientes Unterfangen.

Die Anbieter dieser Technologien sehen sich letztlich nicht als Konkurrenten sondern als Anbieter von ergänzenden Produkten und Dienstleistungen. Diese Sichtweise wird untermauert durch das breite und wachsende Angebot an „Middleware", die zur Integration von ERP und Web-basierter Technologie verwendet werden kann. Die optimale Middleware ist absolut neutral, sozusagen die Schweiz der Software, und ermöglicht die Verknüpfung der Produkte aller ERP-Anbieter mit verschiedenen E-Business-Anwendungen.

ERP: Der Knotenpunkt eines Einzelunternehmens

Ein integriertes ERP-System stellt den Knotenpunkt eines Unternehmens dar und unterstützt bestehende Geschäftsstrategien. ERP gibt einem Unternehmen die erforderliche Flexibilität, um seine Reagibilität auf Kundenwünsche (auf der Nachfrageseite) zu erhöhen und das Management des Produktionsbedarfs und des Lagerbestands (auf der Lieferantenseite) zu verbessern. ERP ist darüber hinaus das entscheidende Instrument für die effektive Verteilung der knappen Ressourcen eines Unternehmens. Mit ERP kann ein Unternehmen eine neue Basis für seine Informationen schaffen, indem es eine Reihe von Altsystemen aus verschiedenen Generationen, die auf unterschiedlichen Datenverwaltungskonzepten basieren, ersetzt. Die Geschäftsführung kann ERP nutzen, um Informationen zu steuern und Entscheidungsprozesse zu unterstützen. ERP sorgt zudem für die Konsistenz der Informationen innerhalb eines globalen Unternehmens und umfasst die folgenden Funktionen:

– Resource Planning. Dazu gehören das Erstellen von Prognosen und Plänen, das Einkaufs- und Materialmanagement, das Lager- und Vertriebsmanagement, die Distribution sowie die Buchhaltung und das Finanzwesen. In diesen Bereichen liefert ERP-Software zeitnahe, genaue und vollständige Daten und hilft damit dem Unternehmen, seine Ressourcen schnell zu ermitteln, einzusetzen und zu kommunizieren und sich auf organisatorische Prioritäten zu konzentrieren. So kann ein Unternehmen beispielsweise seine Nettokassenposition gegenüber einem Großlieferanten, der möglicherweise gleichzeitig ein Kunde ist, auf globaler Ebene ermitteln. Nur allzu häufig werden Rechnungen von Lieferanten bezahlt, die gleichzeitig Kunden sind und höhere Verbindlichkeiten als Forderungen haben.

– Supply Chain Management. Dies beinhaltet das Verstehen von Nachfrage und Kapazität sowie die Kapazitätsplanung, um die Nachfrage zu befriedigen. Da ERP eine Verknüpfung von verschiedenartigen Teilen eines Unternehmens ermöglicht, können effizientere Pläne aufgestellt werden, die den Bedürfnissen eines Unternehmens optimal entsprechen. Dies reduziert die Taktzeiten und die Lagerbestände und verbessert die Liquiditätslage des Unternehmens.

– Demand Chain Management. Dazu gehören die Gestaltung von Produkten, von Angeboten, die Preisgestaltung und Verträge sowie Maßnahmen zur Verkaufsförderung und Provisionen. Die Konsolidierung von Informationen mit ERP ermöglicht besser informierte Vertragsverhandlungen, eine Preisgestaltung, die die Position des Unternehmens in seiner Gesamtheit berücksichtigt, und eine bessere Analyse, Vergütung und Verwaltung der Verkaufsstellen.

– Knowledge Management. Dies beinhaltet die Schaffung eines Datawarehouse, einer zentralen Datenbank für die Daten des Unternehmens sowie die Durchführung von Geschäftsanalysen auf der Grundlage dieser Daten, Unterstützung bei der Entscheidungsfindung der Unternehmensführung und die Schaffung kundenorientierter Strategien für die Zukunft. Bei diesen Aktivitäten kommt ein Management-Informationssystem (MIS) zum Einsatz, das dem Unternehmen hilft, die richtigen Entscheidungen zu treffen. In dieser Eigenschaft verwandelt sich ERP von einem System zur Transaktionsverarbeitung in einen echten „Informationskonzentrator". Das so genannte Data Warehousing ist für die Führungskräfte und Manager eines Unternehmens nur dann ein leistungsfähiges Instrument, wenn es mit konsistenten, zuverlässigen und aktuellen Daten versorgt wird.

In einem vollständig integrierten ERP-System übernehmen fünf hochintegrierte Module diese Aufgaben: Finanzen, Produktion, Logistik, Verkauf und Marketing sowie Human Resources.

Finanzen

Verglichen mit Altsystemen kann mit ERP-Software eine deutliche Kostensenkung in der Finanzbuchhaltung realisiert werden. Infolge des Wachstums von Unternehmen durch Zukäufe, und da einzelne Geschäftsbereiche eine größere Entscheidungsfreiheit erhalten, generieren einige Unternehmen Unmengen an konkurrierenden oder sogar sich widersprechenden Daten für das Finanzmanagement.

Durch seine Datenkonsistenz liefert ein ERP-System bessere Informationen für Analysen und ermöglicht eine nahtlose Abstimmung des Hauptbuchs mit den Nebenbüchern. Die Daten eines Monats werden in Echtzeit aktualisiert und bilden die Grundlage für die Verknüpfung der operativen Ergebnisse und liefern die finanziellen Auswirkungen dieser Ergebnisse. Bei der Verbuchung einer physischen Transaktion mit ERP werden immer auch die daraus resultierenden finanziellen Auswirkungen ausgewiesen. Durch diese Transparenz der Aktivitäten im Finanz- und operativen Bereich können Manager im operativen Geschäft die Auswirkungen ihrer Entscheidungen besser nachvollziehen. Der Finanzbereich eines Unternehmens ist auf diese Weise gerüstet, um die Entscheidungsfindung der Unternehmensführung zu unterstützen, Maßgrößen für die strategische Performance zu entwickeln und ein strategisches Kostenmanagement zu realisieren.

Fertigung

Da die ERP-Software eine feste Verbindung zwischen dem operativen und dem Finanzsystem herstellt, kann ein Unternehmen leichter nachvollziehen, wie operative Ursachen und finanzielle Auswirkungen zusammenhängen. Die Software stellt in einem zentralen Produktregister eine konsistente Palette von Produktnamen bereit, ermöglicht eine konsistente Betrachtung von Kunden und Lieferanten, die Integration von Verkaufs- und Produktionsdaten und eine Möglichkeit, die Verfügbarkeit eines Produkts für den Verkauf und Vertrieb und das Materialmanagement zu ermitteln.

Ein integriertes ERP-System ermöglicht zudem ein besseres Order-to-Production-Planning, indem der Verkauf und Vertrieb mit dem Materialmanagement, der Produktionsplanung und den Finanzen in Echtzeit vernetzt wird. Es macht Kundenbestellungen und Kundenwünsche in Echtzeit sichtbar und bietet eine Modellplanung für prognostizierte Bestellungen. Mit ERP lassen sich Marktchancen anhand früherer Performancedaten in

Aufträge verwandeln. So können Bestände praktisch unmittelbar angepasst und ein detailliertes Manufacturing Resource Planning täglich durchgeführt werden.

Logistik

ERP schafft eine engere Integration zwischen dem Vertrieb und der Fertigung, dem Verkauf und dem Finanzwesen und verbessert so das Reporting der Indikatoren für die zukünftige Performance sowie der Performance-Kennzahlen der Vergangenheit. Die Software bietet eine integrierte Basis für das Management der Signale im Vertriebsbereich, die zur Erfüllung der Wünsche und Bedürfnisse der Kunden des 21. Jahrhunderts unerlässlich sind. Die ERP-Technologie unterstützt den strategischen Einkauf und die „Materials Only"-Kalkulation anstatt der Standard-Kalkulation. Spezifische Performance-Indikatoren unterstützen, anstelle der traditionellen Indikatoren für die Messung funktioneller Silos, kundenorientierte, Low-Cost Operationen. ERP trägt zudem zu einer funktionsübergreifenden sowie prozess- und kundenorientierten Gestaltung von Logistik und Vertrieb bei.

Verkauf und Marketing

ERP-Software verbessert den Verkauf eines Unternehmens in vielerlei Hinsicht. Um Rentabilitätsanalysen durchführen zu können, werden Echtzeit-Daten für Kosten, Ertrag und Umsatzvolumen benötigt. Mit ERP kann das Unternehmen Rentabilitätsanalysen erstellen, in denen die Gewinne und Deckungsbeiträge nach Marktsegmenten aufgeschlüsselt sind.

Mit ERP-Software können darüber hinaus komplexe Kalkulationsverfahren entwickelt werden, die eine Vielzahl von Preisen sowie Rabatte, Nachlässe und steuerliche Aspekte berücksichtigen. Jedem kalkulatorischen Element kann eine beliebige Anzahl von bestimmten Kriterien zugrunde gelegt werden, zum Beispiel Kunden, Kundengruppen, Materialien, Materialgruppen und Absatzkanäle.

Und schließlich können Vertriebsorganisationen mit Hilfe von ERP die Liefertermine für Bestellungen wesentlich genauer planen. In einer E-Business-Umgebung können Kunden über das Internet wesentlich genauere Liefertermine abrufen und, wenn eine effektive Verbindung zwischen ERP und einem E-Business-Front-End existiert, die Bestände an Fertigprodukten und Halberzeugnissen des Unternehmens einsehen und die Verfügbarkeit von

Materialien prüfen und feststellen, wie schnell eine Bestellung ausgeführt werden kann.

Human Resources

ERP unterstützt ein Unternehmen bei der Planung, Entwicklung und Vergütung seines Personals. Es bietet eine integrierte Personaldatenbank (für Angestellte oder freie Mitarbeiter), verwaltet die Gehälter und sonstigen Leistungen, unterstützt die Personalplanung und Rekrutierung und verwaltet die erstattungsfähigen Reisekosten und Spesen. ERP erledigt die Lohnbuchhaltung, berücksichtigt eine Vielzahl von spezifischen nationalen Vorschriften und ermöglicht es dem Unternehmen, die Lohnabrechnung zentral zusammenzufassen oder dezentral nach Ländern oder Rechtssubjekten zu führen.

Mit ERP können die im Rahmen der Personalbedarfsplanung benötigten Informationen über individuelle Qualifikationen und Anforderungen erfasst werden. ERP verbessert die Kariere- und Nachfolgeplanung sowie die Koordinierung von Schulungsprogrammen und optimiert das Zeitmanagement, von der Planung bis hin zur Zeiterfassung und Zeitüberwachung, einschließlich Schichtplanung, Zeit-Ausnahmeberichte und der Meldung von Zeiten für die Kostenzuordnung, wenn die Zeiten der Mitarbeiter spezifischen Kostenstellen, wie zum Beispiel Projekten oder Service-Aufträgen, zugeordnet werden.

ERP allein kann die Anforderungen der Kunden des 21. Jahrhunderts nicht erfüllen

Trotz seiner Leistungsfähigkeit reicht ERP allein nicht aus, um die gestiegenen Service-Ansprüche der heutigen Kunden zu befriedigen. Die heutigen Kunden verlangen Schnelligkeit und Self-Service bei ihren Transaktionen. Darüber hinaus erwarten sie, die Produkte selbst konfigurieren zu können sowie eine stärkere Integration von Produkten und Dienstleistungen.

Alle Kunden, egal ob Privatkunden oder Distributoren und Lieferanten, verlangen zudem niedrigere Kosten und eine höhere Qualität bei Produkten und Dienstleistungen, und sie erwarten eine hohe Personalisierung bei allen ihren Beziehungen zu einem Unternehmen. Dies bedeutet, dass zumindest detaillierte Bestellinformationen unmittelbar zur Verfügung stehen müssen und darin wenigstens ein personalisiertes Element enthalten sein muss, zum Beispiel der Status anderer Bestellungen, Angebote für verwandte Produkte und personalisierte Bildschirme, die die Transaktion für den jeweiligen Kunden durch weniger Mausklicks und kürzere Wege vereinfachen. Bei etoys.com können Benutzer beispielsweise Wunschlisten mit Produkten, Kosten, persönlichen Anmerkungen und Gesamtbeträgen zusammenstellen. Die Wunschliste kann anschließend gespeichert und in eine Bestellung umgewandelt oder per Email einer anderen Person zugeschickt werden, die diesen Wunschzettel dann in eine Bestellung umwandelt.

Das Erfüllen dieser Wünsche ist eine Herkulesaufgabe, die von ERP allein nicht bewältigt werden kann. Warum? Unternehmen sind bestrebt, ihre Effizienz und Effektivität kontinuierlich zu steigern. Sie sind gezwungen, Innovationen immer schneller voranzutreiben. Sie streben ein Outsourcing der Geschäftsprozesse an, deren Effizienz und Effektivität sie nicht steigern können. Und sie stellen fest, dass sie noch enger mit ihren Geschäftspartnern kooperieren müssen, um die Kundenwünsche zu erfüllen. Nur sehr wenige Unternehmen werden in der Lage sein, diesen Weg in dem neu entstehenden Markt allein zu gehen. Es müssen strategische, auf Vertrauen und Respekt basierende Partnerschaften mit fähigen und verlässlichen Unternehmen geschmiedet werden, die bereit sind, die Art und Weise ihres Handelns auf allen Ebenen zu verändern und die Risiken und Gewinne angemessen zu teilen. Dabei müssen sich die internen Prozesse stärker als bisher an den Kundenwünschen orientieren. Verkauf und Dienstleistungen konvergieren und müssen zuverlässiger werden, während in Supply Chains die Steigerung der Effizienz das Gebot der Stunde ist. Die derzeit erhältlichen ERP-Programmpakete wurden für diese Ziele jedoch nicht entwickelt.

E-Business ist die ideale Erweiterung der internen Prozesse

Durch die Web-basierte Technologie werden Informationen durch Value Chains befördert und bisher getrennte Gruppen miteinander verbunden, die so schneller und effizienter per Telefon, Fax oder Email kommunizieren können, als dies selbst bei einem persönlichen Kontakt möglich wäre. Die Web-basierte Technologie ist in der Lage, Informationen sofort und zu niedrigen Kosten bereitzustellen.

Kundenorientierung

Die Erwartungen der heutigen Kunden sind höher als je zuvor. Um diese Erwartungen zu erfüllen, verwandeln sich Produkte in eine Kombination aus Produkten und Dienstleistungen. Unternehmen werden zu „Me Businesses" und ermöglichen den Zugang wann, wo und wie Kunden dies wünschen. Zu den Erwartungen der Kunden gehören heute ein individualisierter Service, billige Produkte, kurze Abwicklungszeiten und genaue Liefertermine.

Durch Internet-basierte Recherchedienste stehen den Kunden umfangreichere Preisinformationen zur Verfügung als je zuvor. Sie kennen nicht nur den Preis des Produkts sondern auch den Preis des Services und die Transaktionskosten. Sie wissen, was sie bekommen und was sie dafür bezahlen. 800.com und viele andere Websites führen zum Beispiel innerhalb von Sekunden einen Online-Vergleich von Preisen und Leistungen durch, der früher Tage oder sogar Wochen in Anspruch nahm. Ausgestattet mit diesen Informationen stellen die Kunden immer anspruchsvollere Forderungen und sind häufig nur zwei Mausklicks von einem anderen Anbieter entfernt. Diese höhere Informationsdichte, die den Kunden zur Verfügung steht, ist für viele Manager ein kritischer Faktor.

Die Unternehmen sind gezwungen, ihre traditionellen Verkaufs-, Service- und Marketingprozesse anzupassen, indem sie die Kundenbeziehungen im Rahmen eines umfassenden, integrierten Customer Relationship Management (CRM) Prozesses neu definieren. Sie entwickeln kundenorientierte Anwendungen und nutzen Informationen, um durch hoch-effiziente Geschäftsbeziehungen und Value-Added Services einen Wettbewerbsvorteil zu erzielen.

Mit Hilfe neuer Technologien können Unternehmen Informationen über die Kaufgewohnheiten und -muster ihrer Kunden sammeln und diese Informationen in ihren zukünftigen Beziehungen verwenden. Dieser für jedes Kunden-/Lieferantenverhältnis spezifische und einzigartige Ansatz bildet das Fundament für langfristige Beziehungen, er kommt dem Kunden zugute und schafft Kundentreue und Vertrauen.

Interaktive Beziehungen zu Partnern innerhalb der Wertschöpfungskette

Die Wettbewerbsfähigkeit von Unternehmen beruht heute zu einem beträchtlichen Teil auf ihrer Fähigkeit, Informationen innerhalb der Wertschöpfungskette schnell weiterzugeben. Die Fähigkeit jedes Teilnehmers, Informationen aus einer hoch-integrierten Value Chain abzurufen und entsprechend zu handeln, resultiert in einem größeren Wert für die Kunden.

Ein Unternehmen, das die ERP-Technologie mit der Web-basierten Technologie kombiniert, weist im Wesentlichen ein Schema auf, das in Abbildung 2.3 aufgeführt ist. Zusätzlich zu den E-Buy- und E-Sell-Front-Ends gibt es weitere Front-Ends für E-Human Resource Self-Service (auch als E-Associate bezeichnet), E-Collaborative Planning und E-Logistics. Erstrecken sich die E-Buy/ERP/E-Sell Unternehmen auf die gesamte Value Chain, können die Unternehmen eng verknüpfte erweiterte Unternehmen, so genannte *Extraprises*, etablieren. Die zentrale Frage für ERP-Anbieter, Anbieter von E-Business Front-End-Technologie und Unternehmen lautet: Wie sieht das fertige Geschäftsmodell aus? Es bieten sich drei Alternativen (siehe Abbildungen 2.4, 2.5 und 2.6).

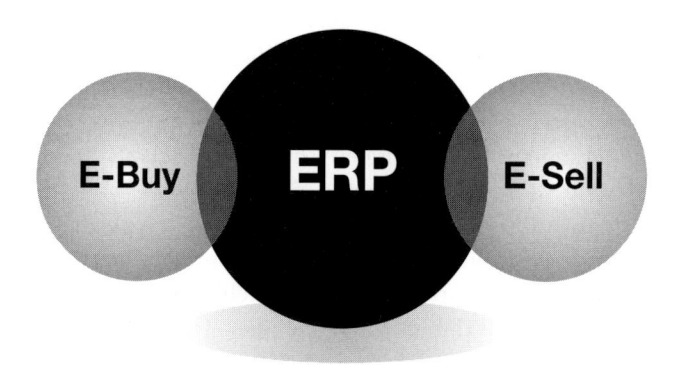

Abb. 2.3 ERP und Web-basierte Technologie zusammen erweitern das Unternehmen

Abbildung 2.4 zeigt das Modell eines erweiterten Unternehmens, bei dem die Beteiligten über Dritte miteinander verbunden sind (die Bindeglieder zwischen Käufern und Verkäufern), die Märkte schaffen und verwalten. Diese Märkte können kollationierte Kataloge sein, wie sie zum Beispiel von Unternehmen wie Ariba für Wartungs-, Reparatur- und Betriebsmaterialien (MRO) erstellt werden. Es können auch Branchenmärkte sein, die als Auktion, durch Angebot und Nachfrage geregelte Märkte oder als Vermittlungen

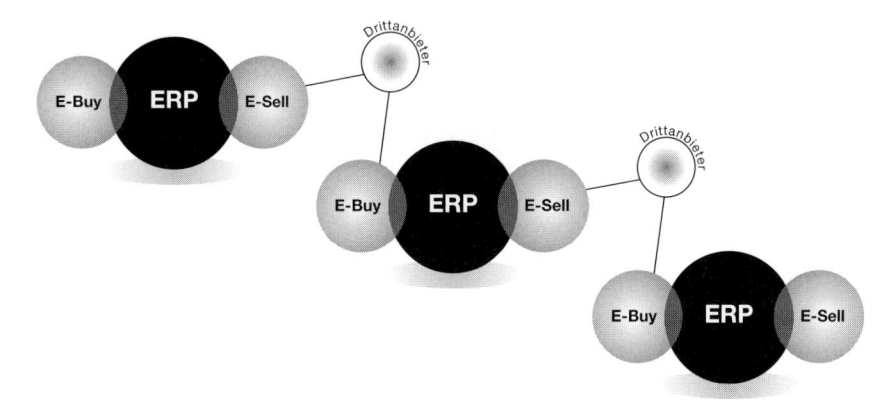

Abb. 2.4 Die erweiterte Wertschöpfungskette mit Portalen von Drittanbietern

organisiert sind. Diese Märkte können aber auch Portale oder sogar „Workplaces" sein, wie die von SAP unter dem Namen mySAP.com entwickelte Lösung.

In Abbildung 2.5 wird die Wertschöpfungskette durch aneinander gereihte Unternehmen gebildet, wobei der E-Sell-Channel jedes Unternehmens direkt mit dem E-Buy-Channel des nachgeordneten Unternehmens im Produktionsprozess verbunden ist. In diesem Modell müssen gemeinsame Artikelnummern verwendet werden, und zwar nicht nur zwischen den E-Buy und E-Sell Front-Ends eines Unternehmens und seinem internen ERP-System, sondern auch zwischen dem E-Buy Front-End eines Unternehmens und dem E-Sell Front-End eines anderen Unternehmens und umgekehrt. Die Anwendung von Branchenstandards, insbesondere in den stark regulierten Branchen, ist hierbei von großer Bedeutung. Die zunehmende Verwendung von XML (Extensible Markup Language), einem mit HTML (Hypertext Markup Language) vergleichbaren Standard für den Datenaustausch, sowie Standardisierungsorganisationen wie RosettaNet und OASIS (Organization for the Advancement of Structured Information Standards) erleichtern die Umsetzung dieses Konzepts. Wenn alle Beteiligten das glei-

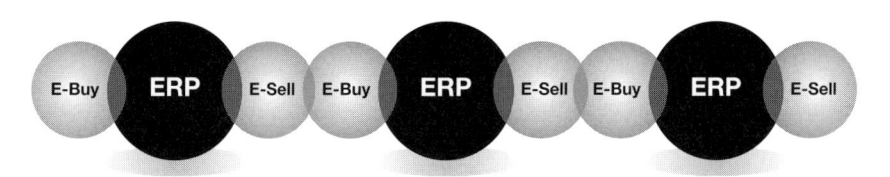

Abb. 2.5 Die erweiterte Wertschöpfungskette: Das Buy-Front End ist mit dem Sell-Front End verbunden

Abb. 2.6   Erweiterte Wertschöpfungskette: ERP/ERP-Verbindungen

che Transaktionssystem verwenden (zum Beispiel SAP oder Oracle), kann ein solches Maß an Integration leichter erreicht werden.

In Abbildung 2.6 ist das ERP-System des Unternehmens direkt mit den ERP-Systemen der Lieferanten und Kunden verbunden. Der Elektronische Datenaustausch (EDI) bietet ein ähnliches Modell. Allerdings muss im EDI-Modell jedes Unternehmen spezifische Protokolle für die einzelnen Lieferanten oder Kunden erstellen. In einem Internet-basierten Modell mit offenen Standards kann ein Unternehmen mit Hilfe der Web-basierten Technologie Verbindungen zu allen Lieferanten und Kunden herstellen.

Da Informationen leichter zugänglich sind, wenn die Verbindungen zu Lieferanten und Kunden über die Web-basierte Technologie realisiert werden, kann ein Unternehmen neue Geschäftsstrategien entwickeln, die auf der Umgestaltung der Value Chain in ein integriertes Value Network basieren. Die Gründe hierfür liegen in der Natur der Informationen:

– Informationen können mehrmals verwendet werden.
– Der Wert von Informationen lässt sich vor einem Einkauf nur schwer bestimmen.
– Informationen können verdichtet werden.
– Im Laufe der Zeit und durch ihre Verwendung ändert sich der Wert von Informationen.
– Informationen öffnen Türen.

In einem solchen Umfeld kann jedes Unternehmen ein Informationsknotenpunkt sein. Um ein Informationsknotenpunkt zu sein, muss ein Unternehmen die Schnittstelle zum Kunden besitzen. Die Kundenschnittstelle ist der Ort, an dem das Unternehmen (oder der Knotenpunkt eines integrierten Value Network) für den Kunden Werte erzeugt und wo es Werte für das Netzwerk erzeugt, indem es Kundendaten sammelt, die in nutzbare

Daten und Wissen über die Bedürfnisse und Wünsche der Kunden transformiert werden können.

Je mehr Unternehmen an das Netzwerk angeschlossen sind, desto größer ist der Nutzen, den das einzelne Unternehmen aus seiner Einbindung in dieses erweiterte Unternehmen zieht. Der stetig steigende Kundennutzen zieht immer mehr Unternehmen an, die an dem Netzwek teilnehmen wollen. Da die Netzwerk-Partner untereinander immer besser kooperieren, sinken die Kosten, verbessert sich der Service und steigt letztlich auch der Nutzen für die Kunden. Nichts ist erfolgreicher als der Erfolg.

Diese Dynamik (Netzwerk-Kostendegression) wird zu einem Teufelskreis, der die Mitglieder des erweiterten Unternehmens zwingt, ihre eigenen internen Prozesse wie auch die unternehmensübergreifenden Netzwerk-Prozesse kontinuierlich zu verbessern. Die Mitglieder des Netzwerks streben nach Kosteneffizienz, Kostensenkung und Kostenvermeidung. In einer solchen Umgebung kann ein Unternehmen, das ein Fertigprodukt herstellt, Beziehungen zu mehreren Lieferanten von Zwischenprodukten unterhalten. Mit Hilfe der Informationstechnologie kann ein Unternehmen eine Product Flow Chain entwickeln, die seinen aktuellen Bedürfnissen am besten gerecht wird. Die Product Flow Chain setzt sich zusammen aus den Anbietern, die am besten geeignet sind, bestimmte Bauteile zu liefern, oder die zum Zeitpunkt der Bestellung über die entsprechenden Kapazitäten verfügen.

Abbildung 2.7 illustriert diese Dynamik. Die Grafik zeigt sowohl die traditionelle Wertschöpfungskette als auch die potenziell dynamische E-Business Wertschöpfungskette. Weitreichende Verbindungen und Kommunikationsgeschwindigkeit machen es erforderlich, dass alle Mitglieder des Netzwerks immer flexibler und offener werden. Offenheit, Vertrauen, Flexibilität und der Zugang zum Informationsnetzwerk (das Internet) sind die Voraussetzungen, um intelligente Entscheidungen treffen zu können.

ERP steigert das Potenzial von E-Business

Es reicht nicht aus, mit den Partnern in der Lieferkette und Kunden in der Demand Chain zu kommunizieren. In der heutigen Geschäftswelt ist *Koordination* der Schlüsselbegriff. In der Geschäftswelt geht die Entwicklung hin zu reibungslosen Informationsströmen, in denen Informationen leichter an viele Empfänger verteilt werden können.

Die Web-basierte Technologie ermöglicht einem Unternehmen, mehr Informationen leichter an verschiedene Empfänger zu verteilen. Die ERP-

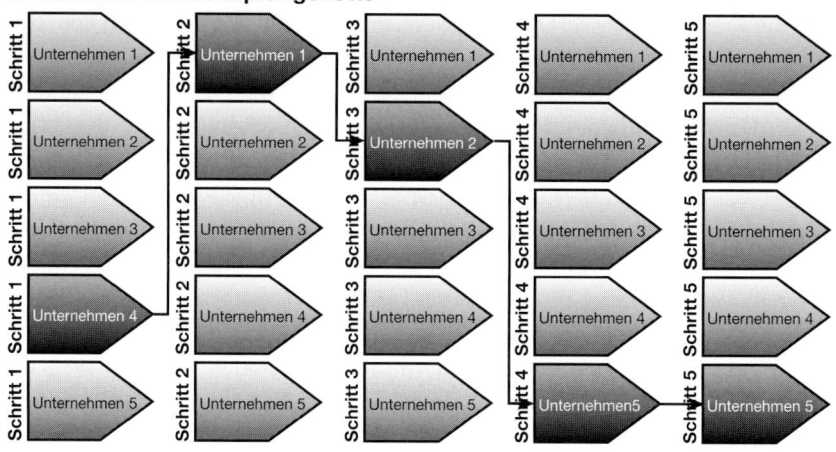

Abb. 2.7 Traditionelle und E-Business Wertschöpfungskette

Technologie ermöglicht einem Unternehmen, seinen Geschäftspartnern in der Lieferkette und seinen Kunden in der Demand Chain, die verfügbaren Informationen zu koordinieren und die Art und Weise festzulegen, wie diese Informationen anderen gegenüber präsentiert werden sollen.

Um die im Internet verfügbaren Informationen nutzen zu können, ist eine spezifische Prozesslogik erforderlich. Den Standort und die Kosten der Rohstoffe zu kennen, steht demnach nur am Anfang des Fertigungsprozesses. Die Rohstoffe müssen zudem mit den Fertigungskapazitäten und den Kundenwünschen abgeglichen werden. Wenn die Wertschöpfungskette länger wird und mehr als nur einige wenige Kunden und Hersteller umfasst, sind Rohstoff-Algorithmen erforderlich, um die Lieferkette zu optimieren. ERP-Software bietet solche Algorithmen, und die Web-basierte-Technologie liefert die für die Lösung der Gleichung erforderlichen Daten – eine perfekte Partnerschaft.

Die heute installierte ERP-Basis ist in erster Linie darauf ausgerichtet, einen Geschäftsbereich oder ein Unternehmen zu integrieren. Der integrierte Geschäftsbereich ist seinerseits darauf ausgerichtet, Kunden bessere

Produkte und Dienstleistungen zu niedrigeren Preisen zu bieten, während das integrierte Unternehmen auf eine Steigerung der Effizienz und Flexibilität innerhalb der gesamten Organisation sowie auf eine Steigerung der Geschwindigkeit der internen Informationsströme abzielt. Bei den ERP-Systemen von Morgen wird die Integration des erweiterten, vernetzten Unternehmens im Mittelpunkt stehen, das sich allmählich entwickelt und auf die Integration von vielen Unternehmen in die Lieferkette und auf Wachstum ausgerichtet ist.

E-Technologie

Verglichen mit früheren Generationen von Kommunikations-Software ist die Web-basierte Technologie wesentlich billiger, bedienungsfreundlicher und einfacher zu implementieren. Diese Technologie fand eine phänomenale Akzeptanz, da sie auf einfachen Prinzipien basiert und eine leistungsfähige Basis für die Kommunikation bietet.

Das Internet funktioniert in vieler Hinsicht wie Sprache. Die Grundelemente sind Töne (über Internet Protocoll – IP). Sauber prononciert werden Töne unterscheidbar und erkennbar als Buchstaben in einem Alphabet (HTML oder XML). Buchstaben können zu Wörtern (Basisdaten) kombiniert werden. Wörter werden zu Sätzen (elektronische One-Way-Mitteilungen, zum Beispiel das Aufgeben einer Bestellung auf einer Website) und durch Grammatik verwandeln sich Sätze in Dialoge.

Das beste E-Business ist ein elektronischer Dialog zwischen zwei Organisationen, der ohne oder mit geringen menschlichen Eingriffen auskommt. Dieser Dialog basiert auf zuvor festgelegten Abläufen. Der Schlüssel für erfolgreiches E-Business ist somit die Fähigkeit, sich in der gleichen Sprache zu verständigen und die gleiche Grammatik zu verwenden. Offene Standards bieten die gemeinsame Sprache und Grammatik, die den elektronischen Dialog möglich machen.

Offene Standards

Während der elektronische Datenaustausch (EDI) eine One-to-One Technologie ist, kann die Web-basierte Technologie als ein Many-to-Many System bezeichnet werden. Abbildung 2.8 zeigt die Unterschiede zwischen diesen beiden Konzepten auf. Offene Standards ermöglichen die Hardware- und

EDI   **Offene Standards**

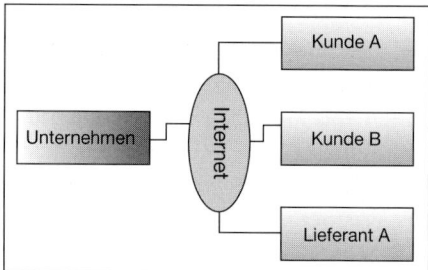

Bis zu zwölf verschiedene Kommunikationsprotokolle   Ein Kommunikationsprotokoll

Abb. 2.8 EDI und offene Standards

Software-Interoperabilität zwischen mehreren Teilnehmern. Offene Standards sind wesentlich billiger als proprietäre EDI-Systeme.

Architektur in der Endphase

Indem Unternehmen die offenen Standards einsetzen und damit ERP in Web-basierte Technologien einbinden, erfahren ihre Systemarchitekturen dramatische Veränderungen. Abbildung 2.9 zeigt die endgültige Architektur eines Unternehmens des 21. Jahrhunderts. Im Mittelpunkt dieser Architektur steht das ERP-System des Unternehmens, das die Zentrale der Transaktionsverarbeitung darstellt und die internen Daten des Unternehmens generiert. Diese in Data-Warehouses gespeicherten Daten können von der

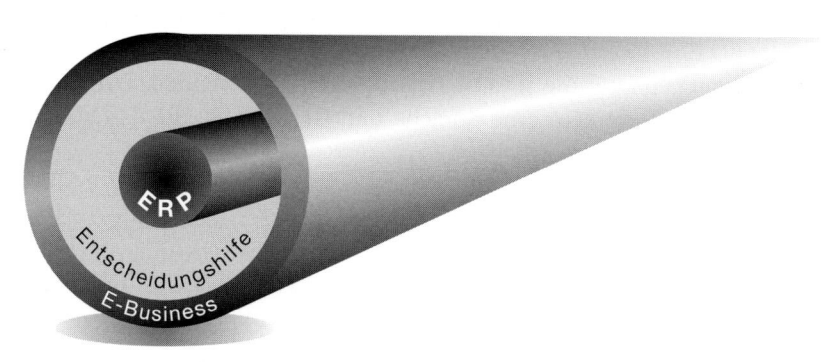

Kunden   Lieferanten

Handelspartner

Abb. 2.9 Systemarchitektur des 21. Jahrhunderts

Von innen nach außen – Von außen nach innen: Komplementäre Technologien für ERP und E-Business

Entscheidungssoftware des Unternehmens, die Teil eines ERP-Programmpakets ist oder von einem anderen Anbieter stammt und die das Unternehmen für Geschäftsanalysen verwendet, beliebig segmentiert und rekombiniert werden.

Mit Hilfe der Web-basierten Technologie kann das Unternehmen Informationen sowohl von als auch zu seinen Kunden, Zulieferern und Handelspartnern transferieren. Darüber hinaus ermöglicht die Web-basierte Technologie dem Unternehmen, die Internet-basierten Recherche-Quellen zu nutzen und seinen Geschäftsanalysen auf diese Weise Substanz und Aussagekraft zu verleihen. Die Technologie für den Entscheidungs-Support hilft den Managern auf allen Ebenen des Unternehmens, kohärente Entscheidungen zu treffen, indem sie ihnen eine klare Übersicht über alle relevanten Informationen innerhalb und außerhalb des Unternehmens verschafft. Mit einem solchen System können Daten sowohl aus internen als auch aus externen Quellen konsolidiert und mit den Zielen des Unternehmens im Rahmen des Steuerungs- und Kontrollsystems verglichen werden. So werden diese Daten zu Management-Informationen. Ein Unternehmen benötigt nicht nur Informationen über die historische Performance, es muss zudem in der Lage sein, in die Zukunft gerichtete Informationen, zum Beispiel Budgets, fortlaufende Prognosen und die neuesten Schätzungen, zu konsolidieren.

Um objektive Geschäftsdaten und eine solide Basis für Entscheidungen zu erhalten, müssen interne Informationen im Zusammenhang mit Informationen aus externen Quellen betrachtet werden. Mit dem Internet ist der Zugang zu externen Informationen kein Problem mehr. Die Herausforderung besteht darin, aus der enormen Datenmenge die wichtigsten Fakten herauszufiltern. Die häufig veränderten und oft unstrukturierten externen Daten, die in der Regel qualitativen und nicht quantitativen Charakter besitzen, lassen sich meist nur schwer filtern und assimilieren. Da in der Vergangenheit keine geeigneten Werkzeuge zur Verfügung standen, wurden externe Informationen von vielen Unternehmen nur auf informeller Ebene und sporadisch genutzt. Die Geschwindigkeit der Veränderungen in der heutigen Geschäftswelt erfordert aber einen systematischeren Ansatz. Das Internet macht einen solchen Ansatz möglich.

Web Economics: Bewertung Ihrer ERP- und E-Business Investitionen

In der Vergangenheit trafen Unternehmen ihre Entscheidungen über die Verteilung ihrer Ressourcen im Hinblick auf den Wert des heute ausgegebenen Geldes in Relation zu dem potenziell in der Zukunft verdienten oder gesparten Geld. Tatsache ist jedoch, dass die Kosteneinsparungen bei solchen Geschäftsprognosen wesentlich einfacher ermittelt werden können als die Steigerung der Erträge. Die Ursache hierfür besteht darin, dass ein Unternehmen seine internen Kosteneinsparungen wesentlich besser steuern kann (entweder durch Kostensenkung oder Kostenvermeidung) als die Reaktion von existierenden und potenziellen Kunden.

Bei der Investition in ein ERP-System reicht es aus, interne Faktoren zu messen und zu bewerten. Da E-Business aber unter anderem den Zweck hat, eine Verbindung zu Kunden herzustellen, müssen neue Verfahren für Finanzanalysen gefunden werden, um E-Business-Projekte Initiativen bewerten und verwalten zu können. E-Business hat den Charakter der Schnittstelle zwischen einem Unternehmen und seinen Kunden vollständig verändert und die Gewinnmargen von Unternehmen innerhalb der gesamten Wertschöpfungskette beeinflusst. Die Tatsache, dass Informationen für Kunden uneingeschränkt verfügbar sind, hat einen Preisrutsch ausgelöst.

Traditionell gibt es drei Gründe, warum ein Unternehmen einen hohen Preis durchsetzen kann: Neue Technologie, mangelnder Wettbewerb und Unkenntnis im Markt. E-Business hat die Unkenntnis im Markt beseitigt, die Barrieren für den Eintritt neuer Mitbewerber in vielen Branchen verringert und es den Unternehmen ermöglicht, informationslastige Dienstleistungen und Produkte effizienter zu kombinieren und als neue Produkte anzubieten. Dies alles bietet ungeahnte neue Ertragschancen. Die traditionellen Verfahren der Finanzanalyse sind jedoch nur bedingt für die Bewertung von ertragssteigernden Technologien geeignet.

Alle Unternehmen müssen Entscheidungen über die Auswahl und das Management von E-Business-Projekten treffen. Die Grundlage solcher Entscheidungen ist eine quantitative Beurteilung der Elemente, die für Kunden,

Geschäftspartner und Aktionäre von Wert sind. Dabei müssen die Unternehmen drei Fragen beantworten:

1. Was besitzt für unsere Kunden, Geschäftspartner und Aktionäre den größten Stellenwert?
2. Welche aktuellen beziehungsweise potenziellen E-Business-Projekte wirken sich am stärksten auf den Wert für Kunden, Geschäftspartner und den Shareholder Value aus?
3. Erfüllen die aktuellen E-Business-Projekte die Bedürfnisse der Kunden, Geschäftspartner und Aktionäre?

Die Faktoren, die den Kundennutzen am meisten beeinflussen sind hervorragende Produkte, Zuverlässigkeit, Service-Leistungen, konkurrenzfähige Preise und die Bequemlichkeit, mit der Geschäfte mit einem bestimmten Anbieter von Produkten oder Dienstleistungen abgewickelt werden können. Die Fähigkeit, all dies dauerhaft anbieten zu können, erhöht den Markenwert, der seinerseits zu einer Stärkung des Vertrauens und der Kundentreue führt. Der Beitrag, den Vertrauen und Kundentreue zum wirtschaftlichen Erfolg eines Unternehmens leisten, ist nur schwer zu messen und zu quantifizieren.

Was ist der vorhersagbare, quantifizierbare Erfolg einer On-Time-Lieferung? Welche vorhersagbare, quantifizierbare Auswirkung auf die zukünftige Geschäftsentwicklung ist zu erwarten, wenn der angegebene Preis falsch ist oder die Lieferung verspätet (oder zu früh) ankommt? Mit Hilfe von E-Business Werkzeugen können Unternehmen bei allen diesen Faktoren bessere und konsistentere Ergebnisse erzielen. Die Schwierigkeit besteht darin, ihren geschäftlichen Nutzen vorherzusagen und zu messen.

Die traditionellen Bewertungskonzepte führen häufig zu einem ineffizienten Portfolio von E-Business-Projekten, bei denen der Kundennutzen oder der Wert von Optionen unberücksichtigt bleibt. Diese traditionellen Bewertungskonzepte (in erster Linie die Amortisationsperiode und der Kapitalwert) sind aufgrund ihrer Unsicherheit zu wenig auf kundenorientierte Projekte und zu stark auf interne, kostenorientierte Projekte ausgerichtet.

Versucht man, diese statischen Werkzeuge bei einer dynamischen, disruptiven Technologie wie dem E-Business einzusetzen, ist häufig ein schlecht performendes Portfolio von E-Business-Projekten und/oder eine Mischung von Projekten, die im Widerspruch zu der generellen Geschäftsstrategie des Unternehmens steht, die Folge. Unternehmen tendieren bei E-Business Initiativen zu kurzfristigen Konzepten oder Projekten, da sich kurzfristige Ergebnisse leichter vorhersagen lassen und als sichere Wetten in der sich schnell verändernden Umgebung von heute gelten.

Die zu starke Ausrichtung auf unmittelbare Erfolge und die Neigung, Ressourcen nicht breit genug zu streuen, lässt ein Portfolio von zahlreichen Projekten entstehen, die dem Unternehmen nicht den größtmöglichen Nutzen bringen. Für eine sinnvolle Bewertung von E-Business Initiativen muss ein dynamisches Bewertungswerkzeug verwendet werden, zum Beispiel Real Options Valuation (ROV™), ein PricewaterhouseCoopers-Werkzeug, das die nächste von Ökonomen konzipierte Entwicklungsstufe von Entscheidungsanalysen und Optionspreisbildungsverfahren darstellt.

Fünfzig Jahre Bewertungsgeschichte

Erst Ende der vierziger Jahre standen leistungsfähige Werkzeuge für die Bewertungsanalyse zur Verfügung. Sie wurden entwickelt, um Unternehmen in die Lage zu versetzen, verschiedene Optionen in einem zunehmend komplexeren Umfeld auf systematische und konsistente Weise zu vergleichen.

Das erste und einfachste Werkzeug ermöglichte die Bestimmung der so genannten Payback Period. Die Ermittlung der Amortisationsperiode ist relativ einfach. Man muss lediglich errechnen, wie viele Monate oder Jahre es dauert, bis der durch eine Investition generierte Gewinn (das heißt die sinkenden Kosten oder der zunehmende Ertrag) die anfänglichen Investitionskosten deckt. Ein Unternehmen hat beispielsweise die Wahl, heute 1 Million Dollar für ein neues Computer-System auszugeben oder in Fertigungsanlagen für den Ausbau einer Produktionslinie zu investieren.

Um die Entscheidungsfindung zu unterstützen, kann die Amortisationsperiode für beide Optionen errechnet werden. Die Investition in ein Computer-System würde in diesem Beispiel Kosteneinsparungen von 100 000 Dollar pro Jahr ermöglichen. In diesem Fall beträgt die Amortisationsperiode 10 Jahre. Durch die Ausrüstung für den Ausbau der Produktionslinie ließe sich jedoch eine Gewinnsteigerung von 200 000 Dollar pro Jahr erzielen. In diesem Fall beträgt die Amortisationsperiode 5 Jahre. Betrachtet man nur die Amortisationsperiode, erscheinen die Produktionsanlagen als die bessere Investition. In den fünfziger und sechziger Jahren war die Amortisationsperiode das entscheidende Kriterium bei Investitionsentscheidungen.

Zu Beginn der siebziger Jahre verwendeten die Unternehmen den abgezinsten Cashflow, bei dem die Amortisationsperiode um eine Kapitalkostenkalkulation und eine Kalkulation der kumulativen Inflation erweitert wurde. Aufgrund der hohen Inflation während der siebziger Jahre gelangte man zunehmend zu der Einsicht, dass es besser war, heute 1,00 Dollar in der

Hand zu haben als 1,05 Dollar in einem Jahr. Vor diesem Hintergrund wird die Finanzentscheidung auf der Grundlage der zukünftigen, auf den Barwert abgezinsten Cashflows getroffen. Dieser Wert wird auch als Kapitalwert und die entsprechende Kalkulation als Analyse des abgezinsten Cashflows (Discounted Cash Flow Analsyis – DCF) bezeichnet.

Selbst wenn das Unternehmen über Barmittel für Investitionen verfügt, müssen die Kosten für eine Beschaffung der Mittel durch einen Kredit oder Eigenkapital festgestellt werden, um die Amortisationsperiode ermitteln zu können. Ein Unternehmen wird in der Regel von einem abgezinsten Betrag ausgehen, der höher ist als seine Kosten für eine Kredit- oder Eigenkapitalfinanzierung der Mittel, nämlich von seinen Kapitalkosten. Das heißt, ein Unternehmen wird für interne Investitionen nur dann Eigenkapital einsetzen, wenn die Investition eine höhere Rendite verspricht als das Unternehmen bei einer Anlage der Mittel auf dem freien Markt erzielen könnte. Bei einer statischen Betrachtung ist es nicht schwierig, die Auswirkungen der Inflation oder der Kapitalkosten auf die Amortisationsperiode zu berechnen.

Weiter komplizert wird die Rechnung durch die Opportunitätskosten – die Kosten der verpassten Gelegenheiten, die bei einer anderweitigen Verwendung der Mittel hätten genutzt werden können. Opportunitätskosten lassen sich nur schwer berechnen. In einer typischen DCF-Kalkulation sind diese Kosten jedoch eine häufig ignorierte Größe.

Selbst in einer scheinbar simplen Rechnung zur Kosteneinsparung gibt es immer die ein oder andere Unbekannte, und DCF-Analysen sind immer nur so genau wie die Schätzungen über die zukünftige Inflation und die Kapitalkosten. Ein darauf basierender Abzinsungssatz ist aggressiv, und wenn eine interne Investition diese so genannte Hurdle Rate (Mindestrendite) übersteigt, kann ein Manager mit einiger Gewissheit annehmen, dass die Investition sowohl über der Performance des Aktienmarkts als auch über der Inflationsrate performen wird.

Diese Marge erschien akzeptabel für ein Projekt, bei dem die Performance-Variablen beeinflusst werden konnten, wie zum Beispiel bei einem Computer-System oder der Installation einer Produktionslinie, und wenn der zeitliche Horizont kurz und die Investitionsresultate relativ eindeutig waren. Bei Entscheidungen wie zum Beispiel über die Planung von Forschung und Entwicklung (F&E), Fusionen und Übernahmen oder neuen Technologien genügt die DCF in bezug auf die Behandlung der Unbekannten einfach nicht den Anforderungen.

Anfang der achtziger Jahre begannen Ökonomen und Finanzfakultäten von Wirtschaftshochschulen verschiedene Verfahren zu prüfen, mit denen die Unbekannten besser analysiert werden könnten und die den Verantwortlichen in den Unternehmen eine Umgehensweise mit diesen Unbekannten aufzeigen, um ihnen mutigere Investitionsentscheidungen zu ermöglichen. Zwei dieser Verfahren (Szenario-Simulationen und Entscheidungsanalysen) werden ausgiebig vom US-Verteidigungsministerium eingesetzt. Ein drittes Verfahren (Optionspreisbildung) ist ein ökonomisches Modell zur Bewertung des Preises von Finanzmarktoptionen, das auf einer Analyse der Wahrscheinlichkeiten der zukünftigen Unbekannten bei Aktienkursen basiert.

ROV™ bündelt diese Überlegungen zu einem neuen Standard für die Bewertung, Findung und das Management von strategischen Investitionsentscheidungen. ROV™ ist bei großen Investitionen sinnvoll, da Optionen erstellt und durchgespielt werden können, wenn die Zukunft mit vielen Unbekannten behaftet ist und komplexe und voneinander abhängige Entscheidungen mit vielen Alternativen anstehen. Angesichts der gewaltigen Ausgaben für E-Business Projekte und den vielfältigen Optionen bei der Ausrichtung solcher Projekte auf Kunden oder Lieferanten, der bloßen Einrichtung eines E-Commerce Kanals, der Integration der Wertschöpfungskette oder auch bei dem Versuch, eine Branche mit Hilfe des E-Business zu transformieren, sowie bei der Entwicklung potenzieller neuer Geschäftsmodelle, benötigen Unternehmen ein exaktes Werkzeug, um den Wert ihrer E-Business Investitionen quantifizieren zu können.

Die Zunahme der Bewertungsverfahren in den vergangenen 30 bis 40 Jahren reflektiert die Veränderung im Umgang mit den Unbekannten. Während vor 1970 Unbekannte in den einfachen Amortisationsrechnungen ignoriert wurden, macht man sich die Unbekannten heute mit ROV™ zunutze. Dieser Wandel wird in Abbildung 3.1 skizziert.

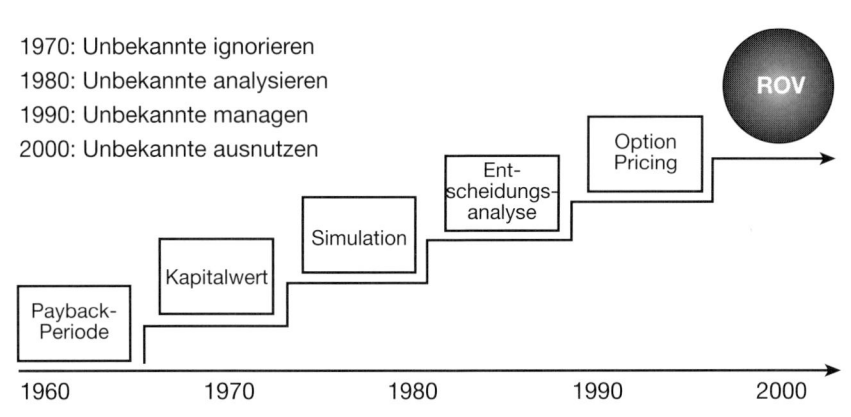

Abb. 3.1 Entwicklung der Bewertungsverfahren und Veränderung der Einstellung zu Unbekannten

ERP funktioniert mit traditionellen Bewertungsverfahren

Kürzlich wurden rund 125 CFOs der 1 000 weltweit bedeutendsten Unternehmen gefragt, wer von ihnen, die über eine implementierte ERP-Lösung verfügen, ein echtes Geschäftsmodell für Investition entwickelt hatten. Nur 35 Prozent gaben an, ein solches Modell entwickelt zu haben.

Bei der Entscheidung über eine Investition in ein ERP-System sind vier Gesichtspunkte zu berücksichtigen:

1. Warum sollte ein ERP-System implementiert werden?
2. Wie sollte ein ERP-System implementiert werden?
3. Wie hoch sind die Kosten?
4. Welchen Nutzen bringt es?

Diese Fragen können mit Hilfe der traditionellen Bewertungsverfahren beantwortet werden, weil ERP eine Investition in die internen Prozesse eines Unternehmens darstellt, die sich direkt auswirkt und entweder eine Senkung der Kosten oder eine Steigerung der Rentabilität mit sich bringt.

Warum sollte ein ERP-System implementiert werden?

Die Installation eines ERP-Systems stellt eine Investition dar, die große Ressourcen in Anspruch nimmt: Finanzielle Ressourcen für die Kosten der Software-Lizenz und die externe Unterstützung, die für die Implementierung benötigt wird, sowie die eigenen personellen Ressourcen des Unternehmens.

Die Installation eines ERP-Systems ist zudem sehr zeitaufwendig und dauert in den meisten Fällen mehr als 12 Monate und kann bei sehr großen, komplexen Unternehmen, die viele Prozessanpassungen gleichzeitig durchführen, 36 Monate und mehr in Anspruch nehmen. Implementierungen über Ländergrenzen hinweg erschweren die Aufgabe zusätzlich. Wie Abbildung 3.2 zeigt, steigt mit zunehmenden Prozessänderungen auch die Komplexität einer ERP-Implementierung. Abbildung 3.3 veranschaulicht den zeitlichen Rahmen, der für Implementierungen bei unterschiedlicher Komplexität der dazugehörigen Prozessänderungen anzusetzen ist. (Ausnahmen zu dem gezeigten Zeitrahmen sind durchaus möglich).

Das einzig wirklich stichhaltige Argument für die Durchführung einer ERP-Installation ist ihre Einbettung in eine Unternehmensstrategie, unterstützt durch eine tragfähige IT-Strategie. Ausserdem müssen die quantifizierbaren als auch die nicht quantifizierbaren Benefits definiert sein.

Zone 1
1. Erneuerung und Ersatz von Software
 - „Vanilla" ERP

Zone 2
2. Geschäftsprozessänderung auf Software-Basis
 - Schrittweise Verbesserung der Geschäftsprozesse
 - Umgestaltung der Geschäftsprozesse

Zone 3
3. Business Transformation
 - Umgestaltung des Business-Netzwerks
 - Neudefinition der Unternehmensziele

(Projektrisiko und -kosten)

Achsen: Intensität der Geschäftsprozessänderungen (vertikal), Komplexität der Implementierung (horizontal)

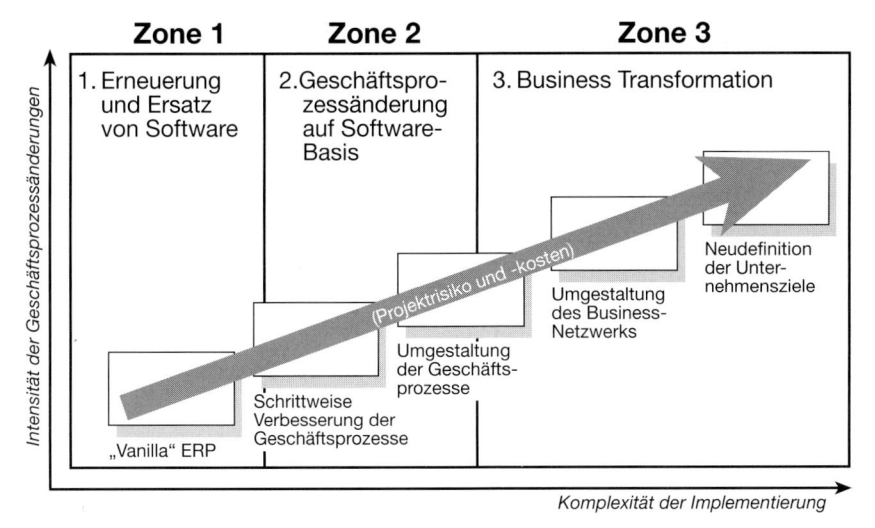

Abb. 3.2 Mit zunehmenden Prozessänderungen steigt die Komplexität

Grad der Geschäftsprozessänderung

Unternehmenskomplexität	Zone 1 niedrig	Zone 2 mittel	Zone 3 hoch
hoch	12–18 Monate	18–36 Monate	24–48+ Monate
mittel	6–9 Monate	12–18 Monate	18–36 Monate
niedrig („Vanilla" ERP)	3–6 Monate	6–9 Monate	12–18 Monate

Abb. 3.3 Ungefährer Zeitrahmen für Prozessänderungen

Wie sollte ein ERP-System implementiert werden?

Diese Frage berührt verschiedene Aspekte. Erstens: Die Frage des Umfangs. Soll die Implementierung innerhalb des gesamten Unternehmens, innerhalb eines einzelnen oder mehrerer Geschäftsbereiche oder für eine einzelne Funktion auf Unternehmens- oder Bereichsebene integriert werden?

Zweitens: Die Frage der Einrichtung. Wo und Wann wird das System eingerichtet und welche Personen sind an der Einrichtung beteiligt? Soll eine integrierte Unternehmensinstallation nach Geschäftsbereichen, Ländern beziehungsweise Regionen oder nach Prozessen und Funktionen etabliert werden?

Drittens: Die Entscheidungen über die Systeme. Welches ERP-System soll implementiert werden? Ist es sinnvoll, mehr als ein ERP-Paket zu implementieren? Welche Business-Funktionen aus welchen Programmpaketen werden genutzt? Wie werden die Altsysteme während der Umstellung auf ERP betrieben? Kommt Middleware zum Einsatz? Und weitere Fragen. Um die Geschwindigkeit und den Weg der Umsetzung festzulegen, muss eine allgemeine Systemarchitektur und ein Systemplan erstellt werden.

Viertens – dies ist wahrscheinlich der komplexeste Aspekt: Die organisatorischen Entscheidungen. Letztlich muss ein Unternehmen realistisch entscheiden, ob es für Veränderungen bereit ist. Oder, konkreter ausgedrückt, ein Unternehmen muss realistisch beurteilen, wie viele Veränderungen es innerhalb eines bestimmten Zeitraums verarbeiten kann.

Bei der Implementierung eines ERP-Systems innerhalb eines Unternehmens oder eines wesentlichen Bereichs des Unternehmens werden viele Teile der Organisation berührt. Die Arbeitsweise der Menschen verändert sich in vielen Fällen grundlegend. Sie verwenden andere Computer-Systeme und müssen geschult werden. Die Arbeitsabläufe werden verändert. Es müssen neue Abläufe etabliert und die alten blockiert werden.

Wegen der Schwierigkeiten, neue Arbeitsweisen zu übernehmen, betrachten die meisten Menschen in einem Unternehmen die Veränderungen im Zusammenhang mit der Einführung eines ERP-Systems als disruptiv. Die Schwierigkeiten der Menschen, zu erkennen oder zu erklären, warum die Vorteile die Probleme überwiegen, ist die vielleicht häufigste Ursache dafür, dass einige Firmen die ERP-Einführung nicht in jeder Hinsicht erfolgreich abschließen. Aufgrund der integrierten Natur von ERP-Systemen, muss den Anwendern ihr Platz innerhalb der Prozesskette erklärt werden.

Wie hoch sind die Kosten?

Bei einer ERP-Einführung entstehen zwei Arten von Kosten: quantifizierbare Kosten, die sich für eine DCF-Analyse eignen, und Human-Factor-Kosten, die zwar nicht quantifizierbar aber dennoch sehr real sind. Es gibt fünf Kategorien von quantifizierbaren Kosten: Hardware, Software, Schulung und Erlernen von neuen Prozessen, Datenkonvertierung und Reengineering. Abbildung 3.4 zeigt, dass der Großteil der Kosten im Personalbereich, für das Prozess-Reengineering und das Erlernen der neuen Prozesse anfallen. Bei der Analyse dieser einzelnen Kosten müssen die Entscheidungsträger beurteilen, welche Kosten zeitlich begrenzt sind und für welchen Zeitraum sie entstehen und welche Kosten kontinuierlich anfallen.

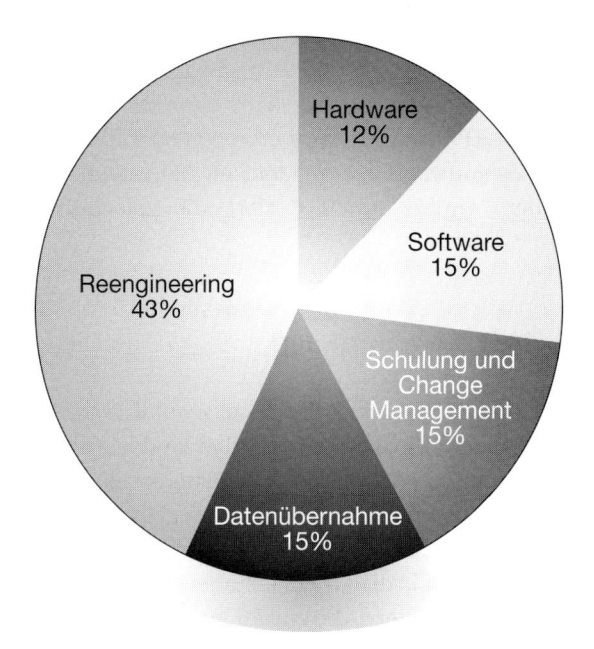

Abb. 3.4 Kosten der ERP-Implementierung

Human-Factor-Kosten lassen sich nur schwer quantifizieren. Sie besitzen jedoch durchaus wirtschaftliche Auswirkungen. Es gibt Human-Factor-Kosten für einzelne Personen und das Unternehmen in seiner Gesamtheit. Kosten für Einzelpersonen sind zum Beispiel eine Karriereunterbrechung für die Dauer der Arbeit an dem Projekt, Projektermüdung und die Abnahme der Managementfähigkeiten der Führungskräfte. Da eine ERP-Einführung viele Jahre in Anspruch nehmen kann, macht eine Person, die an einem solchen Projekt arbeitet, während dieser Zeit im Unternehmen häufig keine Karrierefortschritte. Darüber hinaus lassen diese langen Zeiträume bei den Beteiligten kaum ein Gefühl der Erfüllung aufkommen und können auf diese Weise demotivierend wirken (dieses Phänomen wird auch als *Projektermüdung* bezeichnet). Und schließlich überfordern die Komplexität und der Umfang solcher Projekte die Managementfähigkeiten der meisten Manager. Wie hoch sind die Kosten eines Unternehmens, wenn eine potenzielle Führungskraft während der Einführung eines ERP-Systems ermattet?

Weitere Kosten für das Unternehmen sind nicht quantifizierbare Kosten für die Führungsstruktur. Eine ERP-Einführung berührt sowohl die hierarchischen Strukturen innerhalb des Unternehmens als auch die Entscheidungsprozesse. Der Zugang zu Informationen ist häufig der Schlüssel für die Ausübung der Kontrolle und Weisungsbefugnis innerhalb eines Unternehmens. Die Einführung eines ERP-Systems kann den Zugang zu Informationen deutlich erweitern. Wenn Manager und Führungskräfte dies zu einem frühen Zeitpunkt erkennen, können sie eine Kampagne starten, um entweder die Kontrolle über die ERP-Einführung zu erlangen oder diese zu stoppen. Die Unruhe und der Zeitaufwand, die mit solchen Aktivitäten verbunden sind, verursachen dem Unternehmen Kosten, die jedoch nur schwer zu beziffern sind.

Welchen Nutzen bringt eine Implementierung?

Auch die Vorteile einer ERP-Einführung lassen sich zwei Kategorien zuordnen: quantifizierbare und qualitative Vorteile. Einige sind in Abbildung 3.5 aufgeführt. Zu den quantifizierbaren Vorteilen gehören eine effizientere Prozesse, niedrigere Kosten aufgrund der Verfügbarkeit und Genauigkeit der Daten, die Fähigkeit, diese Daten in brauchbare Informationen zu verwandeln, niedrigere Kosten für die Organisation von Informationen bei Hardware, Software und Mitarbeitern, die zur Pflege der Altsysteme benötigt werden, und auf lange Sicht geringere Schulungskosten, da die Mitarbeiter offener werden für Veränderungen.

Zu den qualitativen Vorteilen gehören eine flexiblere Führungs- und Organisationsstruktur sowie eine Belegschaft, die bereit ist für Veränderungen und sich stärker auf Aufgaben mit hohem Mehrwert konzentriert und die in höherem Maße sich bietende Gelegenheiten nutzt.

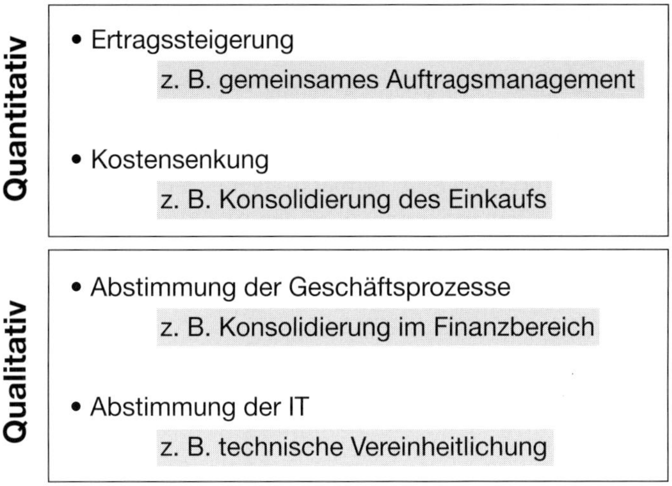

Quantitativ
- Ertragssteigerung
  z. B. gemeinsames Auftragsmanagement
- Kostensenkung
  z. B. Konsolidierung des Einkaufs

Qualitativ
- Abstimmung der Geschäftsprozesse
  z. B. Konsolidierung im Finanzbereich
- Abstimmung der IT
  z. B. technische Vereinheitlichung

Abb. 3.5 ERP-Benefits

E-Business erfordert neue Verfahren

Traditionelle Analysetechniken eignen sich zwar für ERP, aber E-Business erfordert einen neuen Ansatz, um begrenzte Ressourcen auf eine Vielzahl von Projekte verteilen zu können. ROV™ ermöglicht die Quantifizierung der Auswirkungen von Risiken, Unbekannten und Optionen im Zusammenhang mit E-Business-Projekte und einen effizienteren Entscheidungsprozess.

ROV™ ist sowohl ein strategisches als auch ein Finanzanalyse-Werkzeug, das sich insbesondere für die Bewertung der Möglichkeiten des E-Business eignet, da es die Unbekannten innerhalb der E-Business Umgebung bewertet. DCF erfordert eine Umgebung ohne Unbekannte und dass der Analyst in der Lage ist, die zukünftigen Cashflows zu prognostizieren. ROV™ berücksichtigt, dass die Zukunft ungewiss ist; es basiert auf dem Prinzip der ungewissen Zukunft.

Eine Analogie aus dem Bereich der Militärstrategie ist hier hilfreich. Die traditionelle Militärstrategie basierte einst auf einem statischen „Eine-Schlacht"-Konzept (Abbildung 3.6). Dieses Konzept fußt auf der Annahme, dass es nur einen möglichen Weg gibt, den Feind in einer beliebigen Schlacht zu bekämpfen. Sobald aber der erste Schuss gefallen ist entwickelt die Schlacht eine Eigendynamik und jedes statische Szenario zerfällt. Fast immer verhält sich der Feind anders als die Planer des Szenarios dies angenommen haben, und die Strategie wird nutzlos.

Bei der Planung moderner Militärszenarien werden eine Reihe von Optionen berücksichtigt (Abbildung 3.7) und die Ressourcen so eingesetzt, dass sie flexibel verschoben werden können, um auf das tatsächliche Verhalten des Feindes reagieren zu können, sobald die Schlacht beginnt. Gewiss, die Planer sind dennoch gezwungen, das wahrscheinlichste Szenario auszuwählen und auf dieser Grundlage eine Primärstrategie zu entwickeln. Ein sorgfältig ausgearbeitetes Szenario ermöglicht den Streitkräften dennoch eine flexible Antwort.

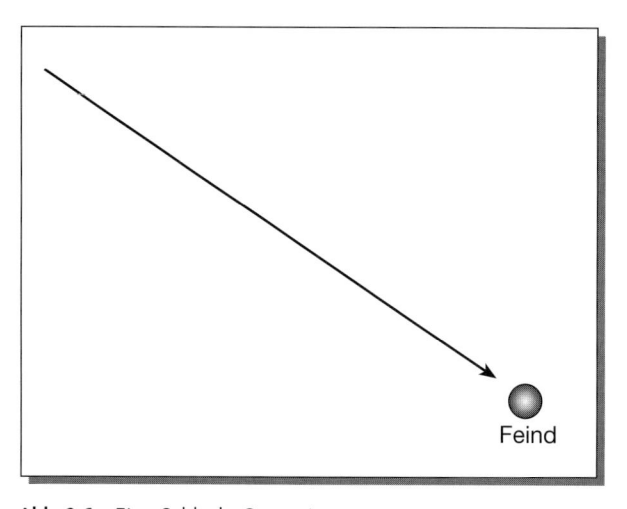

Abb. 3.6 Eine-Schlacht-Strategie

Teil dieser neuen Schlachtplanung ist eine Aufklärungskomponente (Abbildung 3.8), mit der ausgespäht werden kann, was der Feind gerade tut und die den Befehlshaber zum frühest möglichen Zeitpunkt warnt, welche Szenarien aufgegeben werden müssen. Auf diese Weise wird die Umgruppierung von Aktivitäten (das heisst Ressourcen) unterstützt, so dass die Planung flexibel bleibt und noch schneller an eine reduzierte Zahl von Optionen angepasst werden kann.

Auch die meisten finanziellen Bewertungsverfahren berücksichtigen nur einen einzigen Weg zur Schaffung von Werten. DCF berücksichtigt beispielsweise keine Unbekannten oder die Flexibilität des Managements. Bedingungen verändern sich jedoch im Laufe der Zeit, und das Management muss lernen und effizient reagieren.

ROV™ stützt sich auf DCF, Entscheidungsanalysen und Optionspreisbildungsmodelle, um ein vollständigeres Bild der Zukunft zu zeichnen.

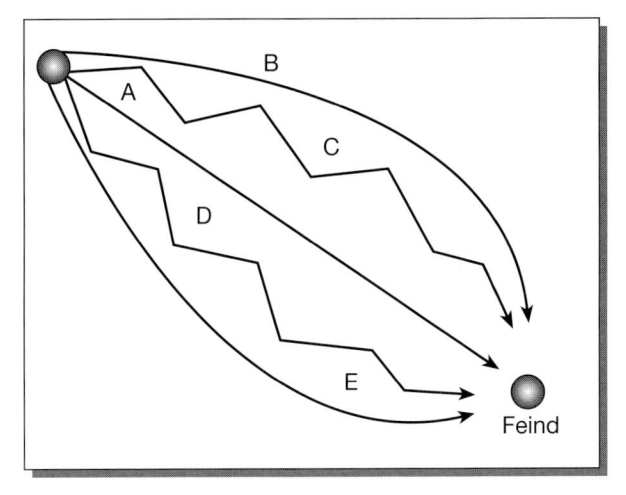

Abb. 3.7 Multiple Strategien: Wählen Sie eine aus!

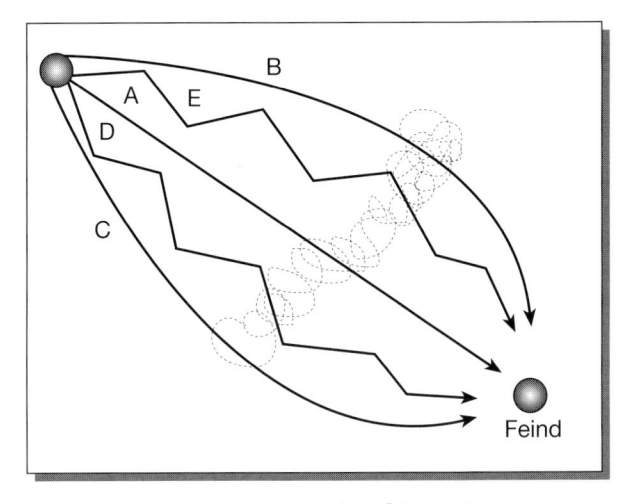

Abb. 3.8 Multiple Strategien durch Aufklärungskomponente

ROV™ geht von der Prämisse aus, dass der Asset Value eng mit dem Asset-Management verknüpft ist. Abbildung 3.9 zeigt, wie das Management mit Hilfe von ROV™ seinen Horizont erweitern und die vielen kleinen Risiken analysieren kann, denen es beim Aufbau eines Portfolios von E-Business-Projekten begegnet. Jedes E-Business-Projekt kann zu vielen verschiedenen Zeitpunkten während seiner Durchführung viele verschiedene Richtungen einschlagen.

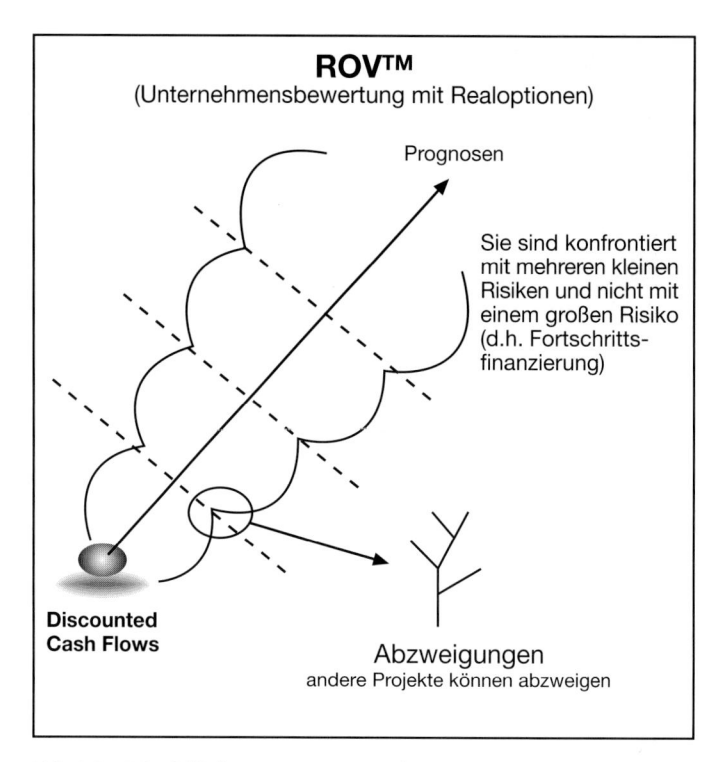

ROV™
(Unternehmensbewertung mit Realoptionen)

Prognosen

Sie sind konfrontiert mit mehreren kleinen Risiken und nicht mit einem großen Risiko (d.h. Fortschrittsfinanzierung)

Discounted Cash Flows

Abzweigungen
andere Projekte können abzweigen

Abb. 3.9 ROV hilft dem Management, den Horizont zu erweitern

Mit einer ROV™ Analyse lässt sich ein Teil des Aufschlags erklären, mit dem die Finanzmärkte Unternehmen bewerten, die in hohem Maße in E-Business-Projekten investiert sind (Abbildung 3.10), und warum reine Dot.com-Firmen häufig mit enormen Bewertungsmultiplikatoren bewertet werden und hohe Kurse erreichen, obwohl sie keine Gewinne erzielen. Priceline.com ist beispielsweise mehr wert als die größten US-Airlines, da das Unternehmen seinen ursprünglichen Tätigkeitsbereich, nämlich den Online-Verkauf von Flugtickets, auf Hotelzimmer, Lebensmittel und andere Produkte ausgeweitet hat.

Wie viel des Marktaufschlags auf den Wert der Geschäftsoptionen eines Dot.com-Unternehmens zurückzuführen ist und wie viel davon auf reiner Marktspekulation basiert, ist ein wichtiger Aspekt bei der Betrachtung verschiedener Beziehungen, wie Fusionen und Übernahmen, Joint Ventures oder einfachem Partnerschaften in einem erweiterten Unternehmen. So wurde Amazon.com von Anlegern viele Monate mit einem extrem hohen Aufschlag gehandelt. Ein Finanzanalyst sagte, dass Amazon.com einen Anteil von 90 Prozent am gesamten Buchverkauf in den USA erzielen

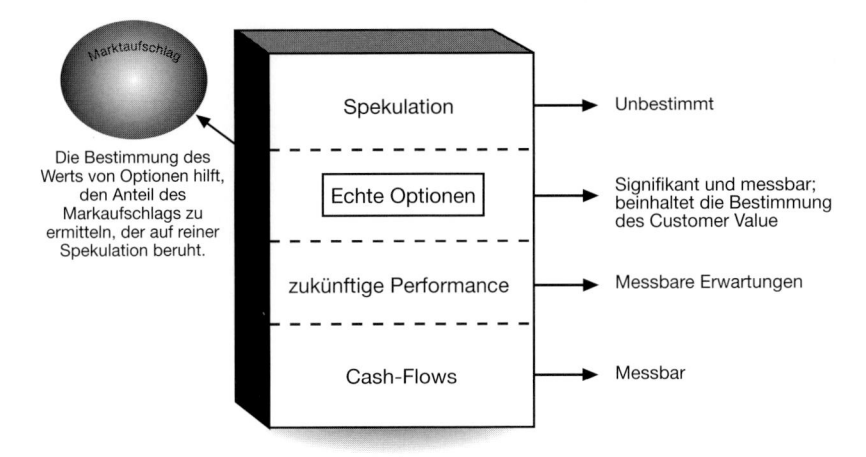

Abb. 3.10 Der Optionswert erklärt einen Teil des Marktaufschlags von Unternehmen, die stark im E-Business engagiert sind

müsste, um seine Bewertung auf der Basis des Buchgeschäfts zu rechtfertigen. Diesem Analysten zufolge basierte die Bewertung auf den Möglichkeiten von Amazon, Spielzeug, Compact Disks und andere Produkte allein oder in einer Partnerschaft mit traditionellen Unternehmen zu verkaufen. Genau damit hat Amazon.com 1999 begonnen.

Darüber hinaus sind die folgenden nicht-finanziellen Performance-Indikatoren für die Bewertung maßgeblich:

– Fähigkeit zur Umsetzung der Unternehmensstrategie
– Glaubwürdigkeit des Managements
– Qualität der Unternehmensstrategie
– Innovationsfähigkeit
– Fähigkeit, Spitzenkräfte anzuziehen und zu halten

An einem bestimmten Punkt jedoch verlangt der Markt vom Management, aus den verfügbaren Optionen eines Auswahl zu treffen und diese dann umzusetzen. E-Business ermöglicht es einem Unternehmen zwar, Zeit zu „kaufen", sich viele Optionen offen zu halten und weitere Optionen zu eröffnen, aber ab einem gewissen Punkt reicht es nicht aus, immer mehr Optionen hinzuzufügen. Intel zum Beispiel ist an über 50 kleinen, in Privatbesitz befindlichen Technologiefirmen beteiligt. Im Laufe der Zeit wird sich das Unternehmen wahrscheinlich von 80 bis 90 Prozent dieser Beteiligungen trennen, entweder durch Verkauf seiner Anteile oder Markterosion. Wenn sich aber fünf oder zehn dieser Investitionen auszahlen, hat sich die

Gesamtinvestition wegen des Wissens, das das Unternehmen über verschiedene Technologien erwirbt, gelohnt.

Durchführung der ROV™ Analyse

ROV™ umfasst fünf Schritte, die es dem Management ermöglichen, sämtliche Auswirkungen von E-Business-Projekten auf den Kundennutzen und letztlich auch auf den Shareholder Value zu untersuchen:

1. Untersuchen
2. Eingrenzen (Framing)
3. Analysieren
4. Interpretieren
5. Implementieren

Entscheidend sind die Schritte 2, 3 und 4.

Eingrenzen (Framing)

Bei diesem Schritt werden die Wertmaßstäbe und Erfolgskriterien festgelegt sowie die Risiken, Möglichkeiten und Optionen definiert und die Frage gestellt, wie Werte geschaffen werden können. Wir verwenden mit Open Framing™ ein Verfahren, das die Faktoren (Unbekannten), welche die zukünftige E-Business Umgebung beeinflussen, und die Management-Alternativen (Optionen), um diese zu antizipieren und entsprechend darauf zu reagieren, auf kreative Weise identifiziert – beispielsweise das Antizipieren der Auswirkungen der mobilen Datenverarbeitung als Industriezweig. So ist es in Norwegen heute möglich, mit Hilfe eines Mobiltelefons Softdrinks aus einem Automaten zu wählen und zu bezahlen. Dies ist eine Offenbarung für all jene, die nie Wechselgeld bei sich haben, aber immer ihr Telefon mit sich tragen.

Das Endergebnis des so genannten offenen Framings ist ein Dream Tree™ der möglichen Resultate der E-Business-Projekte, einschließlich der möglichen zukünftigen Entscheidungen und Unbekannten (Abbildung 3.11). ROV™ und DCF unterscheiden sich in einem wichtigen Punkt. Je ungewisser ein Projekt ist, desto größer sein möglicher Wert. Im Gegensatz zu DCF kann ROV™ zur Berechnung dieses Werts beitragen. Mit ROV™ kann ein Analyst detailliertere Abzinsungssätze berechnen als mit DCF und

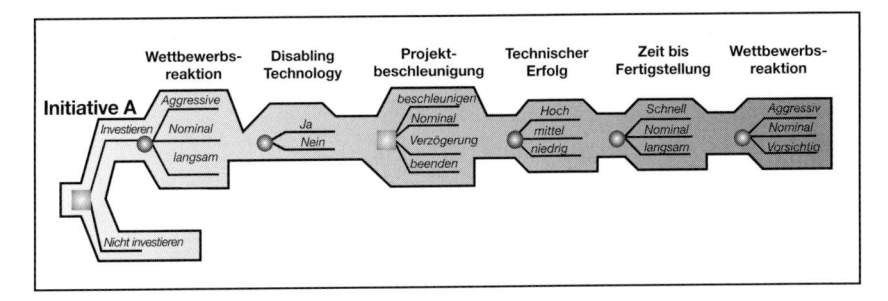

Abb. 3.11 Der Traum-Baum

dabei Verbesserungen der Effizienz und der Effektivität berücksichtigen. Bei dieser Berechnung erstellt der Analyst mehrere Bewertungsgrafiken, in denen die möglichen Resultate unterschiedlicher E-Business Initiativen anhand verschiedener Parameter bewertet werden (Abbildungen 3.12, 3.13, 3.14 und 3.15).

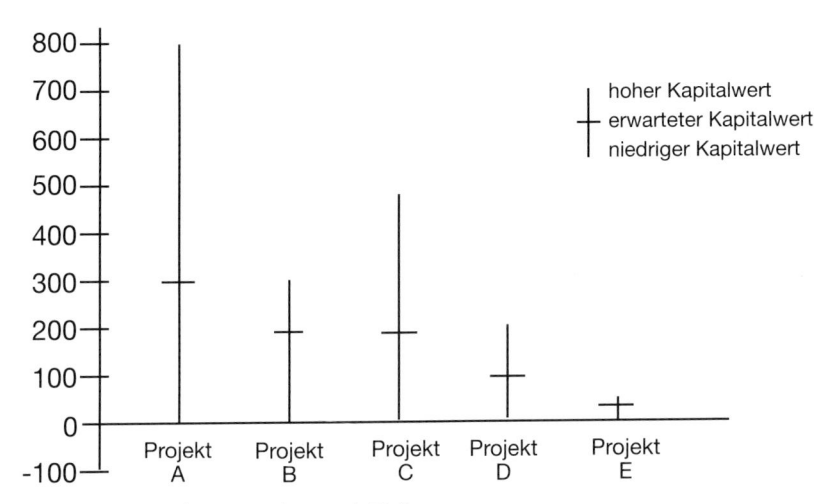

Abb. 3.12 Kapitalwert geordnet nach Risiko

Wie Abbildung 3.16 veranschaulicht, ist ROV™ zudem ein robusteres Werkzeug für die Portfolio-Analyse. Dieses Verfahren ermöglicht es dem Analysten, den kumulierten Wert der Optionen des Unternehmens im Hinblick auf das mit den einzelnen Projekten verbundene Risiko zu erkennen.

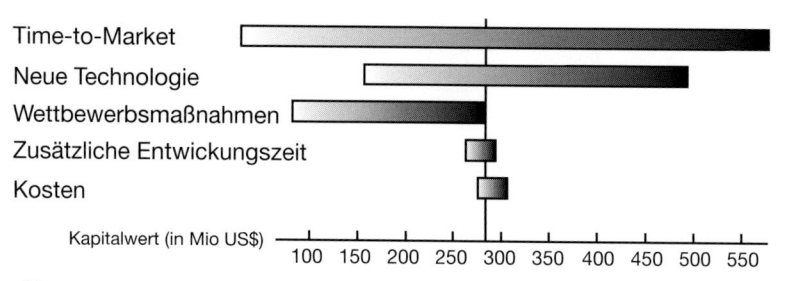

Abb. 3.13 Erfolgsfaktoren im E-Business

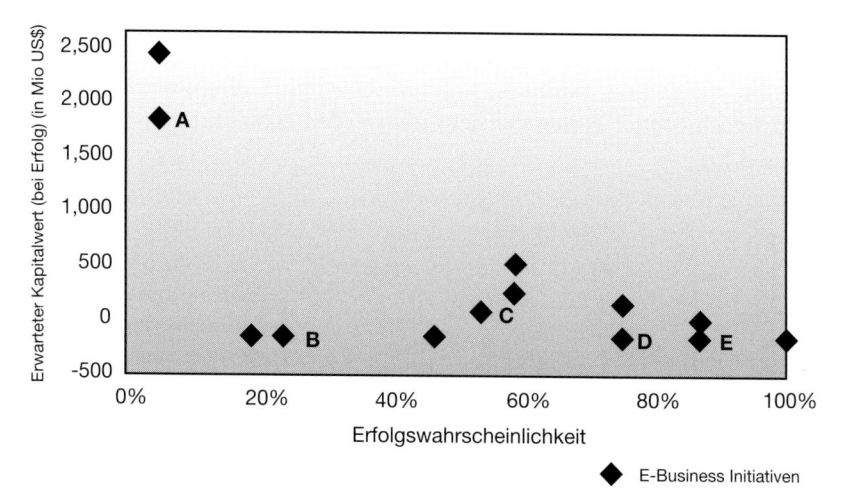

Abb. 3.14 Risiken einer E-Business-Initiative gegenüber dem Nutzen der einzelnen Projekte

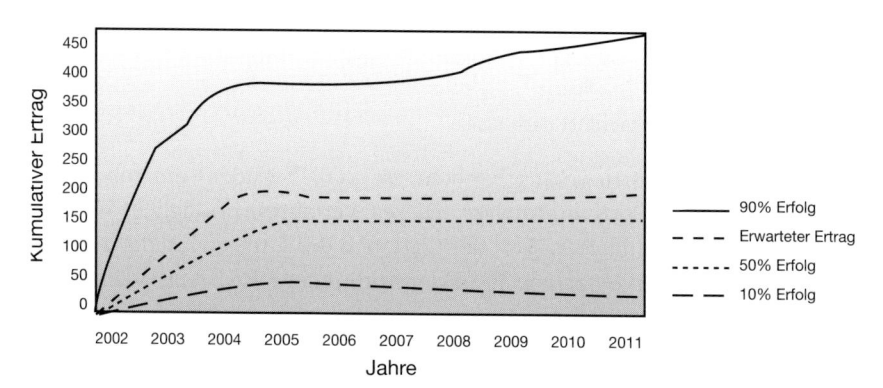

Abb. 3.15 Ertrag und Risiken des Portfolios von E-Business-Projekten nach Jahren

Web Economics: Bewertung Ihrer ERP- und E-Business-Investitionen

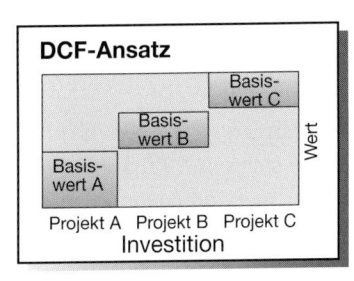

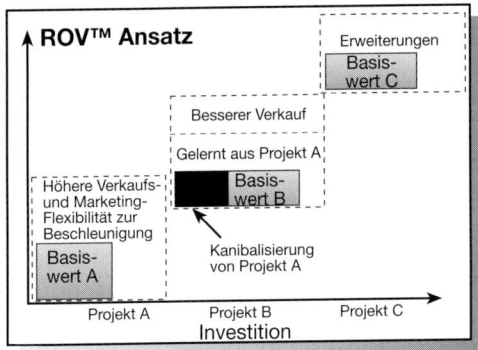

Abb. 3.16 DCF/ROV Portfolio-Bewertung

Analysieren

Die Analyse beinhaltet das Sammeln von Daten und die Erstellung von Modellen. Die zentrale Frage bei diesem Schritt lautet: Was muss ein Unternehmen wissen, um Werte zu schaffen?

Analysten sammeln Daten und entwickeln Modelle, um die Entwicklung der Unbekannten und die im Laufe der Zeit getroffenen Entscheidungen zu beschreiben und um die E-Business-Projekte aus der Sicht von Anlegern zu bewerten. Mit Hilfe einer so genannten Market Strategy Advisory (MSA) Analyse fertigen sie Schätzungen über die Auswirkung von E-Business-Projekten auf den Kundennutzen an und leiten daraus Ertragsprognosen ab. MSA projiziert das zukünftige Kundenverhalten und ermittelt die Auswirkungen von verschiedenen E-Business-Projekten auf den Marktanteil. MSA passt sich an die verändernde E-Business Umgebung und Veränderungen der Wettbewerbssituationen an. Gemeinsam mit ROV™ ermöglicht MSA, dass dieser Lernprozess in eine auf Fakten basierende Entscheidungsfindung mündet. Aufgrund seiner Fokussierung auf die fundamentalen Kundenbedürfnisse, ist MSA ein Werkzeug für den kontinuierlichen Einsatz, das selbst in dynamischen und veränderlichen Märkten eine Orientierungshilfe für einen Zeithorizont von drei bis fünf Jahren bietet.

Das MSA-Konzept schafft ein „virtuelles Kunden-Panel", das die Reaktion der Kunden auf die einzelnen E-Business-Projekte abbildet und daraus Ertragsprognosen ableitet. Anhand von „What If"-Szenarien, der E-Business Angebote des Unternehmens und der voraussichtlichen Angebote der Mitbewerber sowie von Daten über Kundenprioritäten, Wahrnehmungen und Preissensitivität erstellen Analysten ein Modell der individuellen Kundenpräferenzen und der Marktdynamik, das dann in Prognosen über die zukünftigen Marktanteile nach Produkten, Kundensegmenten, Geografie und anderen Variablen einfließt.

Interpretieren

Anhand der mit Open Framing™ und MSA-Analysen gewonnenen Informationen kann ein Unternehmen abschätzen, wie sich ein E-Business Portfolio im Laufe der Zeit auf die Erträge auswirkt. Ausgehend davon kann das Unternehmen dann den dynamischen Managementplan auswählen, der die höchste Rendite verspricht, und den resultierenden Wertzuwachs vorhersagen.

Implementieren

Die Implementierung beinhaltet, die verschiedenen nach Priorität gestaffelten Projekten umzusetzen. Dabei darf das Endresultat nicht aus dem Blick verloren werden. E-Business-Projekte erfordern zumeist ein solides Fundament. Die Einrichtung eines E-Commerce Channels kann beispielsweise oberste Priorität besitzen und den notwendigen ersten Schritt auf dem Weg zur Integration der Wertschöpfungskette darstellen.

Die richtigen Investitionen

Solange ein Unternehmen keinen Rahmen für seine Investitionsprioritäten festgelegt hat, sind Entscheidungen über die zu verfolgenden Optionen problematisch. Ein Unternehmen muss sich über seine Ziele und die wichtigsten geschäftlichen Prioritäten für das Erreichen dieser Ziele im Klaren sein. Die Erstellung von Finanzanalysen mit Hilfe der in diesem Kapitel beschriebenen Verfahren hilft einem Unternehmen bei der Festlegung seiner Prioritäten. Dieses Verständnis bietet eine Orientierungshilfe, wie begrenzte Ressourcen (zum Beispiel Menschen und Gelder) auf die vielen möglichen Investitionsprojekte des Unternehmens verteilt werden können. Abbildung 3.17 veranschaulicht diesen Effekt.

Angenommen, die oberste geschäftliche Priorität eines Business-to-Consumer Unternehmens ist der Aufbau der Marke. In diesem Fall stehen Investitionen in Projekte im Mittelpunkt, die sich auf das Web Front-End beziehen. Ein Unternehmen mit einem Business-to-Business Fokus und der

```
              ┌─────────────┐
              │   Mission   │
              └──────┬──────┘
                     │
            ┌────────┴────────┐
            │  Geschäftliche  │
            │ Notwendigkeiten │
            └────────┬────────┘
         ┌───────────┼───────────┐
  ┌──────┴──────┐┌───┴─────────┐┌┴────────────┐
  │Investitions-││Investitions-││Investitions-│
  │  projekt A  ││  projekt B  ││  projekt N  │
  └─────────────┘└─────────────┘└─────────────┘
```

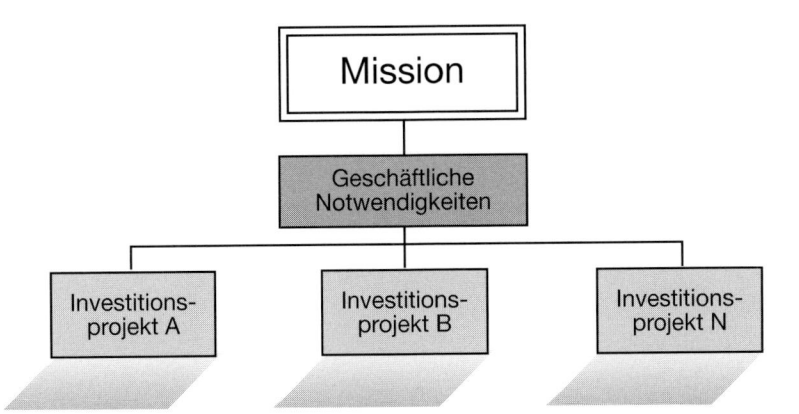

Abb. 3.17 Festlegen von Investitionsprioritäten

geschäftlichen Priorität, Qualitätsprodukte zeitnah zu liefern, würde den größten Teil seiner Investitionen darauf ausrichten, seine Materials Requirement Planning Funktionalitäten mit denen seiner Geschäftspartner zu integrieren.

ERP/E-Business Matrix: Optionen und Szenarien

In Kapitel 1 haben wir die 5 x 5 ERP/E-Business Matrix bereits kurz vorgestellt (Abbildung 4.1). Dieses Kapitel enthält eine detailliertere Beschreibung der fünf möglichen Positionen, die ein Unternehmen entlang der ERP-Achse einnehmen kann.

ERP-Szenarien

Die fünf möglichen ERP-Szenarien (oder Räume), in denen ein Unternehmen tätig sein kann, sind Startups, nicht-integrierte Systeme, begrenztes Einzelfunktions-ERP, integriertes Geschäftsbereich-ERP oder integrier-

	Keine E-Business Fähigkeiten	Channel Enhancement	Integration der Wertschöpfungskette	Branchentransformation	Konvergenz
Startup					
Nichtintegrierte Systeme					
Begrenztes Einzelfunktions-ERP					
Integriertes Geschäftsbereich-ERP					
Integriertes Unternehmens-ERP					

Abb. 4.1 ERP/E-Business Matrix

tes Unternehmens-ERP. In der Realität ist ein Unternehmen möglicherweise einem dieser Räume nicht eindeutig zuzuordnen. Diese Kategorisierung soll lediglich einen Rahmen vorgeben, in dem sich sowohl der aktuelle Status eines Unternehmens als auch sein angestrebter Status darstellen lässt, um eine ERP/E-Business-Strategie zu entwickeln.

Startups

Ein Unternehmen ohne Systeme ist *per definitionem* ein Start-Up-Unternehmen. Es verfügt über keine implementierten Systeme, und die Auswirkungen von Entscheidungen über den Wechsel in ein anderes ERP-Szenario auf die Unternehmenskultur sind gering. Sobald ein Unternehmen seinen ersten Computer und ein Software-Paket zur Unterstützung seiner Aktivitäten anschafft, gelangt es unmittelbar in ein anderes ERP-Szenario. Handelt es sich bei diesem Software-Paket nicht um ERP-Programme, wird das Unternehmen dem Szenario Nichtintegrierte-Altsysteme zugeordnet, wenn auch möglicherweise als „Best-in-Class" Modell. Handelt es sich um ein ERP-Paket, wechselt das Unternehmen in eines der drei möglichen ERP-Szenarien.

Für ein Start-Up-Unternehmen ist es heute durchaus möglich, direkt den E-Business-Status zu erreichen. Eine solche Entwicklung wird durch die folgenden fünf Schlüsselfaktoren bestimmt:

1. Im heutigen Geschäftsleben kommt dem Zugang zu Kundendaten und der Geschwindigkeit der Kommunikation mit Kunden eine herausragende Bedeutung zu. Ein Unternehmen ohne eine bestehende ERP- oder Altsystem-Infrastruktur hat eine hervorragende Gelegenheit, ein Geschäft aufzubauen, das auf einer hohen Geschwindigkeit und dem Zugang zum Kunden basiert.
2. Das Unternehmen muss sich auf die wesentlichen Prozesse konzentrieren, die zum Erreichen seiner Ziele erforderlich sind. Diese Prozesse stehen in zunehmendem Maße im Zusammenhang mit Kommunikation und Informationstransfer. Für eine gewisse Zeit mögen E-Business Anwendungen für die Transaktionsverarbeitung ausreichen und den Arbeitsanfall bewältigen können. Mit zunehmendem Aufkommen benötigt das Unternehmen ein ERP-System, um die alltäglichen Geschäfte abwickeln und aussagekräftige Informationen auf der Grundlage dieser Transaktionen bereitstellen zu können.

3. Das Outsourcing von Prozessen oder Anwendungen ist ein Modell, das sich zunehmender Beliebtheit erfreut und virtuelle Unternehmen möglich macht. Täglich stehen neue Optionen für den Kauf von ERP-Anwendungen von einem externen Application Service Provider zur Verfügung.
4. Frühe Prozesse werden häufig darauf ausgelegt, die Fähigkeiten der erworbenen Software zu nutzen und nicht, um die tatsächlichen Probleme zu lösen. Nach der Einführung der Software, fallen durch den Faktor Mensch Umstellungskosten in Form von Anpassungen der Unternehmenskultur an, und zwar ungeachtet der Flexibilität der Mitarbeiter. Darüber hinaus wissen wir, dass die Veränderung (und selbst ein Ausbau) eines ERP-Systems in finanzieller Hinsicht wie auch im Personalbereich einen gewaltigen Aderlass darstellen kann.

E-Business Software kann im Vergleich zu ERP-Software relativ preisgünstig sein, und die Mitarbeiter der aufstrebenden Dot.com-Firmen sind extrem flexibel, insbesondere beim Einsatz neuer Software. Start-Up-Unternehmen haben in bezug auf die Flexibilität daher einen klaren Vorteil gegenüber Unternehmen, die schon länger am Markt sind. Übergänge funktionieren jedoch niemals ohne Reibungsverluste. Selbst die Aktualisierung simpler Web-basierter Texte verursacht hohe Kosten.

5. E-Business ist für das Management der Lieferkette und der Demand Chain von entscheidender Bedeutung. Dieser Faktor mildert die meisten der Probleme im Zusammenhang mit der Veränderungen der Unternehmenskultur, die innerhalb eines Startup-Unternehmens auftreten.

Es ist zwar möglich, wenn auch unwahrscheinlich, dass ein Unternehmen, das sich in einem Startup-Szenario befindet, direkt zu einer der fünf Positionen entlang dem E-Business Panorama springt: kein E-Business, Schaffung eines E-Commerce Channels, Integration der Wertschöpfungskette, Branchentransformation oder sogar Konvergenz. Ein Unternehmen im Startup-ERP-Szenario befindet sich eindeutig in der bestmöglichen Ausgangsposition, um ein E-Business basiertes Geschäftsmodell zu entwickeln. Ein solches Unternehmen darf jedoch nicht einfach im E-Business Strom mitschwimmen. Um sein volles Potenzial auszuschöpfen, sind die folgenden fünf Schritte entscheidend:

1. E-Business Alternativen analysieren. Die Auswahl des Zielgebiets innerhalb des E-Business Panoramas, in das das Unternehmen gelan-

gen will, und der Zeitpunkt, wann es dorthin gelangen will, können darüber entscheiden, ob das Unternehmen ein ERP-basiertes oder ein nicht ERP-basiertes System zur Transaktionsverarbeitung einsetzt und, bei einer Entscheidung für ein ERP-System, welches Betriebsmodell es verwendet.
2. Erstellung einer E-Business Strategie für das Unternehmen, die die Geschäftsstrategie des Unternehmens in ihrer Gesamtheit ergänzt.
3. Durchführung einer affirmativen Auswahl einer ERP-basierten oder einer nicht ERP-basierten Engine zur Transaktionsverarbeitung. Eine ERP-Engine kann entweder vom Unternehmen gekauft und gewartet werden und sich in seinem Besitz befinden oder im Rahmen eines Outsourcing-Modells betrieben werden – entweder ein ASP-Modell oder ein Modell, das sich im Besitz des Unternehmens befindet und von einem Auftragnehmer betrieben wird.
4. Implementierung einer einheitlichen ERP/E-Business Strategie. Das Hauptaugenmerk gilt hierbei der Nutzenmaximierung.
5. E-Business dreht sich nicht um Technologie, sondern um eine strategische Transformation. Eine E-Business Strategie muss berücksichtigen, wie die internen Systeme eines Unternehmens arbeiten werden und wie sie mit den Netzwerk-Partnern entlang der Lieferkette und der Demand Chain interagieren werden.

Nicht-integrierte Systeme

Ein Unternehmen im Szenario der nicht-integrierten Alt-Systeme ist gekennzeichnet durch eine Umgebung mit einer großen Zahl von nicht integrierten Informationssystemen mit vielen verschiedenen Hardware-Plattformen und Betriebssystemen, zahlreichen Anwendungsprogrammen und konkurrierenden Computer-Sprachen. Dabei kann es sich um frühe Systempakete (aus den späten achtziger und frühen neunziger Jahren) handeln, die als nicht integrierte Lösungen installiert wurden, oder Systeme, die früher als „Best-in-Class" galten, oder individuell entwickelte Systeme.

Viele dieser Informationssysteme dienen ausschließlich einer bestimmten Unternehmensfunktion. Zum Beispiel verarbeitet ein System Kreditorendaten, ein anderes Debitorendaten und ein drittes Personaldaten, während wiederum andere Systeme Fertigungsdaten verarbeiten. Eine solche Konstellation führt zu einer Verfestigung von funktionellen Silos innerhalb des Unternehmens und wirft ernst zu nehmende Probleme hinsichtlich der Unternehmenskultur auf. Es müssen Schnittstellen vorhanden sein, um

Beschränkungen beim Datenzugriff zu überbrücken und eine Kommunikation zwischen den einzelnen Systemen untereinander zu ermöglichen. In der Regel erfolgt der Datenaustausch zwischen den Systemen eines Unternehmens über Batche, die die Systeme täglich, wöchentlich oder monatlich synchronisieren. Das „Data Warehousing" sorgt dafür, dass die Daten aus verschiedenen Systemen in einer konsolidierten Struktur zusammengeführt werden, die aussagekräftige Informationen liefert und es dem Management ermöglicht, Entscheidungen zu treffen, die das Unternehmen in die richtige Richtung lenken.

Eine solche Umgebung ist mit enormen laufenden Wartungskosten für die Schnittstellen und die Integrationslösungen verbunden und kann als „Worst-in-Class" bezeichnet werden. Für ein Unternehmen, das in einer solchen Umgebung tätig ist, gibt es vier maßgebliche Aspekte und Schwerpunkte:

1. Wartung sämtlicher Altsysteme. Aufgrund der Personalfluktuation und weil die Dokumentation nicht auf dem aktuellen Stand gehalten wird, geht das Wissen, wie diese Systeme intern arbeiten, häufig verloren. Die Systemwartung wird zunehmend komplexer, da neue Änderungen auf früheren Änderungen aufsetzen. Zudem kann der technische Support für diese Systeme unmöglich werden, wenn die dafür notwendigen Tools veralten und nicht mehr unterstützt werden.
2. Die hohen Kosten einer solchen Umgebung für Systeme und Personal. Die Betriebsbereitschaft von Compilern, Betriebssystemen und der Maschinen selbst muss auch lange nach dem Zeitpunkt ihrer normalen Ausmusterung aufrecht erhalten werden, um einen fortgesetzten Betrieb dieser Systeme zu gewährleisten.
3. Schnittprobleme. Diese Probleme betreffen Geschäftsbereiche oder sogar funktionsübergreifende Organisationen. Viele dieser Probleme treten bei der Bilanzierung, Lagerhaltung, Preisgestaltung und Ausbuchungen auf. Mit anderen Worten: Das Ausbalancieren dieser Systeme erfordert viel manuelle Arbeit.
4. Die Schwierigkeit, in einer solchen Umgebung konsistente und aussagekräftige Reports zu erstellen. Da die Aufgabe, konsistente Daten aus diesen Systemen zu erhalten, im Laufe der Zeit immer schwieriger wird, werden Reports durch inkongruente Daten verzerrt, die im schlimmsten Fall zu falschen geschäftlichen Entscheidungen führen können.

Für ein solches Unternehmen mag E-Business als Patentlösung erscheinen, die es ermöglicht, das System in Ordnung zu bringen ohne seine einzelnen Teile antasten zu müssen. Ein solches Unternehmen hofft vielleicht, verschiedene E-Business Front-Ends miteinander verknüpfen zu können, um dahinter die intern existierenden ungleichartigen Systeme zu verbergen. Die Einführung von E-Business, um Infrastrukturmängel hinter Web-basierten Customer Front-Ends zu verbergen, stellt für ein solches Unternehmen eine große Verlockung dar. Dies kann jedoch die Risiken und Kosten im Back-Office Bereich erhöhen.

Die Verknüpfung mehrerer Front-Ends mit verschiedenen ERP- und Altsystemen verursacht hohe Kosten, hilft nicht bei der Back-Office Integration und kann die Fähigkeit des Unternehmens beeinträchtigen, sich von alten Systemen zu befreien. Die Kosten im organisatorischen Bereich steigen, und das Festhalten an Altsystemen kann es für ein Unternehmen unmöglich machen, die Phasen der Branchentransformation oder der Konvergenz innerhalb des E-Business Panorama zu erreichen.

Ein solches Unternehmen läuft Gefahr, mit zwei Mausklicks der Kunden von der Bildfläche zu verschwinden. Mit dem ersten Mausklick gehen die Kunden auf die Website des Unternehmens. Wenn ein Kunde aufgrund ungenügend integrierter Back-Office Systeme nicht die auf der Website versprochenen Leistungen erhält, führt ihn sein nächster Mausklick zu einem Mitbewerber.

Wenn die E-Business Strategie eines Unternehmens beispielsweise darauf ausgerichtet ist, mit Web-basierter Technologie neue Verkaufskanäle zu entwickeln, müssen die Back-Office Systeme gestärkt werden, um exakte Daten über die Verfügbarkeit von Produkten in Echtzeit liefern zu können. Die Erwartungen der Kunden messen sich an der Lieferbarkeit und der Qualität der Produkte. Wenn Back-Office Systeme ungenaue Daten über die Verfügbarkeit liefern oder Produkte nicht für eine bestimmte Bestellung vormerken können, ist die Gefahr groß, die Kunden zu enttäuschen.

Ein Unternehmen mit mehreren nicht integrierten Altsystemen ist möglicherweise nicht in der Lage, über den E-Commerce Channel hinaus zu kommen, ohne einen Schritt zurück zu gehen und Ressourcen in eine ERP-Lösung zu investieren. Der Aktionsplan für ein solches Unternehmen sieht folgendermaßen aus:

– Erarbeitung einer ERP-, Unternehmens- und Ausmusterungsstrategie für Altsysteme. Festlegung, ob die fertige ERP-Lösung auf einer Integration auf Geschäftsbereichsebene oder auf Unternehmensebene basiert.

- Festlegung einer E-Business Strategie. Dazu gehört die Entscheidung, wo sich das Unternehmen innerhalb des E-Business Panoramas positionieren will. Entwicklung eines Ressourcenverteilungsplans, um ERP- und E-Business Aktivitäten miteinander zu verbinden.
- Auswahl einer ERP-Technologie. Festlegung, ob die ersten E-Business Maßnahmen vor, zusammen mit oder nach den Arbeiten am ERP-System durchgeführt werden. Da das ERP-System größer, teurer und weniger flexibel als die E-Business Front-Ends ist, sollte die Web-basierte Technologie an die ERP-Technologie angepasst werden und nicht umgekehrt. Die Geschäftsstrategie sollte letztlich die Nutzung der Web-basierten Technologie fördern.

Einige Unternehmen mit nicht integrierten Altsystemen gelangen möglicherweise zu dem Ergebnis, dass eine Ausdünnung ihrer Produktpalette und eine Refokussierung der beste Weg ins E-Business darstellt. Diesen Weg hat beispielsweise das schwedische Unternehmen Ericsson Mitte der neunziger Jahre beschritten und sich von einem großen, diversifizierten Hersteller zu einem Hersteller von Mobilfunktechnik gewandelt. Andere wiederum entscheiden sich vielleicht für den Aufbau eines eigenen Geschäftsbereichs für das E-Business, um ein neues Geschäftsmodell von Grund auf zu entwickeln. General Motors hat mit dem Aufbau seines Geschäftsbereichs Saturn diese Strategie umgesetzt.

Die Integration von ERP ist abhängig von der Unternehmensorganisation

Die Position eines Unternehmens innerhalb der ERP/E-Business Matrix ist davon abhängig, ob es als Gesamtunternehmen (zentralisiert) oder im Form autonomer Geschäftsbereiche (dezentralisiert oder als Holding-Gesellschaft) organisiert ist. Generell besitzt ein Gesamtunternehmen eine integrierte Wertschöpfungskette, die sich über alle Geschäftsbereiche erstreckt (das heißt, jeder Geschäftsbereich verwendet Produkte, die in den anderen Bereichen des Unternehmens hergestellt werden, und dem Kunden werden Endprodukte angeboten). Separate ERP-Systeme tragen zu der Komplexität einer solchen Umgebung bei, insbesondere in den Bereichen mit Intercompany-Aktivitäten der integrierten Demand/Supply Chain. Ein so organisiertes Unternehmen wird große Schwierigkeiten mit ERP haben, wenn es versucht, wie eine Holding-Gesellschaft zu agieren ohne es tatsächlich zu sein. Angenommen, ein Pharmaunternehmen betreibt drei Werke. In einem dieser Werke stellt es aus Rohstoffen chemische Verbindungen her. In einem zweiten Werk verarbeitet es diese Verbindungen zu Tabletten und Kapseln und füllt sie in Flaschen ab. Das dritte Werk ist zuständig für die Verpackung und den Versand.

Eine Holding-Gesellschaft besteht aus Geschäftsbereichen, die praktisch unabhängige Unternehmen sind und unabhängig voneinander geführt werden (ohne integrierte Produkte). Diese Geschäftsbereiche können durchaus separate ERP-Lösungen einsetzen, wobei die Unternehmens-ERP-Lösung auf der Ebene der Geschäftsbereiche eingesetzt wird. Eine Unternehmenslösung für diese Art von Unternehmen ist nicht unbedingt erforderlich, um von den Vorteilen von ERP und E-Business zu profitieren, insbesondere, wenn sie verschiedene Kunden ansprechen.

Begrenztes/Einzelfunktions-ERP

In diesem Szenario sind die ERP-Systeme eines Unternehmens für den Einsatz in einem einzelnen funktionellen Bereich innerhalb eines Geschäftsbereichs, wie zum Beispiel Finanzen oder Verkauf und Vertrieb, oder im gesamten Unternehmen installiert. Eine solche ERP-Implementierung kann aus mehreren ERP-Systemen von verschiedenen Anbietern bestehen, die innerhalb des Unternehmens installiert sind. Personalwesen, Beschaffung, Finanzen sowie Verkauf und Vertrieb sind Beispiele für Funktionen. Dieser Aufbau besitzt Ähnlichkeiten mit einer Altsystem-Umgebung. Ein Unterschied besteht darin, dass diese Einzelfunktionssysteme innerhalb der Unternehmensfunktionen, in denen ERP-Systeme installiert wurden, eine oder mehrere Generationen neuer sind als viele der genannten Altsysteme. Darüber hinaus beseitigt ERP (selbst als funktionsorientiertes System) die individualisierten Systeme und viele der Schnittstellen, die als Verbindung zwischen den individualisierten und den Legacy-Systemen entwickelt wurden.

Der Zugang ist jedoch beschränkt auf Funktionsbereiche, und es sind nach wie vor Schnittstellen und ein „Data Warehousing" erforderlich, um die Beschränkungen beim Datenzugriff zu überbrücken und ERP- oder ältere Altsysteme zu integrieren. Einzelfunktions-ERP löst nicht die Schnittstellen-Probleme bei der Lagerhaltung, Preisgestaltung und Ausbuchungen oder die Probleme im Zusammenhang mit der Bilanzierung oder dem Management Reporting. Sowohl bei den Systemen als auch beim Personal fallen weiterhin Redundanzkosten an.

In dem Szenario mit funktionsorientiertem ERP ist die Unternehmensorganisation nicht von entscheidender Bedeutung, da durch die nicht vorhandene Integration zwischen den ERP-Modulen die mit einem integrierten ERP erreichbaren Vorteile nicht erzielt werden können, und zwar unabhängig davon, ob das Unternehmen zentral oder dezentral organisiert ist. Wie bei Altsystem-Umgebungen mag auch den Unternehmen, die dem Szenario mit funktionsorientiertem ERP zuzuordnen sind, E-Business als Patentlösung erscheinen. Ein Unternehmen im Szenario mit funktionsorientiertem ERP, das über E-Business Front-End Systeme verfügt, ist vergleichbar mit einem Schwan, der dicht über einen See hinweggleitet. Der Kunde sieht ihn anmutig vorbeigleiten, aber unter der Oberfläche paddelt der Schwan (wie das Unternehmen) mit aller Kraft. Diese Anstrengung ist nötig, um Informationen zwischen ungleichartigen ERP-Systemen auszutauschen.

Wie die Unternehmen im Nichtintegrierten-Altsystem Szenario setzt ein Unternehmen mit funktionsorientiertem ERP das Front-End zum Kunden ein, um Mängel im Back-Office Bereich zu kaschieren, auch wenn diese Mängel nicht so gravierend sind wie bei Unternehmen mit Nicht-ERP Altsystemen. Das gleiche Front-End wird verwendet, um mit mehreren ERP- und Altsystemen zu kommunizieren. Die Kosten im organisatorischen Bereich sind nach wie vor hoch, und die Möglichkeiten, auf Altsysteme zu verzichten, sind ebenfalls begrenzt. Unternehmen, die über ein ERP-System für die Fertigung verfügen, können den Status der Wertschöpfungsketten-Integration innerhalb des E-Business Szenarios erreichen. Erfolgt die Produktion jedoch noch in einer Altsystem-Umgebung, bleibt ein Unternehmen, das sich in dem Szenario mit funktionsorientiertem ERP befindet, wahrscheinlich gefangen in einem E-Commerce Channel, weil sich seine Altsysteme mit den Systemen seiner Geschäftspartner nur schwer integrieren lassen.

Wie Unternehmen mit Altsystemen müssen auch Unternehmen mit funktionsorientiertem ERP entscheiden, wie die Ressourcen zwischen ERP und E-Business aufgeteilt werden sollen. Sie müssen sowohl ihre ERP- als auch ihre Unternehmensstrategien im Hinblick darauf entwickeln, ob ihr Unternehmen in unabhängigen Geschäftsbereichen oder als integrierte Geschäftsbereiche innerhalb einer Gesellschaft organisiert werden soll.

Und schließlich müssen sie ihre Entscheidung für eine Web-basierte Technologie von der Auswahl ihrer ERP-Systeme abhängig machen. Da das Unternehmen zweifellos einige Ressourcen für die Implementierung von einem oder mehreren ERP-Systemen in verschiedenen Funktionen aufgewendet hat, kommen auch Kosten- und Nutzenaspekte zum tragen.

Sowohl im operativen Bereich als auch auf der Ebene der Geschäftsleitung wird man sich in vielen Unternehmen zwei Fragen stellen: Wenn die früheren Aufwendungen für ERP die Probleme nicht lösen konnten, kann durch weitere Ausgaben für die Aufrüstung oder Neuimplementierung von ERP nun eine Lösung erzielt werden? Und wenn ERP nicht funktioniert hat, könnte man es nicht mit E-Business versuchen? Die falschen Antworten auf diese Fragen können letztlich dazu führen, dass Kunden nicht zufrieden gestellt werden und die Zukunftsperspektiven eingeschränkt sind. Es ist die Dynamik von neuen Geschäftsmodellen, die sich verändert hat, und die Technologie muss daran angepasst werden, um diese Veränderung zu ermöglichen.

Integriertes Geschäftsbereich-ERP

In diesem Szenario sind End-to-End Prozesse innerhalb der einzelnen Geschäftsbereiche integriert. Es können kleinere Probleme mit Altsystemen innerhalb eines Geschäftsbereichs sowie Probleme mit Altsystemen zwischen den einzelnen Geschäftsbereichen und Integrationsprobleme auftreten. Selbst bei integriertem ERP auf der Ebene von Geschäftsbereichen können weiterhin Schnittstellen-Probleme auftreten, zum Beispiel Probleme bei der Lagerhaltung, Preisgestaltung und Ausbuchungen, Probleme in der Lieferkette und der Demand Chain zwischen einzelnen Geschäftsbereichen oder redundante Kosten bei Systemen und Personal. Mit Geschäftsbereich-ERP kann das Unternehmen aber damit beginnen, sich mit den Herausforderungen im Zusammenhang mit der Wertschöpfungskette und dem erweiterten Unternehmen zu beschäftigen.

Auch hier müssen sich Unternehmen auch mit Projekten im E-Business-Bereich und bei den verschiedenen Alt-Systemen auseinandersetzen. Diese Probleme drehen sich aber meist um die Frage des einheitlichen Auftritts gegenüber Kunden: Werden Web-basierte Front-Ends zusammen oder separat arbeiten? Wenn beispielsweise ein Unternehmen mit einer integrierten Wertschöpfungskette nicht konsequent war und keine integrierte ERP-Lösung implementiert hat, hat es höchst wahrscheinlich eine lückenhafte E-Business Strategie verfolgt und mehrere E-Business Lösungen parallel implementiert. Die internen Probleme, verursacht durch mangelnde Abstimmung der allgemeinen Prozesse, mit der das Unternehmen bei der Implementierung eines ERP-Systems konfrontiert war, besteht auch nach der Einführung von E-Business fort. Diese Probleme werden dadurch für den Kunden nur besser sichtbar.

Dieses Unternehmen kann mit Hilfe einer konsistenten Front-End Technologie die Existenz mehrerer Geschäftsbereiche vor dem Kunden verbergen (zum Beispiel eine Web-Lösung, die durch Kataloge oder Interfaces die nicht-integrierte Lösung wirksam vor dem Kunden verbirgt). Der Einsatz mehrerer ERP-Systeme in den verschiedenen Geschäftsbereichen verursacht zusätzliche organisatorische Kosten, die insgesamt höher sind als die Kosten eines unternehmensweiten ERP-Systems. In diesem ERP-Szenario kann dennoch eine Branchentransformation und Konvergenz erreicht werden, insbesondere wenn ein Geschäftsbereich eine Branche oder seine Nische innerhalb seiner Branche transformiert.

Für ein in dieser Umgebung operierendes Unternehmen ist es leicht, im E-Commerce Channel zu arbeiten. Einzelne Geschäftsbereiche sind zudem in der Lage, die Wertschöpfungskette zu integrieren und ein erweitertes Unternehmen zu bilden. Der wichtigste Schritt für ein solches Unternehmen besteht darin, seine Unternehmensstrategie festzulegen und zu entscheiden, ob es dezentral organisiert bleiben oder das Unternehmens-ERP Szenario erreichen will.

Wenn sich das Unternehmen für die Beibehaltung einer dezentralen Struktur entscheidet, können einzelne Geschäftsbereiche ihre eigenen E-Business Strategien entwickeln. Um jedoch alle Vorteile des E-Business zu nutzen, sollte das Unternehmen ein einheitliches Design der den Kunden zugänglichen Webseiten anstreben, um sich gegenüber den Kunden einheitlich zu präsentieren und die Entwicklung und den Support zu vereinfachen. Nach der Auswahl der geeigneten E-Business Lösungen, kann jeder Geschäftsbereich bei der Implementierung seiner Back-Office-Verbindungen nach seinem eigenen Zeitplan vorgehen.

Entscheidet sich das Unternehmen, einen Unternehmens-ERP-Ansatz zu verfolgen, muss es eine Unternehmensstrategie entwickeln, eine ERP-Lösung auswählen (und dazu eventuell den Geschäftsbereich, der mit seiner ERP-Lösung die besten Ergebnisse erzielt hat, als Modell verwenden), E-Business-Alternativen verfeinern (wiederum im Hinblick auf den Geschäftsbereich, der seine E-Business-Strategie am weitesten entwickelt hat) und schließlich sowohl die ERP- als auch die E-Business-Strategie implementieren.

Integriertes Unternehmens-ERP

Jede integrierte ERP-Lösung muss richtig eingesetzt werden. Wird die ERP-Lösung nicht richtig eingesetzt, ist ihre Wartung und Aufrüstung aufgrund der direkten Auswirkungen von Veränderungen innerhalb eines integrierten Systems kostspieliger als bei Alt-Systemen. Eine richtig eingesetzte integrierte Unternehmens-ERP Umgebung umfasst End-to-End Prozesse innerhalb des gesamten Unternehmens, globale Prozesse, gemeinsame Datenelemente zwischen Unternehmenseinheiten und standardisierte ERP-Anwendungssoftware, und zwar mit einem einheitlichen Paket von Anwendungen, die im gesamten Unternehmen eingesetzt werden.

Im gesamten Unternehmen erfolgt der Zugriff auf Daten und Informationen effizient und zeitnah, und es bestehen, wenn überhaupt, nur kleinere Probleme mit Alt-Systemen. In einer solchen Umgebung sind die Transaktionskosten niedrig, und alle Ressourcen des Unternehmens können in die E-Business-Lösungen geleitet werden, die das unternehmensweite ERP-System nutzen. Innerhalb einer solchen Umgebung kann sich das Unternehmen ganz auf seine Kunden konzentrieren, da es keine Ressourcen einsetzen muss, um Back-Office-Probleme vor den Kunden zu verbergen oder um seine Back-Office-Abläufe zu verbessern, damit es die Erwartungen der Kunden erfüllt. Zudem können die Kosten kontinuierlich gesenkt werden.

Die kontinuierlichen Verbesserungen der internen Wertschöpfungskette können auch auf die Lieferkette und die Demand Chain übertragen werden. Partnerschaften können zu erweiterten Unternehmen optimiert werden. Ein solches Unternehmen ist in der Lage, die optimalen Entscheidungen über die Entwicklung gemeinsamer Service-Operations zu treffen und möglicherweise sogar seine gemeinsamen Services als Outsourcer solcher Aktivitäten an andere zu verkaufen. Darüber hinaus kann es für die Mitglieder des erweiterten Unternehmens als Drehscheibe agieren und eine virtuelle Produktionsumgebung aufbauen.

Ein Unternehmen, das in allen Bereichen seiner Organisation ein vollständig integriertes ERP-System besitzt, kann die Front-End-Technologie von seinem aktuellen ERP-Anbieter beziehen, die Front-End-Technologie eines Drittanbieters verwenden, die sich am besten in seine ERP-Technologie integrieren lässt, oder die Best-in-Breed Front-End Technologie kaufen und mit seiner ERP-Technologie abstimmen. Ein solches Unternehmen kann sich in jedem der E-Business „Schnappschüsse" bewegen. Es ist in der Lage, die Führung in einem erweiterten Unternehmen zu übernehmen und eine Gruppe zu organisieren, die am Markt als Netzwerk auftritt. Zu den Aktionspunkten eines solchen Unternehmens gehören die Fertigstellung seiner Unternehmensstrategie, die Analyse seiner E-Business-Alternativen und die Implementierung der am besten geeigneten E-Business-Alternativen.

Ein Unternehmen, dessen ERP-Lösung nicht richtig umgesetzt wird, muss seine Ressourcen natürlich auf die Optimierung der Nutzung seines ERP-Anwendungspakets konzentrieren. Wie bei den anderen ERP-Szenarien kann auch ein integriertes Unternehmens-ERP-System bei schlechter Umsetzung aufgrund unzureichender oder ungenauer Informationen leicht zu Unzufriedenheit bei den Kunden führen.

Shared Service Center

In einem Shared Service Center werden alle Aktivitäten eines Unternehmens, die allgemeinen Kategorien zuzurechnen sind – zum Beispiel Personalverwaltung, Kreditoren oder Customer Service von mehreren Offices desselben Geschäftsbereichs oder von mehreren Geschäftsbereichen innerhalb eines Unternehmens – in einer eigenständigen operativen Einheit zusammengefasst. Bei Shared Services mag man zwar an Zentralisierung denken, tatsächlich aber kommt es der Dezentralisierung zugute.

In Shared Service Centern sind so genannte Support-Prozesse angesiedelt. Da die Führungskräfte in den Geschäftsbereichen diese Support-Prozesse nicht mehr managen müssen, bleiben ihnen mehr Zeit und Ressourcen, um sich der Prozesse in ihrem Kerngeschäft zu widmen, Prozessen, die für das Erreichen der Ziele und die Umsetzung der Strategie des Geschäftsbereichs von Bedeutung sind. Letztlich kann ein Outsourcing der Shared Services erfolgen, falls dies weitere Kosteneinsparungen ermöglicht.

Ein installiertes ERP-System verbessert die Fähigkeit eines Unternehmens, Shared Services durchzuführen. Zudem kann die Web-basierte Technologie zur Steigerung der Effizienz von bestehenden Shared Service Centern und als weiterer Anreiz für die Schaffung von Shared Service Centern, sofern sie noch nicht existieren, genutzt werden.

Zeit und Kosten

Die Zeit, die die Implementierung einer E-Business Strategie erfordert, und die Kosten dieser Implementierung werden maßgeblich beeinflusst durch das ERP-Szenario, in dem ein Unternehmen agiert, und davon wie gut eine ERP-Lösung funktioniert (Abbildung 4.2). Je fragmentierter die

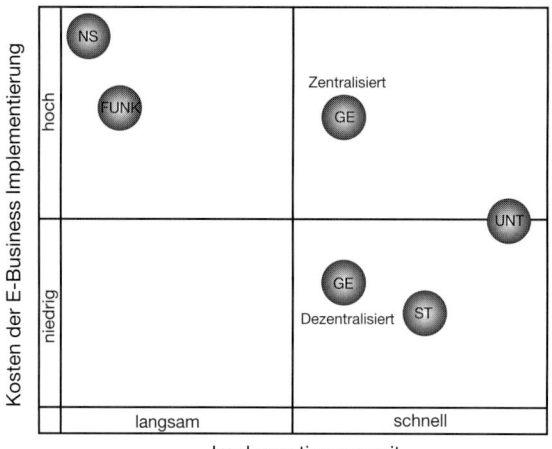

Abb. 4.2 Zeit und Kosten für die Implementierung von E-Business-Lösungen, ausgehend von verschiedenen ERP-Szenarien

Umgebung desto teurer ist die Implementierung von E-Business Lösungen. (Eine Ausnahme bildet die leere Startup-Umgebung.)

Wurden Probleme im Zusammenhang mit Prozessen und der Integration nicht bei der ERP-Implementierung bewältigt, müssen sie zu diesem Zeitpunkt gelöst werden. Lässt man ERP außer acht und beschränkt sich auf die Behebung der Integrationsmängel einer E-Business-Lösung, entstehen dem Unternehmen höchstwahrscheinlich nur weitere laufende Kosten. Das Unternehmen sollte Korrekturen der End-to-End Prozesse innerhalb einer ERP-Lösung prüfen und die E-Business-Strategie an die korrigierten Prozesse anpassen. Unternehmen, die auf einem soliden Fundament von ERP-Lösungen aufgebaut sind, mit denen sie die E-Business-Transaktionen effizient und mit minimalen Eingriffen abwickeln können, werden am stärksten von den Vorteilen des E-Business profitieren. Diese Unternehmen müssen über ein ERP-System verfügen, das zumindest innerhalb der einzelnen Geschäftsbereiche, oder besser auf Unternehmensebene, integriert ist.

Ohne diese Integration zwischen dem Web und der ERP-Lösung des Unternehmens werden die Betriebskosten durch laufende Kosten für Wartung und Aufrüstung, um die Umgebung funktionsfähig zu halten, in die Höhe getrieben. Es ist nie zu spät, die Nutzung von ERP mit den entstehenden E-Business-Möglichkeiten in Einklang zu bringen, um das erweiterte Unternehmen im Internet zu realisieren und zu unterstützen.

Hinter dem Web:
Supply Chain Management

In Diskussionen über E-Business steht meist die Internet-basierte Verbindung zum Kunden im Mittelpunkt. Der Gewinn eines Unternehmens ist jedoch in wesentlich höherem Maße davon abhängig, was hinter der Webseite steht, und in geringerem Maße, was auf der Webseite steht. Viele Unternehmen vergeben Möglichkeiten für erhebliche Kosteneinsparungen und Ertragssteigerungen, indem sie sich ausschließlich auf den Kunden zugewandte Anwendungen des E-Business konzentrieren und die Verbesserungen außer acht lassen, die mit einer integrierten elektronischen Lieferkette bei den alltäglichen unternehmensweiten Operationen realisiert werden können. Der derzeitige Enthusiasmus für kundenbezogene Lösungen wird genährt von der Angst um den Verlust von Marktanteilen. Die Back-End-Integration von Customer-Anwendungen, die für den Erfolg der Anwendung insgesamt so entscheidend ist, wird nur allzu häufig übersehen.

Die Wertschöpfungskette eines Unternehmens befindet sich hinter der Webseite. Sie umfasst eine Vielzahl von Geschäftsprozessen, mit denen Werte durch die Lieferung von Waren und Dienstleistungen an Kunden geschaffen werden. Gleichgültig, ob ein Unternehmen ein physisches Produkt herstellt und liefert oder Dienstleistungen erbringt, es verfügt stets über eine Wertschöpfungskette.

Vereinfacht dargestellt setzt sich die Wertschöpfungskette eines Unternehmens zusammen aus Produktentwicklung, Beschaffung, Fertigung, Auftragsabwicklung sowie Service und Support (Abbildung 5.1). Ein vertikal integriertes Unternehmen ist bestrebt, seine Kontrolle der Wertschöpfungskette möglichst weit nach hinten auszudehnen, bis es praktisch die Rohstoffe, die es in seinen Produkten verwendet, „besitzt". Einige große Ölkonzerne beispielsweise kontrollieren das Produkt vom Bohrloch bis zum Zapfhahn. Andere Unternehmen wiederum konzentrieren sich auf eine oder mehrere Kernkompetenzen und überlassen anderen das Management und den Betrieb der verschiedenen Glieder der Wertschöpfungskette.

```
> Planung > Beschaffung > Fertigung > Auftrags-    > Service und >
                                       erfüllung     Support
```

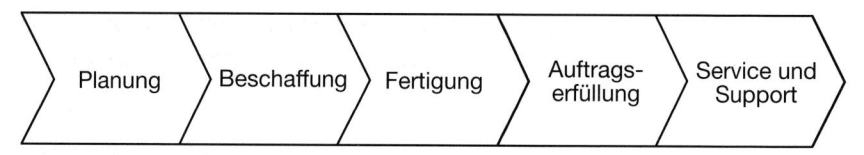

Abb. 5.1 Einfache Wertschöpfungskette

Die Gründe für die Entscheidung für oder gegen eine bestimmte Vorgehensweise variieren je nach Branche, Unternehmen und der spezifischen Strategie eines Unternehmens. Das Potenzial von Web-basierten Technologien, den Status Quo grundlegend zu verändern, weil sie einen Mechanismus für eine weitere Integration der Wertschöpfungskette liefern, ist hingegen in allen Branchen gleichermaßen vorhanden. Eine hoch integrierte Wertschöpfungskette ermöglicht einen größeren Wert für den Endkunden, da Produkte und Dienstleistungen effizienter und effektiver geliefert werden können. Die Gruppe von Unternehmen innerhalb einer Branche, die die einzelnen Schritte zur Herstellung und Lieferung des Produkts durchführt, wird als Lieferkette bezeichnet.

E-Lieferkette

Electronic Supply Chain Management (eSCM) bezeichnet die kooperative Nutzung von Technologie, um die Business-to-Business-Prozesse zu verbessern und die Geschwindigkeit, Flexibilität, Echtzeit-Reaktionsmöglichkeiten und Kundenzufriedenheit zu steigern. Bei eSCM geht es nicht nur um technologische Veränderungen sondern auch um Veränderungen der Unternehmenskultur und der Managementprinzipien sowie der Leistungsmessung, der Geschäftsprozesse und der organisatorischen Strukturen entlang der gesamten Wertschöpfungskette.

Der Erfolg einer e-Supply Chain ist von zwei Faktoren abhängig. Erstens, alle Unternehmen innerhalb der Wertschöpfungskette müssen die partnerschaftliche Zusammenarbeit als strategisches Gut und, im Rahmen ihrer operativen Prioritäten, als unverzichtbar anerkennen. Es ist diese enge Integration und dieses Vertrauen zwischen den Handelspartnern, das die Geschwindigkeit und Flexibilität verbessert und Kostensenkungen ermöglicht. Zweitens, die Verfügbarkeit von Informationen innerhalb der gesamten Lieferkette kann die Lagerhaltung ersetzen. Daher müssen Informationen so verwaltet werden, wie dies heute mit Lagerbeständen geschieht, nämlich nach strengen Richtlinien, mit Disziplin und täglicher Überwachung. Geschwindigkeit, Kosten, Qualität und Kunden-Service sind die Größen, nach denen Supply Chains gemessen werden. Daher müssen Unternehmen ihren eigenen Wert und ihre Attraktivität als Geschäftspartner innerhalb der Lieferkette klar definieren.

Eine engere Integration der Lieferkette, sowohl innerhalb eines Unternehmens als auch im erweiterten Unternehmen, bestehend aus Lieferanten, Handelspartnern, Logistik-Anbietern und dem Vertriebskanal, ist die Vision, die dem zweiten Schnappschuss des E-Business Panoramas zugrunde liegt: Die Integration der Wertschöpfungskette. Abbildung 5.2 veranschaulicht den Informationsfluss von und zu Kunden und Lieferanten innerhalb des Unternehmens, das als Knotenpunkt agiert.

Im Laufe der Zeit werden die Einzelunternehmen von den erweiterten Unternehmen verdrängt, die dann an deren Stelle als Organisationen gegeneinander konkurrieren. Erweiterte Unternehmen mit der kürzesten Time-to-Market, der größten Flexibilität, dem höchsten Maß an Synchronisation und den niedrigsten Kosten werden die Märkte dominieren, da sich die Kunden logischerweise für diese entscheiden. Diese Trends stehen jedoch nicht im Widerspruch zu der Bedeutung von Produktdifferenzierung oder Diversifi-

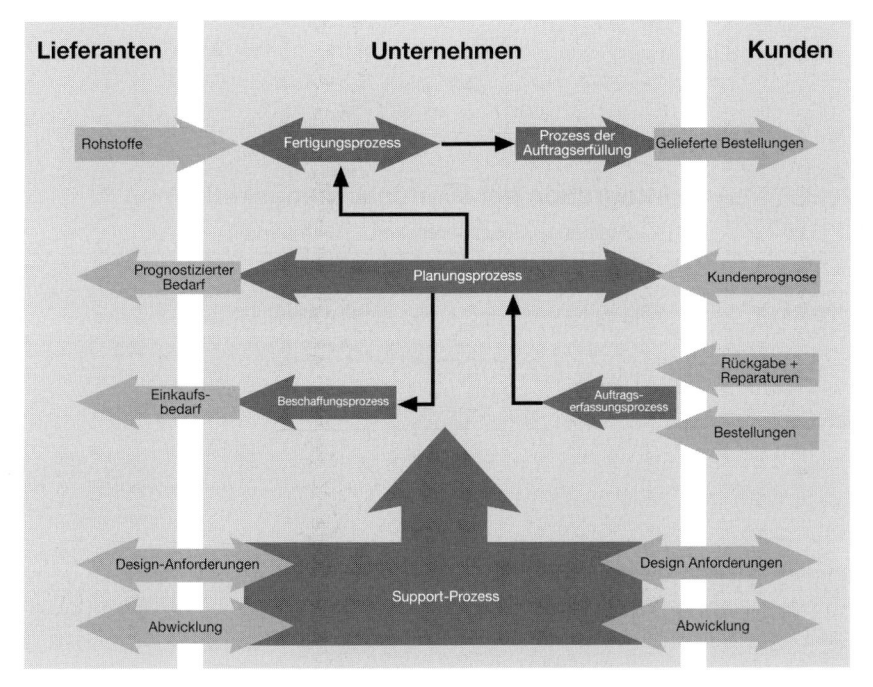

Abb. 5.2 Prozessablauf im Unternehmen

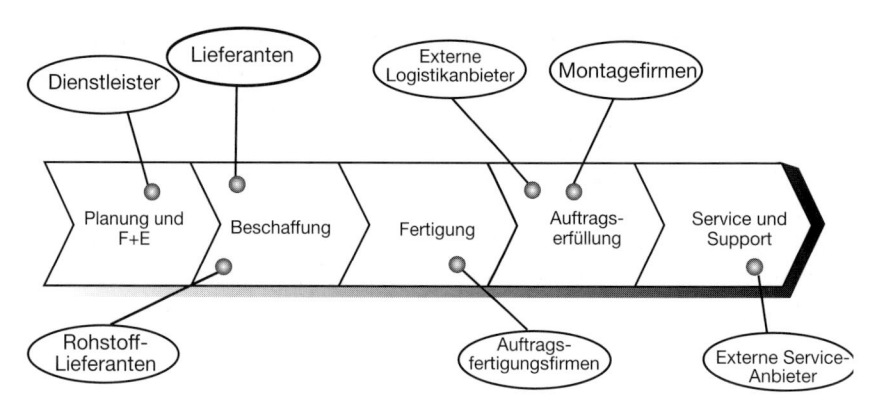

Abb. 5.3 Die Wertschöpfungskette beim erweiterten Unternehmen

zierung. Abbildung 5.3 veranschaulicht, wie sich externe Geschäftspartner in einer einfachen Wertschöpfungskette einfügen und so ein erweitertes Unternehmen bilden.

Entscheidend für die Integration der Wertschöpfungskette sind Sichtbarkeit, Zugang und Zeitnähe. Die Integration der Wertschöpfungskette ermöglicht im Wesentlichen die Online-Synchronisierung von Lieferung und

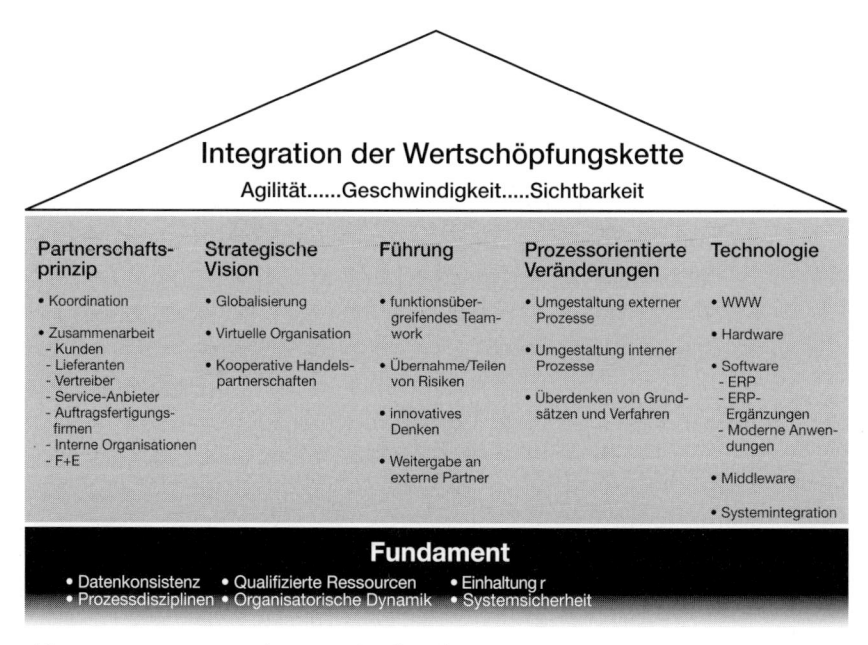

Abb. 5.4 Die Integration der Wertschöpfungskette

Nachfrage. ESCM zwingt Unternehmen, kooperative Geschäftssysteme und Prozesse zu entwickeln, die über Unternehmensgrenzen hinweg ausgedehnt werden können.

Laut Forrester Research versuchen heute die meisten Unternehmen, ihre Leistungsfähigkeit durch die Integration der Wertschöpfungskette zu steigern. Forrester schätzt, dass bis 2001 über 70 Prozent der Unternehmen Nachfrage-, Bestands- und Auftragsstatusinformationen mit ihren Handelspartnern und Vertriebskanälen gemeinsam nutzen werden.

Abbildung 5.4 zeigt alle erforderlichen Elemente für eine erfolgreiche Integration der Wertschöpfungskette.

Die sechs Komponenten der E-Lieferkette

Die E-Lieferkette besteht aus sechs Komponenten:

1. Supply Chain Replenishment
2. E-Procurement
3. Zusammenarbeit bei der Planung
4. Zusammenarbeit bei der Produktentwicklung
5. E-Logistics
6. Supply Webs

Supply Chain Replenishment

Das Supply Chain Replenishment beinhaltet die integrierten Produktions- und Vertriebsprozesse, die durch die Anpassung an die Nachfrage und die Abstimmung der strategischen Partner in Echtzeit eine Verbesserung der Kundenreagibilität ermöglichen. Supply Chain Replenishment ist eine natürliche Ergänzung zu Kundenaufträgen, die über das Web erteilt werden.

Unternehmen können diese Informationen nutzen, um Lagerbestände, Lagerorte und Vertriebsschritte zu reduzieren und um die Geschwindigkeit der Lagerauffüllung durch die Synchronisierung der Liefer- und Nachfrageinformationen im gesamten erweiterten Unternehmen zu erhöhen. Echtzeit-Liefer- und Nachfrageinformationen vereinfachen Make-to-Order (Fertigung auf Bestellung) und Assemble-to-Order (Montage auf Bestellung) Fertigungsstrategien im gesamten erweiterten Unternehmen.

Auf die gleiche Weise, wie Online-Bestellungen Zwischenschritte in der traditionellen Auftragsbearbeitung überflüssig machen, kann auch der Ablauf der Fertigung durch Assemble-to-Order oder Make-to-Order Strategien verändert werden. Beim Assemble-to-Order können strategische Lagerbestände unmittelbar vor Beginn der Operation aufgebaut werden, der die Bestellung bei Erhalt direkt zugeleitet wird. Beim Make-to-Order werden Fertigungsprozesse gestrafft, so dass Lieferanten in Echtzeit auf die Live-Bestellung reagieren können und der physische Prozess beginnen kann.

E-Procurement

E-Procurement ist die Nutzung von Web-basierter Technologie zur Unterstützung der wichtigsten Beschaffungsprozesse, einschließlich Materialanforderung, Bereitstellung, Auftragsvergabe, Bestellung und Bezahlung. E-Procurement unterstützt den Einkauf von Roh- und Hilfsstoffen und nutzt verschiedene Web-basierte Funktionen, wie zum Beispiel Online-Kataloge, Verträge, Bestellungen und Lieferscheine.

Online-Kataloge können genutzt werden, um bei der Produktentwicklung die Neukonstruktion von Komponenten zu vermeiden. Die Sichtbarkeit der verfügbaren Teile und ihrer Eigenschaften ermöglicht schnelle Entscheidungen. Online-Bestellungen beschleunigen den Abschluss von Verträgen, und moderne Versandanzeigen und -bestätigungen rationalisieren die Lieferung. Das Unternehmen profitiert von niedrigeren Bearbeitungskosten, Einflussmöglichkeiten auf die Einkaufspreise, Vertragstreue und einer verbesserten Lieferung und Qualität.

Zusammenarbeit bei der Planung

Die Zusammenarbeit bei der Planung zwingt Käufer und Verkäufer, eine einheitliche, gemeinsame Nachfrageprognose und einen Lieferplan zu entwickeln, der dieser Nachfrage Rechnung trägt, und diesen Plan auf der Grundlage von Informationen, die über das Internet gemeinsam genutzt werden, regelmäßig zu aktualisieren. Zusammenarbeit bei der Planung stellt einen Business-to-Business (B2B) Workflow dar, an dem mehrere Unternehmen über das Internet beteiligt sind und der einen dynamischen Datenaustausch zwischen den beteiligten Firmen beinhaltet.

Die Partner für die Schlüsselkomponenten, die Fertigung und den Vertrieb besitzen alle Echtzeit-Zugriff auf Point-of-Sale- beziehungsweise

Bestellinformationen. Die Partner erstellen vorläufige Prognosen und nehmen gegebenenfalls Änderungen vor, teilen ihre Prognosen mit anderen, damit alle Beteiligten nach aufeinander abgestimmten Zeitplänen arbeiten, und besitzen Zugang zu Bestell- und Prognosestatusinformationen, die über elektronische Links global abgerufen werden können. Änderungen am Zeitplan, bei Bestellungen oder Produkten lösen unmittelbare Korrekturen an den Zeitplänen aller Beteiligten aus.

Mit der Zusammenarbeit bei der Planung können Produktionspläne und Produktströme synchronisiert, der Ressourcen-Einsatz innerhalb einer erweiterten Kapazitätenbasis optimiert, die Kundenreagibilität verbessert und Lagerbestände verringert werden.

Zusammenarbeit bei der Produktentwicklung

Die Zusammenarbeit bei der Produktentwicklung beinhaltet die Verwendung bestimmter Produktdesign- und Produktentwicklungsverfahren in mehreren Unternehmen und den Einsatz von E-Business, um den Erfolg von Produkteinführungen zu verbessern und die Zeit bis zur Markteinführung (Time-to-Market) zu verkürzen. Die Kosten der Produktentwicklung können durch eine enge Integration und Straffung der Kommunikationswege und der Konstruktionsstandards gesenkt werden.

Sobald ein Produkt identifiziert und definiert wurde, können mit Web-basierten Suchmaschinen vorhandene Technologien ermittelt werden, die den Anforderungen genügen. Während der Entwicklung können Konstruktions- und Designzeichnungen über ein sicheres Netzwerk an den Auftragnehmer, Testeinrichtungen, Marketingfirmen und nachgeordnete Fertigungs- und Service-Unternehmen weitergeleitet werden.

Darüber hinaus werden Spezifikationen, Testergebnisse und Design-Änderungen kommuniziert und Kundenreaktionen mit Hilfe des Online-Prototyping getestet.

E-Logistics

E-Logistics ist der Einsatz von Web-basierten Technologien zur Unterstützung der Lager- und Transportmanagementprozesse. E-Logistics ermöglicht dem Vertrieb, die Routenoptimierung mit Informationen der Lagerbestandsverfolgung (Inventory Tracking and Tracing) zu kombinieren. Internet-basierte Frachtauktionen ermöglichen den Einkauf von Frachtkapazitäten auf dem Spotmarkt. Externe Logistikanbieter bieten virtuelle Logistikdienste, indem sie Distributionsressourcen integrieren und optimieren.

Supply Webs

In nicht allzu ferner Zukunft werden Supply Webs als alternative Konfiguration zu den traditionellen Supply Chains entstehen. Informationen, Transaktionen, Produkte und Gelder werden von und zu vielen Knotenpunkten innerhalb eines Supply Webs fließen, um die Kundenwünsche zu befriedigen. Supply Webs werden sich zu Handelsbörsen entwickeln, oder durch die Integration der Lieferketten-Systeme mehrerer Käufer und Verkäufer werden Portale für einzelne Branchen entstehen und so virtuelle Trading Communities bilden.

Verschiedene Formen solcher Communities beginnen sich bereits herauszubilden. Beispielsweise kooperiert i2 mit verschiedenen Partnern bei der Förderung des Produkts TradeMatrix, große Ölgesellschaften verkaufen auf Online-Energiemärkten und die Automobilhersteller erwarten, mit einer neuen Online-Börse, die ab 2001 ihre Arbeit aufnehmen soll, ein Geschäftsvolumen von mehreren Hundert Milliarden Dollar mit ihren Zulieferern zu erzielen.

Die drei Phasen der Integration der Lieferkette

Forrester unterscheidet bei der Integration der Lieferkette drei Phasen: Integration, Erweiterung und Anwendung.

In der Integrationsphase entwickeln die Unternehmen ein integriertes Konzept ihrer eigenen Lieferkette, indem sie verschiedenartige ERP- und Alt-Systeme zu einer geordneten Datenmenge verknüpfen. Diese geordnete Datenmenge wiederum speist leistungsfähige Planungssysteme, die ein Unternehmen in die Lage versetzen, schnell auf Veränderungen auf der Liefer- oder Nachfrageseite zu reagieren.

In der Erweiterungsphase nutzen die Unternehmen die Internet-Technologie und beginnen mit Lieferanten, Handelspartnern und Logistik-Anbietern bei der Datennutzung zu kooperieren. Damit die Unternehmen alle Möglichkeiten der Internet-Technologie ausschöpfen können, müssen sie Änderungen an Prozessen, Organisationsstrukturen und bei der Unternehmenskultur vornehmen. Diese Veränderungen können bei einigen Unternehmen dramatische Ausmaße annehmen.

In der Anwendungsphase nutzen die Unternehmen ihre Beziehungen, um ihre Flexibilität zu verbessern. Die Entwicklung von Technologiestandards reduziert sowohl die Kosten für die gemeinsame Nutzung von Informationen als auch die Kosten für den Wechsel von Partnern. Dies wiederum führt zur Auflösung vieler lang bestehender Beziehungen und zwingt die Lieferanten, die Konkurrenzfähigkeit ihrer Preise und Leistungen permanent aufrecht zu erhalten.

In allen diesen Phasen sind Handelspartner, die in ERP investiert haben, besonders gut positioniert, um die Möglichkeiten ihrer E-Business Investitionen auszuschöpfen und eine echte integrierte Wertschöpfungskette zu erreichen. Die am weitesten fortgeschrittenen Unternehmen befinden sich in der Erweiterungsphase und werden bis 2002 die Anwendungsphase erreichen. Erreicht ein Unternehmen nicht spätestens 2001 die Integrationsphase, wird es wahrscheinlich vom Markt verschwinden.

Advanced Planning and Scheduling

Die Funktionen von Advanced Planning and Scheduling (APS) Systemen reichen von strategischen (Netzwerkoptimierung) und taktischen (Supply Planning) bis hin zu operativen (Linienplanung) Planungen. Die meisten APS-Systeme verwenden mathematische Algorithmen (zum Beispiel lineare Programmierungen), um die optimalen Lösungen für komplexe Planungsprobleme zu identifizieren, die von Faktoren wie Material, Arbeitskräfte oder Kapazitätsressourcen bestimmt werden.

APS-Systeme eignen sich aus drei Gründen besonders für die Bewältigung der Herausforderungen im Zusammenhang mit dem Supply Chain Management:

1. Sie berücksichtigen kritische Faktoren, wie zum Beispiel Maschinenkapazität.
2. Sie ermöglichen eine Modellplanung, um verschiedene Szenarien zu testen und „What If"-Analysen durchzuführen.
3. Sie identifizieren Ausnahmen und empfehlen Verfahrensweisen.

APS-Anwendungen sind Entscheidungshilfesysteme für die Entwicklung eines Optimierungsplans für eine Produktionslinie, oder ein Werk oder der Supply Chain in ihrer Gesamtheit. Sie empfangen und verarbeiten Daten aus anderen Datenbanken und transaktionsbasierten Anwendungen, zum Beispiel von ERP-Systemen.

Warum werden APS-Systeme benötigt?

Durch das Zusammenwirken von Globalisierung, kürzeren Produktzyklen und mehr Produktvarianten ist es heute wichtiger als je zuvor, dass Unternehmen die Effizienz ihrer Lieferketten maximieren. Während ERP-Systeme in der Lage sind, die Informationsströme innerhalb der Supply-Chain-Aktivitäten zu integrieren, basiert die ERP-Planung auf dem Prinzip des Manufacturing Resource Planning (MRP II). APS-Software bietet bessere Möglichkeiten für das Management der Informationsströme innerhalb der Supply-Chain-Aktivitäten.

Supply-Chain-Planungs-Software gibt es schon seit rund 30 Jahren. Die Materials Requirement Planning (MRP) Software, die Anfang der siebziger Jahre eingeführt wurde, war die erste Planungs-Software. Die Unternehmen stellten schnell fest, dass die MRP-Berechnungen auf einer Reihe von falschen Annahmen basierten, nämlich dass Kunden, Produkte und Materialien gleichermaßen wichtig sind, dass Entwicklungszeiten unveränderlich sind, dass alle Ressourcen unerschöpflich sind und dass alle Beteiligten an der Lieferkette die erforderlichen Mengen zum benötigten Zeitpunkt liefern. Mit anderen Worten, MRP berücksichtigte nicht die Wirklichkeit der Produktionsumgebung.

Ein weiterer Schwachpunkt der MRP-Berechnungen besteht darin, dass sie als Batch-Prozess durchgeführt werden, der in der Regel mehrere Stunden in Anspruch nimmt. MRP-Berechnungen mussten nachts oder an Wochenenden durchgeführt werden. Auf diese Weise war es für Manager schwierig, erforderliche Änderungen während der normalen Arbeitszeiten vorzunehmen.

MRP II, das Mitte der achtziger Jahre aufkam, bot einen größeren Funktionsumfang, verbesserte das Bestandsmanagement und ermöglichte eine High-Level Kapazitätsplanung. Dem Management standen zwar einige Echtzeit-Informationen zur Verfügung, aber die meisten MRP II-Berechnungen nahmen noch immer mehrere Stunden in Anspruch. Viele Unternehmen entwickelten ihre eigenen, spezifischen Planungs-Software-Lösungen. Diese waren aber häufig genauso schwerfällig und ineffizient wie MRP und MRP II. Viele Unternehmensplaner finden ERP „ähnlich, nur schneller".

Viele verschiedene Unternehmen, wie Ford in der Automobilindustrie, Black & Decker bei Bohrmaschinen, Coca-Cola in der Getränkeindustrie und Frito-Lay bei Schnellgerichten, haben APS-Tools zur Umgestaltung ihres Supply Chain Management verwendet. Diese Tools werden von spezialisierten Software-Firmen entwickelt, zum Beispiel Manugistics, i2, Chesapeake und Red Pepper (1999 von PeopleSoft übernommen).

Unternehmen, die APS-Software verwenden, konnten ihren Lagerbestand um 20 bis 70 Prozent reduzieren, ihre Kosten um bis zu 12 Prozent senken und den Kapitaleinsatz um bis zu 15 Prozent zurückfahren. Noch wichtiger jedoch sind die Umsatzsteigerungen zwischen 2 und 15 Prozent, die sie aufgrund des verbesserten Kunden-Service erzielen konnten, Steigerungen des Produktionsausstoßes zwischen 2 und 6 Prozent und eine höhere Response Quote bei niedrigeren Gesamtkosten.

Die quantifizierbaren Resultate von APS-Software sind jedoch nur der eine Vorteil. APS ist zudem einer der Schlüsselauslöser von Veränderungen bei Prozessen und Verhaltensweisen. Mit APS kann sich die funktionsbasierte Produktionsorganisation zu einer prozessorientierten Produktionsorganisation weiterentwickeln. Nicht eingeplante Eilbestellungen können so effizienter bearbeitet werden. Planer nutzen vorhandene Kenntnisse besser und können bessere Entscheidungen treffen und die Produktionsorganisation kann sich schnell und effektiv an veränderte Kundenwünsche anpassen.

Viele Unternehmen haben einige oder die meisten dieser Möglichkeiten genutzt, anderen hingegen ist dies nicht gelungen. Sowohl die Supply-Chain-Optimierung als auch die dazu benötigten APS-Systeme stecken noch in ihren Kinderschuhen. Viele Unternehmen brauchen die APS-Technologie nicht für die Planung ihrer Produktion, und viele Unternehmen können sich diese Technologie noch nicht leisten. Sobald stabilere und kostengünstigere Systeme verfügbar sind, werden sie einen festen Platz unter den Informationssystemen in immer mehr Unternehmen einnehmen.

Was leistet APS?

APS-Systeme haben zwar einen ähnlichen Zweck wie viele andere Planungs-Software-Produkte (nämlich dem Kunden einen umfassenden Service zu bieten und gleichzeitig die Kosten für das Unternehmen zu minimieren), sie unterscheiden sich aber insofern von der ERP-Planungs-Software, dass sie es Managern ermöglichen, in Echtzeit in die Supply Chain einzugreifen. Den größten Wert entfaltet die Software in drei Bereichen:

1. Faktorbasierte Planung
2. Online-Verarbeitung
3. Integration

Während MRP und seine Nachfolger dem Planer für eine Anzahl von Faktoren lediglich Ausnahmeberichte liefern, gewichtet APS-Software sämtliche Faktoren, einschließlich Materialien, Arbeit, Maschinen, Lagerbestände und Logistik, und schlägt optimale Planungsszenarien zur Ausbalancierung diese Faktoren vor, um einen Kunden-Service auf höchstem Niveau zu möglichst niedrigen Kosten für das Unternehmen zu bieten.

Im Gegensatz zu MRP, mit dem eine Verbindung zwischen der neuesten Verarbeitungstechnologie und dem konventionellen MRP-Prinzip hergestellt werden sollte, nutzt APS diese Techniken als lineare Programmierung, um „Echtzeit"-Berechungen zu ermöglichen, die den Prozess der Entscheidungsfindung unterstützen. Während MRP-basierte Planungs-Tools nur einen Aspekt der Lieferkette auf einmal berücksichtigen, sind APS-Systeme modular aufgebaut und können so ausgelegt werden, dass sie eine wirklich integrierte Lösung der Probleme beim Supply-Chain- Management bieten. Die verschiedenen Module können einzeln oder in einer beliebigen Kombination, die dem Unternehmen Vorteile bringt, installiert werden. Viele Unternehmen stellen fest, dass sie mit zwei bis vier installierten Modulen, die für ihre jeweilige Branche besonders wichtig sind, nachhaltige Erfolge erzielen können.

ERP und APS

Für IT-Abteilungen ist die Optimierung der Lieferkette die nächste Herausforderung, um Wettbewerbsvorteile zu erzielen. Die ERP-Firmen sind sich dessen bewusst und wissen, dass die APS-Anbieter bislang die weit besseren Lösungen anbieten. Einige dieser Firmen werden Allianzen mit Anbietern von APS-Software eingehen, wie zum Beispiel die Allianz zwischen Oracle und Manugistics. Andere wiederum, wie zum Beispiel PeopleSoft, werden APS-Anbieter übernehmen und die APS-Software in ihre ERP-Modulpalette integrieren.

ERP und E-Business „beflügeln" sich gegenseitig

Wenn ERP und E-Business richtig implementiert wurden, beflügeln sich beide Technologien gegenseitig. E-Business ist das beste Medium, um Informationen mit Geschäftspartnern zu teilen. Auf diese Weise können bedeutende B2B-Synergien erzielt werden. Zu den von Unternehmen gemeinsam genutzten Informationen gehören Nachfrageprognosen, Informationen über den Lagerbestandsstatus, Bestellstatus, verfügbare Kapazitäten, Informationen über neue Produkte, Produktänderungen, Konstruktionsdaten, Zeichnungen und Spezifikationen sowie Finanzdaten. Die Genauigkeit, Konsistenz und Zeitnähe dieser Daten hat direkten Einfluss auf den Erfolg der Prozesse, auf die sich diese Daten beziehen. Ein gut funktionierendes ERP-System bietet die beste Möglichkeit, diese Art von Daten zu erstellen und zu erfassen. Aussagekräftige Daten, wie sie von ERP-Systemen geliefert werden, sind die Grundlage des E-Business.

Die derzeitige Ausrichtung auf E-Business resultiert aus dem Bestreben der Unternehmen, enge Kundenbeziehungen herzustellen. Dieser Trend wird zudem angeheizt durch die noch nicht ausgeschöpften Möglichkeiten, Produkte und Dienstleistungen schnell entwickeln und liefern zu können, die geografische Reichweite auszubauen, die Effizienz der Prozesse zu steigern, Produkte, Dienstleistungen und Marken neu zu definieren und Informationen nutzbar zu machen, indem flexiblere Infrastrukturen und Geschäftsmodelle entwickelt werden.

Für Unternehmen, die vor der Einführung eigener ERP-Systeme eine Integration innerhalb einer erweiterten Wertschöpfungskette anstreben, werden die Vorteile dieser Integration jedoch nur schwer zu fassen sein. Ohne ERP verursacht E-Business möglicherweise nichts weiter als Upstream- und Downstream-Probleme in Internet-Geschwindigkeit. Diese Probleme resultieren aus einem Mangel an zuverlässigen, genauen und zeitnahen Informationen, die die Handelspartner benötigen, sowie aus der Unfähigkeit, intelligente Entscheidungen zu treffen und im Hinblick auf die nun verfügbaren Informationen, die dem Unternehmen von Lieferanten und Kunden zufließen, effektiv zu handeln.

Das Unternehmen mit den leistungsfähigsten internen ERP-Systemen kann zum *de facto* »Network Master« des erweiterten Unternehmens, dem es angehört, werden. Auf die gleiche Weise, wie Unternehmen in der Vergangenheit Personal aus ihren eigenen Fabriken zur Unterstützung von Lieferanten beim Qualitätsmanagement oder Just-in-Time Fertigungsverfahren abgestellt haben, kann auch der »Network Master« Spezialisten abstellen, die die Lieferanten bei ihrem ERP unterstützen, damit die Systeme enger zusammenarbeiten und die Möglichkeiten des E-Business besser genutzt werden können. Unternehmen, die Probleme bei Datenkonsistenz und Integrationsprobleme mit Hilfe von, elektronischen Datenaustausch (EDI) Technologie gelöst haben, sind möglicherweise schneller in der Lage, sich zu einem Web-basierten erweiterten Unternehmen zu entwickeln. Es ist schwieriger, Probleme im Zusammenhang mit der Datenintegrität und dem

Prozess des Datenaustauschs auszusortieren als die Web-basierte Technologie zu installieren.

Die ERP- und Value Chain Integration ist vergleichbar mit E-Business in großem Maßstab

Durch ein gut funktionierendes ERP-System wird die integrierte Wertschöpfungskette wesentlich leistungsfähiger. Verschiedene Beispiele von Frühstartern verdeutlichen diese Beziehung: IBM, Compaq, Adaptec, Dell, Thomson Consumer Electronics, Intel und Cisco im High-tech Bereich, die großen US-Automobilhersteller, die Bank of America und Charles Schwab bei den Finanzdienstleistern sowie Amazon.com, Travelocity.com und priceline.com im Einzelhandel.

Sobald die Webseite eines Unternehmens eingerichtet ist, Informationen über Produkte und Dienstleistungen verfügbar sind und sichere E-Commerce Transaktionen stattfinden, können diese Informationen in einem nächsten Schritt mit Lieferantendaten integriert werden. Ein Ausgangspunkt für die Integration der Wertschöpfungskette ist die gemeinsame Entwicklung einer Web-basierten Zusammenarbeit in der Planung und bei den Prognosen mit den Kunden, um Informationen über die zukünftige Nachfrage zu erhalten. In diese Zusammenarbeit können dann die Lieferanten einbezogen werden, so dass die erweiterte End-to-End Supply Chain bei Änderungen der Daten auf der Demand- und Supply-Seite täglich synchronisiert werden kann.

Unternehmen werden in zunehmendem Maße ihre Geschäftspartner dazu drängen, sich dem erweiterten Unternehmen anzuschließen. Große Unternehmen werden Druck auf Handelspartner und Lieferanten ausüben und diejenigen herausdrängen, die nicht e-Trade betreiben. Wenn Unternehmen auf diese Weise Handel treiben, arbeiten sie in bezug auf die Supply-Chain-Planung enger zusammen. Sie teilen Daten über ihren voraussichtlichen Bedarf und ermöglichen ihren Lieferanten eine engere Zusammenarbeit, um die Kundennachfrage befriedigen zu können.

Nach und nach werden eine Reihe neuer Geschäftsmodelle entwickelt, die innerhalb der kommenden fünf Jahre immer leistungsfähiger werden. Dazu gehören:

- *Infomediaries,* die Käufer und Verkäufer in unterschiedlichen Märkten zusammenbringen. Travelocity.com ist ein Beispiel in der Reisebran-

che, das Käufern Flughafen-, Hotel- und Mietwageninformationen online liefert und eine Reihe verschiedener Verkäufer repräsentiert.
- *Aggregatoren,* die verschiedene Märkte für Käufer zu einem Markt machen. Ariba ist ein Unternehmen dieses Typs. Ariba arbeitet im Bereich des E-Procurement und stellt die Produkte von Dutzenden von Firmen zusammen zu einem Katalog, der auf den jeweiligen Käufer zugeschnitten ist. Mitarbeiter des Käufers können nur von den Firmen kaufen, deren Produkte im Intranet-basierten Katalog aufgeführt sind. Die Bestellungen werden beim Käufer zusammengefasst und über das Internet an Ariba geschickt. Ariba leitet die Bestellungen an einzelne Unternehmen weiter und teilt die Zahlung des Käufers auf die jeweiligen Verkäufer auf.
- *Auktionatoren,* die zuverlässige Kanäle für Verkäufer bereitstellen. Auktionatoren sind im Business-to-Consumer (B2C) E-Business sehr beliebt. Zu den bekanntesten Unternehmen dieser Kategorie gehört eBay. Im B2B-Bereich bieten Sie Unternehmen die Möglichkeit, Produkte aus Überproduktion zu verkaufen. Zukünftig kann dies für Unternehmen ein wichtiger Weg sein, um Rohstoffe zu kaufen. CheMatch und ChemConnect bieten diesen Service bereits für die chemische Industrie. Der Oracle B2B Exchange Service ist für diese Aufgabe gut positioniert.
- *Exchanger,* die in einem Börsenmodell Angebots- und Nachfragepreise als neutrale Dritte zusammenbringen.

Im Laufe der Zeit werden B2B-Infomediaries zunehmend in der Lage sein, Branchen zu verändern. Da die Verfügbarkeit von Produkt- und Preisinformationen zunimmt und diese Informationen breiter genutzt werden, werden sich die Machtverhältnisse zugunsten der Käufer verschieben. Da immer mehr Unternehmen Teil von Netzwerken sind, reduzieren sich die mit einem Lieferantenwechsel verbundenen Kosten. Die Transaktionskosten und Zykluszeiten werden sich ebenfalls verkürzen. Die Geschwindigkeit, Reichweite, Zugänglichkeit und die niedrigen Kosten der Informationen schaffen Raum für mehr Wettbewerb.

Obwohl die Anbieter von ERP-Systemen die erste Runde des E-Business verpasst haben, werden sie in der zweiten Runde eine wichtige Rolle spielen. Die Anbieter von ERP-Systemen beginnen, Web-aktivierte Kauf- und Verkaufsanwendungen als Teil ihrer Programmpakete zu vermarkten. Darüber hinaus werden sie dafür sorgen, dass ihre derzeitigen Anwendungspakete besser kompatibel sind mit den Programmen von Drittanbietern. Dies wird dazu beitragen, Unternehmen mit bereits installiertem ERP einen klaren Weg aufzuzeigen. Sie werden mit ihren Kunden ein gemeinsames Informationssystem nutzen. Das ERP wird mit Hilfe der Web-Technologie in die Systeme von Kunden und Lieferanten erweitert, um so eine erweiterte und integrierte Wertschöpfungskette zu schaffen.

Wenn Dot.com-Firmen wachsen, werden diejenigen am erfolgreichsten sein, die über ein ERP-System und Systemdisziplin verfügen. Eine Branchentransformation tritt ein, wenn sich eine große Zahl von Unternehmen am E-Business Netzwerk beteiligt. Besonders erfolgreiche Unternehmen werden ihre Geschäftsprozesse im Verlauf ihrer ERP-Einführung umgestaltet haben, um sich stärker auf ihre Kunden auszurichten.

Unternehmen, bei denen heute eine effiziente Abwicklung ihrer geschäftlichen Aktivitäten auf der Grundlage von genauen, zeitnahen und konsistenten Daten, die von richtig implementierten ERP-Systemen geliefert werden, im Mittelpunkt steht, sind gut positioniert, um in der Wirtschaft von Morgen die Führung zu übernehmen.

Customer Relationship Management

Unternehmen werden sich in zunehmendem Maße bewusst, dass sie Wert schöpfen können, indem sie mit Geschäftspartnern in der Vertriebskette und Kunden kreativ zusammenarbeiten, um Kosten und die Zykluszeiten von Produkten zu senken und um ihren Kunden eine bessere Auftragsverfolgung bieten zu können. Die Begeisterung der Kunden ist der Schlüssel zur Steigerung der Erträge. Untersuchungen haben ergeben, dass nur begeisterte Kunden wirklich loyal sind. Begeisterte Kunden kommen immer wieder. Bei Beziehungen, die lediglich befriedigend sind und nicht begeistern, läuft das Unternehmen Gefahr, Kunden an einen Mitbewerber zu verlieren, der dem Kunden eine leichtere Abwicklung bietet.

Mit Hilfe der Informationstechnologie können wendige Unternehmen ihre Kundenbeziehungen stärken, indem sie den Verkauf, die Produktkonfiguration sowie Planungs- und Design-Prozesse mit ihren Kunden über bestehende oder neue Kanäle integrieren. Typischerweise verfügt ein Unternehmen über eine Reihe von bevorzugten Kunden, akzeptiert aber auch Aufträge von anderen qualifizierten Käufern. Früher betrachteten Unternehmen Aufträge nur als Nachfrage nach ihren Produkten oder Dienstleistungen. Als Ertragsquelle und in der Hoffnung auf Anschlussaufträge wurden Kunden mit Respekt behandelt.

Seit Mitte der neunziger Jahre versetzen Kunden-Informationssysteme die Unternehmen in die Lage, Daten über Kunden zu sammeln, in der Hoffnung, spezifische Kaufverhaltensweisen oder Trends zu identifizieren. In einer Welt der Massenproduktion ist es Unternehmen erst durch den Einsatz des Webs gelungen, ihre Beziehungen zu Kunden wirklich zu personalisieren. Der Aufbau enger Beziehungen zu Kunden verlangt von den Unternehmen immer neue Anstrengungen, um eine lebenslange Wertschöpfung von ihren aktuellen Kunden zu erzielen, und die Ausarbeitung strategischer Pläne, um eine lebenslange Wertschöpfung bei neuen Kunden in neuen Märkten zu verfolgen. In der Welt des E-Business können Unternehmen die persönliche Kundenbeziehung wieder aufleben lassen, die vor der Entstehung der Massenmärkte existierte, indem sie ihr Wissen über den Kunden nutzen, um den Kunden-Service zu personalisieren, während sie weiterhin Standard-Produkte verkaufen.

Das Customer Relationship Management (CRM) hilft Unternehmen, dieses Ziel zu erreichen. CRM-Anwendungen verbessern das „Front Office" des Unternehmens, da sie auf den Verkauf, das Marketing und den Kunden-Service ausgerichtet sind. Um wirklich erfolgreich zu sein, muss CRM jedoch als eine Kombination aus Personen, Prozessen und Systemen verstanden werden und nicht als eine eng definierte IT-Anwendung. CRM ist ein Element der neuen ERP-Welle, in deren Mittelpunkt nach außen gerichtete Prozesse stehen. CRM verknüpft diese Prozesse mit der internen Transaktionsverarbeitungs-Engine der eigentlichen ERP-Systeme.

Warum steht Customer Relationship Management heute auf der Tagesordnung?

Das Identifizieren der Bedeutung von Kunden innerhalb der Wertschöpfungskette ist ebenso wenig neu wie die Automatisierung des Vertriebs oder das allgemeine Data-Base-Marketing. Neu ist hingegen die heute verfügbare Technologie. Die heutige Technologie erlaubt eine erheblich größere Differenzierung, wie Verkauf und Marketing mit Kunden interagieren. In der Vergangenheit waren Marketing-Leute in der Regel nicht versiert in IT und haben daher keine Veränderungen der IT-Infrastruktur ihrer Firmen initiiert.

Heute jedoch steht dank der in vielen Firmen installierten ERP-Systeme ein Backbone zur Verfügung, auf dem CRM-Systeme aufgebaut werden können. ERP selbst könnte aufgrund seiner Ausrichtung auf die Transaktionsverarbeitung die erwarteten Leistungen vermutlich nicht bringen. CRM-Systeme hingegen können fassbare und messbare Ergebnisse liefern, bei denen die Kunden – die Quelle der Wertschöpfung – im Mittelpunkt stehen.

Heute existiert eine Technologie, die Unternehmen ein One-to-One-Marketing ermöglicht. Diese Tools, die häufig als Standardversionen erhältlich sind, sind leistungsfähig und preiswert und haben den Verkauf und das Marketing verändert. Im Gegensatz zu einigen traditionellen Formen der Werbung, die nicht zielgerichtet und unspezifisch sind, ermöglichen CRM-Systeme den Unternehmen die Kommunikation mit Kunden auf einer persönlichen Ebene.

Ein Unternehmen, das CRM einsetzt, bietet dem Kunden stets ein einheitliches Erscheinungsbild, gleichgültig, wo der Kunde mit dem Unternehmen in Berührung kommt: über die verschiedenen Geschäftsbereiche, regionale Büros oder operative Organisationen innerhalb des Unternehmens. Kunden erwarten einen integrierten, nahtlosen Multi-Channel Kunden-Service, der transparent bleibt, gleichgültig, ob der Service vom Unternehmen selbst oder einem externen Service-Provider angeboten wird.

Das „Neue Marketing" basiert auf vier Schlüsseltechnologien: Technology-Enabled Selling (TES), Call Center, E-Business und Data-Warehousing/Mining. Diese Technologien werden in vielen Fällen kombiniert, um dem Kunden ein nahtloses Service-Erlebnis zu bieten. ERP-Anbieter haben diese aufstrebenden Produkte für sich entdeckt und investieren hohe Beträge, um nicht den Anschluss zu verlieren. Aus der Marketing-Perspektive liegt jedoch noch ein langer Weg vor ihnen. Daher setzen Unternehmen in vielen Bereichen „Best-of-Breed"-Pakete mit Schnittstellen zu ihren bestehenden ERP-Systemen ein. (Zurzeit wird eine Debatte geführt, ob „Best-of-Breed"-Pakete oder eine Integration die beste Lösung darstellt.) Es gibt CRM-Pakete, in denen viele verfügbare Verkaufs- und Marketing-Funktionen – zum Beispiel Vertriebsautomatisierung, Call Center Systeme und Data-Mining – mit einer robusten technischen Architektur zu einem integrierten CRM-System mit breitem Funktionsumfang zusammengefasst sind.

Technology-Enabled Selling (TES)

Technology-Enabled Selling (TES) geht über den undifferenzierten Einsatz von Basistechnologie hinaus und wird getragen von dem Verständnis, wie Technologien gewinnbringend eingesetzt werden können. Die Veränderungen im Vertrieb beschleunigen den Einsatz von TES. In den Konsumgütermärkten erwarten die Kunden bereits eine Auswahl an Kanälen, die einen konsistenten Service bieten. Im Business-to-Business (B2B) Geschäft hat die neue Ausrichtung auf Beziehungen und das Aufkommen von Verkaufsberatern die Komplexität und Diversifizierung erhöht.

Probleme im Zusammenhang mit TES, mit denen sich das Management auseinandersetzen muss, betreffen die Frage, in welcher Art TES den Verkauf steigert, wie TES erfolgreich implementiert werden und wie das Unternehmen Widerstände im Vertrieb überwinden kann. Häufig erkennt das Verkaufs-Team nicht die Möglichkeiten für eine Steigerung der Verkäufe und zwingt das Unternehmen, sich auf Kosten und Einsparungen im Verwaltungsbereich zu konzentrieren.

Die Implementierung von TES ist nicht allein eine Frage der Technologie. Es erfordert vielmehr die Entwicklung neuer Prozesse (unterstützt durch die Technologie), mit denen die Kundeninformationen und Transaktionsdaten integriert werden können und die auf der Strategie des Unternehmens zur Steigerung der Gewinne basieren. Richtig implementiert bietet TES eine Reihe von Vorteilen, die dazu beitragen, die Amortisationsperioden in einigen Fällen auf bis zu 18 Monate zu verkürzen, insbesondere wenn die gewinnerhöhenden Faktoren berücksichtigt werden. Neben den effektiven Gewinnsteigerungen, können auch verschiedene „Soft"-Verbesserungen erzielt werden. Dazu gehören eine klarere und konsistentere Marketing-Botschaft, eine bessere individuelle Präsentation der Marketing-Informationen, Synergien bei der Marktforschung und eine verbesserte Koordinierung zwischen den Kunden-Teams.

Dank verbesserter Produkte und Kenntnisse über Kunden befinden sich die Verkaufs-Teams in einer besseren Verhandlungsposition. Aufgrund ihrer besseren Kenntnisse können die Verkaufs-Teams die Kunden leichter ansprechen.

Aus technischer Sicht gibt es viele Unterschiede zwischen TES und anderen Systemen. Es ist ein hohes Maß an Integrationsfähigkeit mit Alt-Systemen erforderlich, da sich viele Unternehmen entscheiden, die TES-Lösung der Hauptlösung unterzuordnen. Da TES häufig auf verschiedenen Hardware-Systemen betrieben wird, sind Integrationsfähigkeiten und Schnittstellen erforderlich, um die Konsistenz der Daten zu gewährleisten. Zudem müssen die Telekommunikationsverbindungen von möglichst hoher Qualität sein.

TES setzt sich aus drei Komponenten zusammen. Der erste Baustein bildet das Fundament der Kundeninformationen und befindet sich in den Datenbanken des Unternehmens und wird entweder durch Alt- oder ERP-Systeme gesteuert. Der zweite Baustein ist eine Infrastruktur von Systemen, die es dem Unternehmen ermöglicht, mit Kunden zu kommunizieren und geschäftliche Transaktionen abzuwickeln. Dazu werden Telefone, Faxgeräte, PCs und andere Geräte genutzt. Der dritte Baustein ist eine Reihe von leistungsfähigen Anwendungen, die häufig branchen- oder sektorspezifisch sind.

Call Center

Es entstehen immer mehr Call Center, um Kunden, Geschäftspartnern oder Mitarbeitern Dienste anzubieten. In zunehmendem Maße entwickeln sie sich zum Hauptkontaktpunkt für Kunden. Call Center erfüllen die folgenden fünf Funktionen:

1. Lösung oder Weiterleitung von Problemen an die nächste Ebene des Service-Providers.
2. Bereitstellung von mehr Informationen über Produkte und Dienstleistungen.
3. Empfehlung des Produkts oder der Dienstleistung, die den Bedürfnissen des Kunden am besten gerecht wird.
4. Annahme von Anrufen und Überwachung des Fortschritts bei Anfragen und Kundenproblemen.
5. Erstellung von Berichten für Ursachenanalysen.

Die besten Call Center kombinieren Sprache, Video und Daten in einem umfassenden System, um eine erstklassige Kundenbetreuung anbieten zu können. Ein Call Center System und Prozess muss mit Blick auf den Kunden konzipiert werden.

Beispiele für erfolgreiche Call Center gibt es im Überfluss. Dell Computer erzielt einen Umsatz von über 1 Milliarde Dollar über seine Website und ein Call Center in Bracknell im Südwesten Englands in der Nähe des Flughafens Heathrow. Kunden aus ganz Europa können eine lokale oder nationale gebührenfreie Rufnummer wählen. Die Computer-Software im Call Center identifiziert das Land, aus dem der Anruf kommt und leitet ihn automatisch an einen Kundenbetreuer weiter, der die Sprache des jeweiligen Landes spricht.

Call Center sind häufig in drei Ebenen gegliedert:

1. Technische Auswahlverfahren
2. Service-Mitarbeiter
3. Spezialisten oder Fall-Manager

Eine solche Umgebung sorgt für ein hohes Tempo und Konsistenz; sie erleichtert Self-Service, optimiert die Ressourcen-Ausnutzung und stellt bei Bedarf die nötigen Fachkenntnisse bereit.

Call Center müssen auf allen Ebenen bestimmte Informationsattribute aufweisen. Dazu gehören Genauigkeit, Vertraulichkeit, Erreichbarkeit und Zuverlässigkeit. Auf der ersten Ebene müssen sie technische Attribute aufweisen, wie zum Beispiel Verständnis, Effizienz, Nachprüfbarkeit und ein so genanntes Human Interface. Auf der zweiten und dritten Ebene müssen sie persönliche Attribute aufweisen, wie zum Beispiel Hilfsbereitschaft, Wissen, Verantwortlichkeit und eine umfassende Abdeckung.

Die Qualität eines Kundenkontakts über ein Call Center liegt weit höher als Kontakte per E-Mail oder über Web-Formulare. Die Web-basierte Kunden-Service-Technologie umfasst heute Internet-Telefonie und Alternativen, wie zum Beispiel interaktive Text-Chats und Rückrufanforderungen.

E-Call Center

Heute müssen sich die meisten Kunden an einen Kundenberater wenden oder durch ein scheinbar endloses Labyrinth von Spracherkennungssystemen navigieren, um Produkt- oder Service-Informationen zu erhalten oder den Bestellstatus zu erfahren. Fortgeschrittenere Unternehmen verfügen über kundenbezogene Informationssysteme, in deren Mittelpunkt Berührungspunkte für die Kundeninformation stehen.

Web-basiertes CRM steckt jedoch noch in den Kinderschuhen. Die derzeitigen Systeme bieten zwar One-to-One-Marketing und rudimentäres Video- und Ton-Streaming, aber sie sind in der Transaktionsverarbeitung meist noch auf Händler ausgerichtet (Push-Marketing).

Die B2B-Kundenerfahrung wird in Zukunft weit aufregender sein und mehr personalisierte Mehrwert-Informationen bieten, als der Kunde in der Regel abfragen würde. Zudem werden Links zu weiteren verwandten Sites angezeigt, die den Interessen und Kaufgewohnheiten des Kunden entsprechen.

Internet Protokoll Telefonie

Die häufig in ein bereits bestehendes Call Center integrierte Internet-Protokoll- (IP) Telefonie in Internet Call Centern ermöglicht es den Kunden, direkt mit dem Call- Center-Personal zu sprechen, während sie mit dem Browser auf die Website des Unternehmens zugreifen. IP-Telefonie kann in Call Centern eingesetzt werden, wenn sich ein Benutzer beispielsweise auf einer Website des Unternehmens befindet und technische Unterstützung anfordert. Der Benutzer klickt dazu auf eine Ruftaste auf der Webseite. Die Ruftaste ist ein Hypertext-Link zur Aktivierung der IP-Telefonie Software, die den Benutzer dann mit einem Mitarbeiter im Call Center verbindet. Wenn der Kunde seine Kundenidentifikationsnummer eingibt, kann der Call-Center- Mitarbeiter auf die entsprechenden Kundendaten zugreifen, zum Beispiel die vom Kunden verwendeten Produkte und die früher beim Kunden aufgetretenen Probleme. Der Zugang zu diesen Daten ermöglicht es dem Mitarbeiter zudem, auf der Grundlage des früheren Kaufverhaltens des Kunden Nachfolgeversionen oder neue Produkte zu verkaufen. Darüber hinaus kann er die Möglichkeiten der Computer-Telephone Integration (CTI) Technologie nutzen, die als Funktion von High-End CRM-Software von Unternehmen wie eFusion, Ericcson und Sitebridge angeboten wird.

Als Alternative zur IP-Telefonie kann ein Kunde, der über zwei Telefonleitungen verfügt, eine Leitung einem Händler zur Verfügung stellen. Während er Online ist, kann der Kunde dann Unterstützung anfordern und einen Rückruf über die zweite Leitung entgegennehmen. Das Rückruf-System wird auch genutzt, wenn der Kunde durch eine Firewall geschützt ist, die keine IP-Telefonie zulässt.

Vor-Ort-Service

E-Business Kunden-Service verbessert auch den Vor-Ort-Service, bei dem qualifizierte Vertreter eines Unternehmens zum Kunden geschickt werden, um vor Ort Probleme zu lösen. Ein Call Center kann ein ungelöstes Problem an einen internen oder externen Vor-Ort-Service weiterreichen. Ein elektronisch unterstützter Vor-Ort-Service stellt beispielsweise aktuelle Kunden- und Produktinformationen (einschließlich Konstruktionsunterlagen und Handbücher) über das Internet zur Verfügung, so dass alle Mitarbeiter darauf Zugriff haben. Die Mitarbeiter des Vor-Ort-Service können sich um unerledigte Kundenanfragen kümmern und sogar von unterwegs den Kundenstatus aktualisieren.

Cisco Systems hat durch Service-Anforderungen von Kunden über das Web Einsparungen in Millionenhöhe realisiert und die Produktivität seines Kundendienstes erheblich gesteigert. Sun Microsystems, ein globaler Anbieter von Workstations, hat mit SunSolve einen Service entwickelt, der es Kunden ermöglicht, Produktdokumentationen herunterzuladen und mit anderen Benutzern zu kommunizieren. Darüber hinaus gibt es eine Datenbank zur Beantwortung von Fragen über Produkte. Mit diesem und anderen E-Customer Services realisiert Sun beim Software-Versand und Telefon-Support jährlich Einsparungen in Millionenhöhe. Harley-Davidson erwartet nicht, dass Kunden seine Motorräder über das Internet kaufen. Das Unternehmen erwartet jedoch, dass Händler die Vorteile dieser Technologie nutzen. Wie viele andere Unternehmen nutzt auch Harley-Davidson E-Business, um sein bestehendes Händlernetz zu verbessern und dem Händler zu ermöglichen, einen besseren Kunden-Service anzubieten, und nicht, um die Händler aus dem Geschäft zu drängen.

Data-Warehousing und Data-Mining

Da die Datenmengen in Unternehmen gewachsen sind, hat sich der Schwerpunkt der Technologie des Datenbankmanagements von der Dateneingabe auf die Ausgabe von Informationen verlagert. Ein Data-Warehouse besteht darin, die Unternehmensdaten in stark katalogisierter und strukturierter Form in einem Wissensspeicher zu organisieren, um sicherzustellen, dass Benutzer, insbesondere Manager, Zugriff auf die richtigen Informationen zum richtigen Zeitpunkt haben.

Je stärker ein Unternehmen in der Lage ist, Informationen nützbar zu machen, desto besser kann es auch mit Veränderungen umgehen. Das Data-Warehouse macht Veränderungen möglich und kann in den Händen eines klugen Unternehmens das entscheidende Element sein, um eine Branche zu transformieren.

Ein Data-Warehouse ist der Speicher für die entscheidungsrelevanten Marketing- und Kundendaten eines Unternehmens. In dieser Hinsicht ist das Data-Warehousing eine logische Erweiterung der Entscheidungshilfemodelle, die ihm vorausgegangen sind. Das Data-Warehouse ist eine Spezial-Datenbank von vorverarbeiteten (indizierten, partitionierten oder verdichteten) Daten aus den meist zahlreichen und vielfältigen Datenbanken des Unternehmens. Durch die effiziente Organisation der Daten aus verschiedenen Datenbanken bietet das Data-Warehouse einen geordneten und leicht zugänglichen Speicher für bekannte Tatsachen und damit verbundene Daten, die als Grundlage für die Wissensgewinnung verwendet werden.

Data-Warehouse Systeme ermöglichen es dem Benutzer, historische Daten zu „schürfen", um Trends und Möglichkeiten zu erkennen. Ein Data-Warehouse bietet einen leichteren und zeitnäheren Zugriff auf Schlüsselinformationen, indem es sämtliche verfügbaren Daten-Ressourcen innerhalb und außerhalb des Unternehmens nutzt. Data-Warehouse Systeme ermöglichen es einem Unternehmen, die bestehenden internen Daten zu nutzen und das Marketing zu verbessern, die geschäftlichen Abläufe effizienter zu gestalten und die finanzielle Lage des Unternehmens besser zu verstehen und zu prognostizieren. Der Wert des Data-Warehousing besteht in seiner Fähigkeit, den Benutzern bessere und schnellere Entscheidungen zu ermöglichen, und zwar ohne die verfügbaren Daten aufwendig suchen zu müssen.

Auswirkungen von ERP/E-Business auf Shared Services

Bevor es das Internet gab, standen beim Shared Service Center (SSC) Kosteneinsparungen durch Effizienzsteigerungen im Mittelpunkt: Reduzierung von Kosten und Aufwand für die Unterstützung vieler Einzelbereiche im Unternehmen durch die Zusammenlegung von Aktivitäten, die in allen Unternehmensteilen durchgeführt werden müssen, zum Beispiel Finanztransaktionen, Beschaffung, oder Wartung von Arbeitsplatzrechnern. Die Web-Technologie bewirkte jedoch eine Neuorientierung des Geschäftsansatzes für SSC in drei Bereichen:

1. Die Web-Technologie verschiebt den Schwerpunkt von reiner Effizienzsteigerung auf die Verbesserung der Effektivität. Die Internet- und Intranet-basierte Kommunikationstechnologie erweitert das Spektrum der Dienste, die SSC bietet. Zum Beispiel ein breiteres Spektrum bei der Bilanzierung, mehr Human Resource Services und mehr aktuelle Informationen können über das Internet und die Intranets des Unternehmens bereitgestellt werden.
2. Die Web-Technologie kann den Charakter von SSC verändern. So kann durchaus das „C" in SSC wegfallen. SSC ist dann virtuell, ein eng integriertes Support-Netzwerk, das an keinem bestimmten Standort physisch existiert.
3. Das SSC kann sich zu einem eigenen Unternehmen entwickeln, das seine Dienste externen Unternehmen anbietet. Es kann ein strategisches Tool sein, das bevorzugten Geschäftspartnern selektiv angeboten wird, oder einfach ein Gewinn bringender Ableger des Unternehmens. Es kann darüber hinaus genutzt werden, um Geschäftspartner innerhalb eines erweiterten Unternehmens anzuziehen und zu binden.

Konsolidieren, komprimieren und verwerfen

Der gemeinsame Einsatz von ERP und E-Business verbessert den Nutzen und verbreitert das Spektrum von SSCs. Auf einer kürzlich veranstalteten Konferenz für SSC-Führungskräfte wurden die Zukunftsaussichten für SSCs in einer elektronisch unterstützten Umgebung sondiert. Die Schlüsselfrage lautete: Wird E-Business zu einer Ausweitung oder Eliminierung der Shared Service Center führen?

Die Teilnehmer kamen zu dem Schluss, dass im Laufe der Zeit beide Szenarien eintreten werden. Die Technologie des E-Business eliminiert viele Aktivitäten, die zuvor in SSCs zusammengefasst waren. Aber für jede Gruppe von Aktivitäten, die eliminiert werden kann, steht schon eine andere Gruppe bereit, die ihren Platz einnimmt. Durch Shared Services werden Aktivitäten gesammelt und zusammengefasst, die für ein Unternehmen nicht von strategischer Bedeutung sind, das heißt Aktivitäten, die eigentlich niemand übernehmen will. Diese Aktivitäten werden dann zunächst komprimiert, um ihre Effizienz zu steigern, und schließlich mit Hilfe der Web-basierten Technologie automatisiert oder ganz abgeschafft.

E-Procurement ist hierfür ein gutes Beispiel. Die E-Procurement Technologie, wie sie zum Beispiel von Ariba oder Commerce One angeboten wird, ermöglicht es einem Unternehmen, jedem Mitarbeiter einen Katalog aller nicht produktionsrelevanten Artikel (Wartung, Reparatur und Betrieb [Maintenance, Repair & Operations] – MRO), die im Einkauf zur Verfügung stehen, wie zum Beispiel Bürobedarf und Zubehör, über sein Intranet verfügbar zu machen. So können Mitarbeiter ihre Artikel selbst bestellen. Das System sammelt diese Bestellungen und übermittelt die genehmigungspflichtigen Bestellungen an die zuständige Person und sendet die Bestellungen anschließend an die jeweiligen Anbieter, die diese dann ausführen.

Vor der Entwicklung der E-Procurement Technologie war MRO-Procurement (einer der Nicht-Kernprozesse, der häufig in einem SSC untergebracht wurde) ein papiergebundener Prozess mit erheblichem Personalaufwand. Inzwischen konnte durch den technologischen Fortschritt 90 bis 95 Prozent dieses Prozesses automatisiert werden. Nur die Genehmigungen erfordern heute noch Eingriffe durch Personen.

Die Automatisierung des MRO-Procurement und die Eliminierung dieses Prozesses aus dem SSC rechtfertigt möglicherweise die Schließung des SSC oder seine Integration in andere komplexe Prozesse und Aktivitäten, die ein hohes Maß an menschlichen Eingriffen erfordern. Dies sollte als Möglichkeit

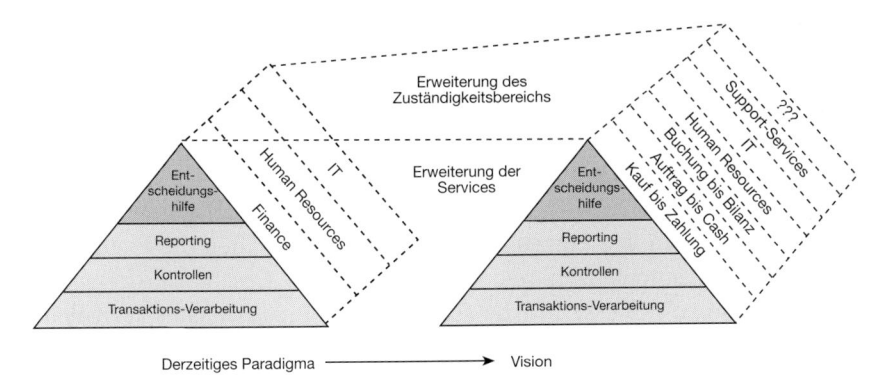

Abb. 7.1 E-Business erweitert den Zuständigkeitsbereich von Shared Service Centern

begriffen werden, das Spektrum der Aktivitäten zu erweitern, die in einer Shared Service Umgebung angesiedelt sind (siehe Abbildung 7.1).

Auf einer kürzlich veranstalteten Konferenz haben Kunden analysiert, welchen Weg ein Unternehmen, das noch kein SSC aufgebaut hat, beschreiten sollte. Sollte es ein SSC vor oder nach der Einleitung eines E-Procurement-Projekts aufbauen? Oder sollte es bei dezentralen Prozessen einfach Automatisierungs-Tools einsetzen, ohne diese Prozesse über ein SSC abzuwickeln? Die einhellige Meinung der Teilnehmer war, dass E-Procurement zuerst implementiert werden sollte und dass die Aktivitäten, die im Bereich des E-Procurement noch existieren (zum Beispiel Genehmigungen), zusammengefasst werden sollten.

In allen unseren Gesprächen über Shared Services haben wir stets die Meinung vertreten, dass das Shared Service Management zum Ziel haben sollte, entweder sich im Laufe der Zeit selbst bei einer Aufgabe überflüssig zu machen (indem Prozesse so weit rationalisiert werden und ihr Management so vereinfacht wird, dass sie einem externen Service-Anbieter im Rahmen einer einfachen Geschäftsbeziehung überlassen werden können) oder eine so fähige Organisation aufzubauen, die selbst die Rolle eines Anbieters von Outsourcing-Diensten übernehmen kann. Durch den Trend zum E-Business hat sich unsere Meinung nicht geändert. Dieser Trend bestärkt uns vielmehr in unseren Ansichten über das Shared Service Management.

Die Natur von Shared Service Centern

Die Support Services in Unternehmen besitzen taktische Bedeutung. Sie sind notwendig und unterstützen die Unternehmensstrategie. Die Zusammenfassung dieser nicht-strategischen Prozesse und Aktivitäten in einer gemeinsamen Organisation unter einem eigenen Management schafft für die Manager in den einzelnen Unternehmenseinheiten die Freiräume, um ihre Kernkompetenzen und die strategischen Geschäftsprozesse zu managen und zu verbessern. Dies schafft für die Produkte oder Dienstleistungen einer Unternehmenseinheit einen höheren Kundennutzen und führt letztendlich auch zu einem höheren Shareholder Value.

SSCs bieten eine Möglichkeit, alle Organisationseinheiten eines Unternehmens von Support-Prozessen zu entlasten. Transaktionsorientierte Support-Prozesse, zum Beispiel im Finanz- und Rechnungswesen oder im Personalbereich, sind die vorrangigen Ziele bei dieser Art der Konsolidierung. Während die Implementierung eines SSC auf das jeweilige Unternehmen und seine Organisationsstruktur individuell abgestimmt werden muss, ist eine allgemeine Definition von Shared Services möglich. Nach unserer Definition sind Shared Services:

> Die Konzentration der Unternehmens-Ressourcen zur Durchführung verwandter Aktivitäten, die typischerweise in der gesamten Organisation verteilt sind, um diese Leistungen mehreren internen Partnern zu niedrigeren Kosten und auf einem höheren Service-Level anbieten zu können, und zwar mit dem gemeinsamen Ziel, externe Kunden zu begeistern und den Unternehmenswert zu erhöhen.

Die gemeinsame Nutzung von Diensten impliziert nicht notwendigerweise eine Zentralisierung und keine „Konzernmentalität", bei der Dienste in Unternehmenszentralen angesiedelt sind und bei der die Geschäftsbereiche nehmen, was sie bekommen können und damit zurecht kommen müssen. In einer Shared Services Umgebung können die Diensteanbieter zentral in Centers of Excellence angesiedelt oder physisch in den einzelnen Geschäftsbereichen eingebettet sein. In allen Organisationsformen untersteht das SSC-Personal aber dem Management der Shared Service Organisation. Eine Shared Services Umgebung fördert zudem über Service-Level Agreements (SLA), in denen Preise und Leistungen festgelegt sind, ein gemeinschaftliches Verantwortungsgefühl für Kosten und Qualität.

Shared Services können in einem Geschäftsbereich oder im Gesamtunternehmen implementiert (abhängig von der Organisationsstruktur des Unternehmens) und, abhängig von der Komplexität der Prozesse und des Unternehmens, in einem einzelnen Land, regional oder auch auf globaler Ebene betrieben werden. British Airways zum Beispiel hat seine gesamten Kundendienstaktivitäten in drei globalen Customer Service Call Centern in Asien, Europa und den Vereinigten Staaten zusammengefasst. Zwar arbeitet keines der Call Center rund um die Uhr, aber immer ist eines dieser drei Call Center in Betrieb. Auf diese Weise steht den Kunden der Customer Service sieben Tage pro Woche und 24 Stunden pro Tag zur Verfügung. Erweitert um Internet-Fähigkeiten können SSCs inzwischen nach diesem Voice-Center Modell arbeiten, und Unternehmen denken bereits über globale Finanz- und andere SSCs nach, die an sieben Tagen pro Woche rund um die Uhr arbeiten.

Insourcing oder Outsourcing

Bei allen Überlegungen über die Schaffung einer Shared Services Organisation stellt sich die folgende Frage: Sollte man die zusammengefassten Aktivitäten nicht externen Anbietern übertragen, um die Kosten für den Betrieb einzusparen? Tatsächlich entscheiden sich viele Unternehmen für das Outsourcing dieser Aktivitäten. Shared Services und an externe Anbieter vergebene Aktivitäten sind zwei Seiten der gleichen Medaille. Ob man sich für ein Outsourcing oder „Insourcing" in eine Shared Services Organisation entscheidet, ist die Frage, die zuletzt beantwortet werden muss, nachdem alle Daten zusammengetragen und analysiert wurden.

Die Entscheidung über ein Outsourcing oder ein Insourcing ist von den drei folgenden Schlüsselaspekten abhängig:

1. Welche strategische Relevanz besitzen diese Aktivitäten?
2. Was ist der aktuelle Service-Level dieser Aktivitäten, wie sie innerhalb des Unternehmens heute bereitgestellt werden?
3. Welcher Service-Level wird bei diesen Aktivitäten in Zukunft benötigt?

Alle diese Fragen können in Form einer 2/2-Matrix analysiert werden. Dabei werden die folgenden Beziehungen hergestellt: Relevanz/Fähigkeiten, Kosteneffizienz/Service-Levels und erforderliche Verbesserungen im Laufe der Zeit/benötigte neue Produkte oder Dienstleistungen (siehe Abbildung 7.2).

1. Welche strategische Bedeutung und Auswirkung besitzt der Service?

   – Operative Abhängigkeit von bestehender Fähigkeit
   – Bedeutung einer nachhaltigen, innovativen Entwicklung der Fähigkeit

	HOCH	
Operative Erfahrung	operativ Annahme: Ja	strategisch Annahme: Nein
	Support Annahme: Ja	Übergang Annahme: Vielleicht
NIEDRIG	Verfügbare Fähigkeit	HOCH

2. Wie ist die derzeitige Performance dieses Service?

   – Kosteneffizienz
   – Service-Niveau

	HOCH	
Kosteneffizienz	Finanzieller Fokus Annahme: Vielleicht	Hohe Qualität Annahme: Nein
	Ausser Kontrolle Annahme: Ja	Kundenfokus Annahme: Vielleicht
NIEDRIG	Service-Niveau	HOCH

3. Was sind die zukünftigen Anforderungen an diesen Service?

   – Erforderliche Verbesserungen
   – Benötigte neue Services, Produkte und Technologien

	HOCH	
Erforderliche Verbesserung	Umgestaltung Annahme: Vielleicht	Transformation Annahme: Ja
	Reife Annahme: Nein	Evolution Annahme: Ja
NIEDRIG	Benötigte Produkte + Technologie	HOCH

Abb. 7.2 Entscheidung über ein Outsourcing

Dies soll anhand der Beziehungen zwischen Relevanz und Fähigkeiten veranschaulicht werden. Sind die internen Fähigkeiten gering, wird man eher von einem Outsourcing als von einem Insourcing ausgehen, und zwar unabhängig davon, in welchem Maße die betrieblichen Prozesse des Unternehmens von den betreffenden Aktivitäten abhängig sind. Sind die internen Fähigkeiten hoch und besteht ein hohes Maß an strategischer Relevanz, sollte ein Outsourcing dieser Aktivitäten auf keinen Fall vorgenommen werden. Sind die Fähigkeiten hoch, die strategische Relevanz aber niedrig, muss eine Entscheidung getroffen werden, die davon abhängt, ob die Fähigkeiten auf andere Weise genutzt werden können, um einen höheren Wert zu realisieren.

Ein weiteres Schlüsselmotiv für eine Entscheidung zugunsten des Insourcing und gegen das Outsourcing ist die Erhaltung der Flexibilität. Durch die Entwicklung der Internet-gestützten Transaktionsverarbeitung, gewinnt dieser Aspekt zunehmend an Bedeutung.

Bedeutung von ERP für Shared Service Center

ERP-Software ermöglicht Unternehmen den Betrieb hoch effizienter SSCs. So haben eine Reihe von Unternehmen (darunter Bristol-Myers Squibb, Microsoft, Chevron und Hewlett-Packard) ERP-Software erfolgreich implementiert und damit die Schaffung von SSCs verbunden. Mit Hilfe der ERP-Software muss ein Vorgang nur einmal eingegeben werden. Die Software überträgt die Daten dann in alle betreffenden Module des Programmpakets. Auf diese Weise entsteht ein umfassendes, integriertes Support-System, das auf zeitnahen und genauen Informationen basiert. ERP-Systeme liefern die Informationen, die für den Betrieb von SSCs benötigt werden. Ohne den internen Informationsfluss wären SSCs nicht in der Lage, ein Unternehmen (insbesondere einen globalen Konzern) innerhalb akzeptabler Zeit- und Qualitätsparameter zu unterstützen.

Es gibt eine Vielzahl von technischen Tools, die das ERP-System selbst weiter verbessern können und für die Unterstützung der SSCs sorgen. Dazu gehören die Imaging-Technologie, automatische Faxfunktionen, automatisches Messaging, Workflow-Management und Materialanforderungen über das Internet.

Das Workflow-Management bietet eine Möglichkeit, Aufgaben zu Paketen zu bündeln und diese Pakete zur Bearbeitung an bestimmte Personen zu senden. Das automatische Messaging umfasst eine Reihe von Anwendungen. Dazu gehört das interne Qualitäts-Auditing. Mit Hilfe dieses Systems können Mitteilungen an Vorgesetzte, Manager oder Inspektoren gesendet werden, wenn ein Produkt die zulässigen Toleranzen überschreitet oder „irregulär" ist. Die Imaging-Technologie kann verwendet werden, um Dokumente zu betrachten, ohne sie versenden zu müssen. Dies kommt zum einen den Bedürfnissen des Unternehmens entgegen und erfüllt zum anderen länderspezifische Bestimmungen, nach denen bestimmte Dokumente das Land nicht verlassen dürfen.

Ein solches System ermöglicht es, gewaltige Mengen an Daten schnell und mit minimalen menschlichen Eingriffen zu handhaben. Der Aufbau eines solchen Prozesses, der sich die Vorteile der neuesten Technologie zunutze macht, ermöglicht nicht nur erhebliche Kosteneinsparungen sondern bietet dem End-User zudem einfachere Transaktionen.

Alternative Szenarien für Shared Service Center

Nicht elektronisch unterstützte SSCs sind regionale Zusammenlegungen von Back Office Aktivitäten (Abbildung 7.3). E-Business öffnet die Tür zu drei möglichen Alternativen zu diesen Basis-Szenarien:

1. Integriertes Front und Back Office
2. Separates Front und Back Office
3. Virtuelles SSC

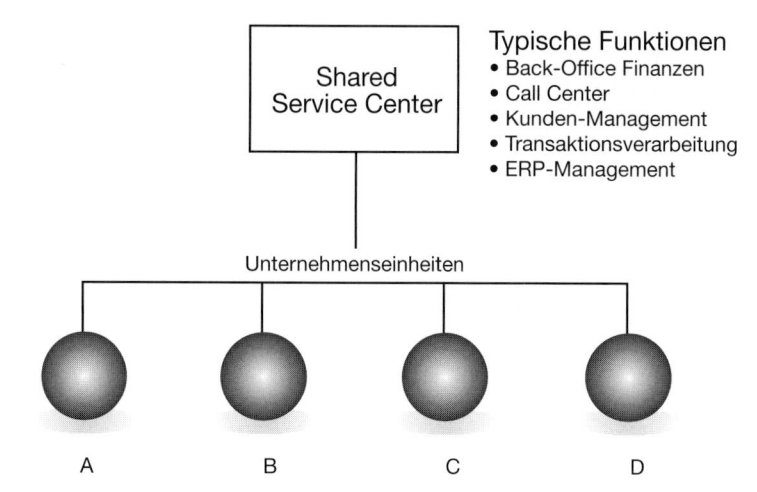

```
                    ┌──────────────┐   Typische Funktionen
                    │   Shared     │   • Back-Office Finanzen
                    │Service Center│   • Call Center
                    └──────┬───────┘   • Kunden-Management
                           │            • Transaktionsverarbeitung
                           │            • ERP-Management
                   Unternehmenseinheiten
         ┌─────────────┬───┴───┬─────────────┐
         ●             ●       ●             ●
         A             B       C             D
```

Abb. 7.3 Regionales Back Office

Integriertes Front- und Back-Office

Das in Abbildung 7.4 dargestellte Modell zeigt mehrere Front- und Back-Office Prozesse, die in einer Reihe von regionalen SSCs oder einem globalen „Super SSC" zusammengefasst sind. Diese Prozesse umfassen das Front-Office Customer Relationship Management, beziehungsweise die „Kundenbetreuung" (Call Center für Anfragen, Bestellungen, Hilfe und Service), die Front-Office „Mitarbeiterbetreuung" im Rahmen der Personalentwicklung, die Back-Office Aktivitäten im Zusammenhang mit dem System-Management, Datenpflege, Finanzen und Personalwesen.

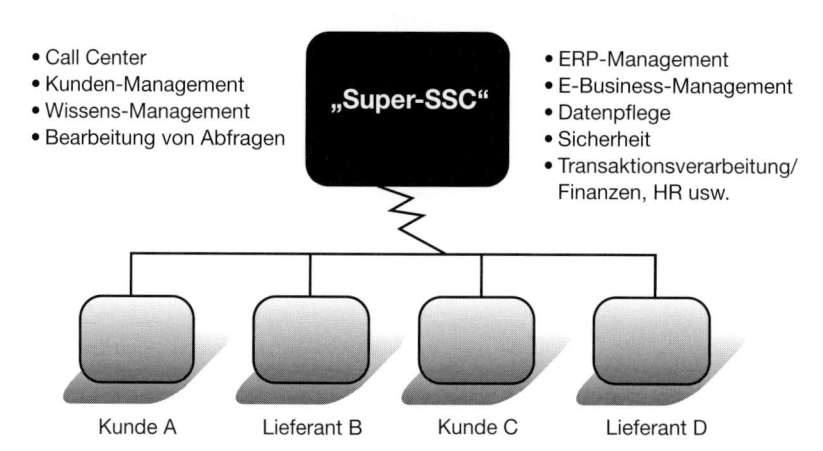

- Call Center   • ERP-Management
- Kunden-Management   „Super-SSC"   • E-Business-Management
- Wissens-Management   • Datenpflege
- Bearbeitung von Abfragen   • Sicherheit
                                                   • Transaktionsverarbeitung/
                                                     Finanzen, HR usw.

     Kunde A   Lieferant B   Kunde C   Lieferant D

Abb. 7.4 Integriertes Front- und Back-Office

```
                          • Call Center
       Front-Office       • Kunden-Management
                          • Wissens-Management
                          • Behandlung von Abfragen

     Kunden-Center
     (Land/Region)
                                    • ERP-Management
                      Back-Office   • E-Business-Management
                                    • Datenpflege
                                    • Sicherheit
                                    • Transaktionsverarbeitung/
                      Technologie-Center  Finanzen, HR usw.
                          (Global)

 Kunden/Lieferanten
```

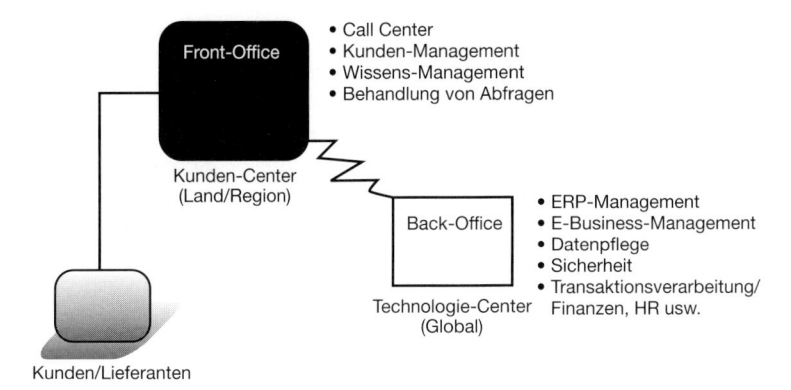

Abb. 7.5   Separates Front- und Back-Office

Separates Front- und Back-Office

Bei diesem Modell (Abbildung 7.5) werden die Front-Office Aktivitäten im „Online"-Modus abgewickelt, während die Back-Office Aktivitäten automatisiert sind und zu bestimmten Zeiten ablaufen. Sowohl die Front-Office als auch die Back-Office Abteilungen können regional oder global organisiert sein.

Die globale Verfügbarkeit kann auch mit regionalen Abteilungen im Rahmen eines „Follow-the-Sun"-Modells gewährleistet werden. Ein solches Modell besitzt American Airlines, das über Kundendienstzentren in Asien, Europa und den Vereinigten Staaten verfügt. Zwar arbeitet keines dieser Zentren mehr als zwölf Stunden pro Tag, aber den Kunden steht das Service-Angebot an sieben Tagen pro Woche rund um die Uhr zur Verfügung. Ein nächtlicher Anruf von New York kann beispielsweise von dem Center in Asien entgegengenommen werden, und ein Anruf am frühen Morgen wird von dem Center in Europa beantwortet.

Virtuelles Shared Service Center

Bei diesem Modell (Abbildung 7.6) wird die Web-Technologie zur Schaffung eines virtuellen Front-Office und eines parallelen virtuellen Back-Office verwendet. Virtuelle SSCs sind gekennzeichnet durch Telearbeit der Mitarbeiter oder automatisches Sprach-Routing an fremdsprachliches Hilfepersonal und eine Vielzahl anderer Technologien.

In der Realität werden SSCs nicht von einem einzigen „virtuellen" Modell bestimmt. Stattdessen werden Mischformen entstehen, die sowohl

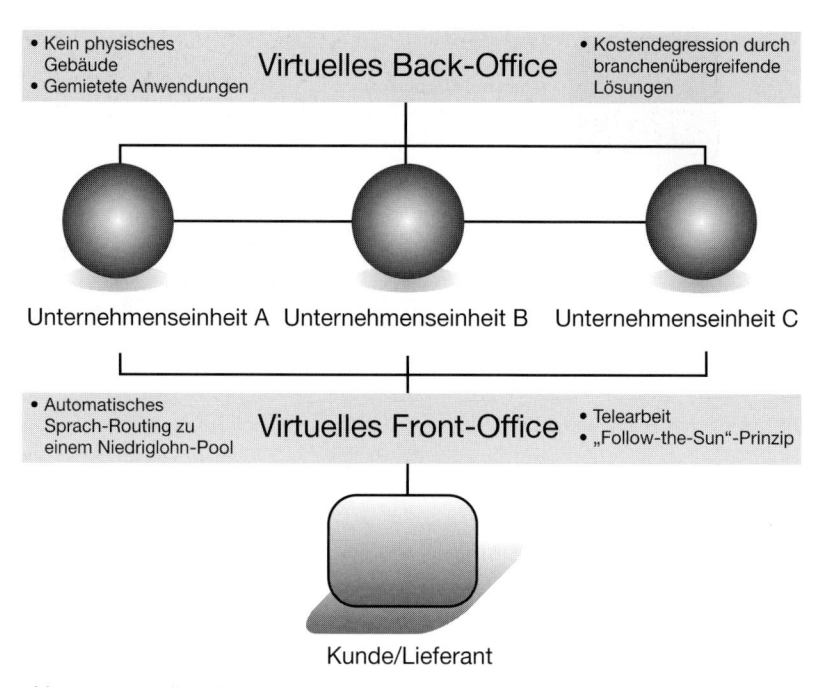

```
• Kein physisches            Virtuelles Back-Office        • Kostendegression durch
  Gebäude                                                    branchenübergreifende
• Gemietete Anwendungen                                      Lösungen
```

Unternehmenseinheit A   Unternehmenseinheit B   Unternehmenseinheit C

```
• Automatisches             Virtuelles Front-Office       • Telearbeit
  Sprach-Routing zu                                        • „Follow-the-Sun"-Prinzip
  einem Niedriglohn-Pool
```

Kunde/Lieferant

Abb. 7.6 Virtuelles Shared Service Center

hinsichtlich der Shared Service Organisation als auch in bezug auf das Unternehmen entsprechend den spezifischen Prozesseigenschaften und der Größenordnung der Organisation konzipiert sind. Unterschiede zwischen den einzelnen Modellen bestehen hinsichtlich der Art der geleisteten Dienste: transaktionsorientierte Dienste oder Entscheidungshilfen.

Drei Beispiele für Transaktionsmodelle:

- Ein allgemeines Modell auf regionaler Basis, zum Beispiel in Form eines europäischen SSC, bei dem die Prozesse standardisiert sind, das aber dennoch eine Ebene für den Dialog zwischen dem SSC und seinen Partnern bietet.
- Ein allgemeines, global implementiertes Modell, zum Beispiel in Form eines einheitlichen globalen SSC, bei dem die Prozesse standardisiert sind, aber ein Dialog zwischen dem SSC und seinen Partnern nicht stattfindet. Dieses Modell findet Verwendung, wenn innerhalb der Branche eine gemeinsame Sprache als Standard festgelegt wurde (zum Beispiel in der Luftfahrtindustrie oder Finanzdienstleistungsbranche, in denen Englisch die globale Sprache ist) oder wenn die Software die Sprachprobleme lösen kann.

– Ein allgemeines Modell auf der Basis einer Aufgabenübertragung, zum Beispiel Mitarbeiter, die von Zuhause oder in kleinen Abteilungen arbeiten. Bei diesem Modell ist eine vollständige Automatisierung durch Tools, wie Workflow-Management, zu erwarten. Zeit-und-Anwesenheits- sowie Leistungsindikatoren werden ebenfalls elektronisch verwaltet. Dieses Modell ist für jedes Unternehmen sehr spezifisch.

Zu den Faktoren, die Einfluss auf die bevorzugte Lösung haben, gehören der erreichbare interne Maßstab, die Möglichkeit der Einbeziehung anderer Organisationen, eine Entscheidung für ein Outsourcing oder selbst Outsourcing-Dienste anzubieten und die Verfügbarkeit von Sprach-Software zur Unterstützung des Prozesses sowie der Level des Abfrage-Handlings, der für den Prozess erforderlich ist. Die Fähigkeit eines Unternehmens, ohne Umwege ein virtuelles Modell zu entwickeln oder über Zwischenschritte dorthin zu gelangen, ist abhängig von der Unternehmenskultur, von den Prozessen und Systemen sowie von dem Druck durch neue Marktteilnehmer, die ein neues Modell aus dem Stand heraus einführen können.

Generell ist ein virtuelles Modell beim Entscheidungs-Support schneller realisierbar als bei transaktionsbezogenen Prozessen. Das Intranet und die Data-Warehouse Technologie ermöglichen einen unmittelbaren Datenzugriff. Durch Video-Konferenzen und E-Mail können Analysten das Management von entfernten Standorten unterstützen und durch Reisen zu Schlüsselstandorten ergänzen.

Diese Fähigkeit der Fernunterstützung hilft Unternehmen, ihre Mitarbeiter zu binden. Dies stellt insbesondere in Europa und Asien eine Herausforderung dar, wo Mitarbeiter weniger mobil sind als in den USA.

Shared Service Center in erweiterten Unternehmen

Die Schaffung erweiterter Unternehmen liefert ein weiteres Argument, ein internes SSC zu einem „Verkaufsschlager" zu machen. Viele Unternehmen, die sich für interne SSCs und gegen Outsourcing entschieden haben, verfügen nun in diesem Bereich über „Best-in-Class"-Fähigkeiten. Diese Unternehmen können über ihre SSCs auf dem freien Markt Outsourcing-Dienste für andere Unternehmen anbieten. Viele Unternehmen haben sich aber entschieden, ihre SSCs nicht als autonome Profit Center zu führen.

In erweiterten Unternehmen können Geschäftspartner von diesen internen Kapazitäten profitieren, indem sie bestimmte Geschäftsprozesse in das SSC eines Geschäftspartners auslagern. Oder die Shared Service Organisation wird als autonomer Anbieter für Prozess-Outsourcing ausgegliedert, der über einen integrierten Kundenstamm verfügt – nämlich die Mitglieder des erweiterten Unternehmens.

Spiel auf drei Ebenen:
Technologie, Prozesse und Menschen

Der Übergang zu einer E-Business Umgebung erfordert größere organisatorische Veränderungen. Für viele große, globale Unternehmen stellt der Wandel zu einem E-Business Unternehmen die vierte oder fünfte größere organisatorische Veränderung dar, die sie seit Beginn der achtziger Jahre durchgemacht haben. Viele Unternehmen haben eine oder mehrere Reengineering-Runden hinter sich: Installation und größere Upgrades eines ERP-Systems, Y2K-Anpassung von Alt-Systemen, Schaffung von Shared Service Centern, Implementierung einer Just-in-Time (JIT) Fertigung, Automatisierung des Vertriebs, Auftragsfertigung und die großen Herausforderungen im Zusammenhang mit der Einführung des Euro.

Wie alle diese großen Projekte zwingt auch E-Business zu Veränderungen in drei Bereichen des Unternehmens: Technologie, Prozesse und Menschen, und zwar sowohl auf strategischer als auch auf operativer Ebene.

Durchführung eines umfangreichen E-Business-Projekts

Abbildung 8.1 illustriert, wo innerhalb dieser Bereiche und Ebenen die verschiedenen Aufgaben angesiedelt sind, wenn ein Unternehmen ein umfassendes E-Business-Projekt startet.

Strategische Aspekte

In einer vollständig entwickelten E-Business Umgebung kaufen Unternehmen (und in einigen Fällen auch Kunden) nicht einfache Produkte von einfachen Unternehmen, sondern sie kaufen kompliziert aufgebaute Produkt- und Service-Pakete von gleichermaßen kompliziert aufgebauten erweiterten Unternehmen. Diese Unternehmen bestehen aus einer veränderlichen Gruppe eng integrierter Lieferketten-Partner, Unternehmen, die

	Technologie	Prozess	Menschen
strategisch	• Unternehmensarchitektur • Lieferanten-Partnerschaft • Rolle des Integrators	• Besitzer • Design • Unternehmensweit (End-to-End)	• Change Management • Lockere/strikte Kontrollen • Outsourcing • Unterstützung durch das Management • Zufriedenheit • Übergeordnete Ziele
operativ	• Produktauswahl • Produkt-Support • Implementierung • Budgets	• Steuerung der Veränderungen • Implementierungs-Support • Veränderlichkeit • Budgets	• Recruitment • Bindung • Anpassung • Wissenstransfer • Budgets

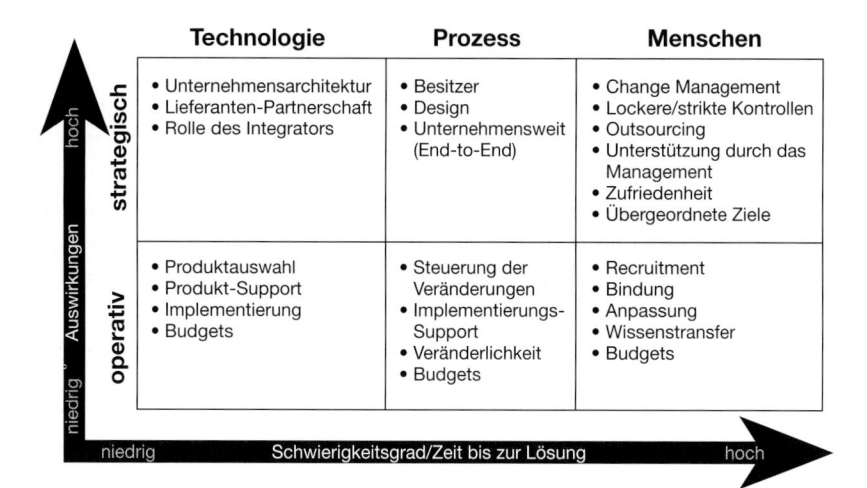

Auswirkungen: niedrig → hoch
Schwierigkeitsgrad/Zeit bis zur Lösung: niedrig → hoch

Abb. 8.1 ERP/E-Business-Matrix der Organisationsbereiche und -stufen

das Rückgrad des Netzwerks bilden und verwalten, und einem Unternehmen, das im Besitz der Kundenverbindungen ist.

Welche Rolle ein Unternehmen in der elektronischen Geschäftswelt auch immer anstrebt, um zur Teilnahme an einem erweiterten Unternehmen gerüstet zu sein, muss es anderen Unternehmen zeigen, dass es über die organisatorische Infrastruktur, die Prozesse und das Personal sowie über die Technologie verfügt, die es zu einem wertvollen Geschäftspartner macht. In einer elektronischen Welt prüfen Geschäftspartner die Fähigkeiten, die ein Unternehmen für eine Zusammenarbeit mitbringt, auf allen Ebenen.

Der Wettbewerbsdruck und deutlich niedrigere finanzielle und technische Hürden sorgen für den ersten Schritt zur Veränderung: Sie bringen das Management an Bord des Projekts. Die anfänglichen Herausforderungen auf dem Weg zum E-Business sind nicht unüberwindbar. Unternehmensvisionäre sind in der Lage, den Stein selbst in typischen veränderungsfeindlichen Organisationen ins Rollen zu bringen. Ist dies geschafft, betreffen die existierenden Barrieren hauptsächlich die Steuerung der Veränderungen. Dieser Bereich stellt für starke Führungspersönlichkeiten eine Herausforderung dar, rechtfertigt aber auch leidenschaftliches Handeln. Die Fähigkeit, die zwingenden Gründe für Veränderungen zu artikulieren, ist von entscheidender Bedeutung. Das effektive Management der Veränderungen wird häufig vernachlässigt, bis das Projekt beerdigt werden muss. Erst danach wird gewöhnlich das Management der Veränderungen als einer der entscheidenden Gründe für das Scheitern und als ein Problem erkannt, das man leicht hätte lösen können.

Technologie

Die strategischen Technologieprobleme sind meist offenkundig und vergleichbar mit den Problemen, denen sich jedes Unternehmen gegenübersieht, das ERP einführt. Die Entwicklung einer optimalen Systemarchitektur ist für jedes Unternehmen eine vorrangige Aufgabe. Das Unternehmen sollte nicht an die Technologie angepasst werden. Stattdessen sollte die Technologie zum Unternehmen passen und hinsichtlich Einstellbarkeit, Flexibilität und Kosten den Anforderungen genügen.

Eine erfolgreiche technologische Strategie erfordert eine starke und dauerhafte Partnerschaft mit den wichtigsten Hardware- und Software-Anbietern. Dies verbessert die interne Effizienz und Kostenrentabilität und mindert zudem viele Risiken. Eine solche Strategie kann eine gemeinsame Produktplanung und ein gemeinsames Marketing umfassen. Eine zentrale Rolle spielt ein Technologie-Integrator, also ein Unternehmen, das die eigentliche Einführung macht. Dieser Integrator kann eine interne Projekt- oder Beratungsgruppe, eine externe Beratungsfirma oder eine Mischform aus beidem sein. Die wichtigste Aufgabe des Integrators besteht darin, aus den verschiedenen Inputs einen konsistenten Output zu erzeugen (Abbildung 8.2). Die Rolle des Integrators ist aber nicht darauf beschränkt die Technologie zu beherrschen, es müssen auch Prozesse und Menschen gemanagt werden.

Diese Rolle umfasst zwei wichtige Verantwortungsbereiche. Erstens, der Technologie-Integrator entwirft mit den Verantwortlichen in den Geschäftsbereichen eine Vision des angestrebten Endpunkts des Unternehmens, eine Strategie und die technische Architektur. Gleichgültig, ob ein Unternehmen als „integriertes" Modell mit einer Reihe von eng verknüpften Geschäftsbereichen oder als Holding-Gesellschaft mit unabhängigen Geschäftsbereichen geführt wird, diese Geschäftsbereiche müssen E-Business Verbindungen zur Außenwelt herstellen, die eine einheitliche Gestalt und Anmutung besitzen. Dies ist aus Gründen des Markenwerts und der Benutzerfreundlichkeit sowie der Effizienz für Kunden und Lieferanten wichtig, die für die Lieferung oder den Bezug von verschiedenen Produkten oder Dienstleistungen geschäftliche Beziehungen zu mehr als einem Geschäftsbereich unterhalten.

Zweitens, durch die technologische Integration entsteht ein übergeordneter Projektplan mit den benötigten Ressourcen und Geldern, in dem das Erreichen spezifischer Ergebnisse für das Unternehmen projektiert ist. Auch dies sollte für das Gesamtunternehmen durchgeführt werden, und zwar ungeachtet des operativen Modells des Geschäftsbereichs. Ist das Bud-

Abb. 8.2 Rolle des Integrators: Herstellung von Konsistenz mit einem Blick für einfache Lösungen

get für die technischen Anforderungen nicht ausreichend, muss gegebenenfalls die technologische Architektur angepasst werden. Dies hat möglicherweise eine nicht optimale technische Infrastruktur zur Folge und wirkt sich negativ auf die Resultate aus.

Je mehr Optionen vorgesehen werden, desto komplexer ist die Erstellung eines Plans für ein E-Business-Projekt. Jeder weitere Schritt auf dem Weg zum E-Business eröffnet eine Vielzahl von Optionen. Da sich der Markt schneller als je zuvor verändert, ist es für ein Unternehmen häufig erforderlich, schnell seine Richtung zu wechseln und einige Projekte aufzugeben, um sich viel versprechenderen zuwenden zu können. Schnelle Entscheidungen zwischen den vorhandenen Optionen erfordern Flexibilität bei Planung und Technologie. Systeme, die per „Plug-and-Play" mit anderen Technologien kombiniert werden können, lassen sich mit geringem Aufwand schnell anpassen.

Ein für die technische Infrastruktur verantwortliches Team gewährleistet, dass Außenstehenden, unabhängig vom angeklickten Web Front-End, die gleiche Anmutung geboten wird und dass die entlang der Supply Chain ausgetauschten Daten in allen Anwendungen, Unternehmenseinheiten und bei allen Handelspartnern konsistent sind.

Prozesse

Ein wirkungsvolles Engagement im E-Business erfordert unter Umständen die Entwicklung neuer oder das Reengineering bestehender Prozesse. Die Entwicklung neuer oder das Reengineering bestehender End-to-End Prozesse beinhaltet die Identifizierung aller Abhängigkeiten, der Schlüsselkennzahlen und des Ressourcen-Bedarfs. Für jeden Prozess muss ein unternehmensweiter Prozessinhaber existieren, der für die Performance des Prozesses, das Budget für seine Ausführung und die Qualität aller Prozessergebnisse verantwortlich ist.

Wenn End-to-End Prozesse, wie zum Beispiel „Quote-to-Cash" oder „Design-to-Manufacturing", so dargestellt werden sollen wie sie vom Kunden erlebt werden, müssen organisatorische Grenzen aufgelöst werden. Die Schnittstellen zu Sub- oder „Feeder"-Prozessen sind von zentraler Bedeutung und werden häufig auf lokaler Ebene spezifisch angepasst. Diese Prozesse müssen jedoch im Besitz des Unternehmens bleiben und Veränderungen daran müssen steuerbar sein, um Abweichungen und nicht genehmigte Veränderungen zu verhindern.

Wenn High-Level-Prioritäten für den operativen Einsatz in Bezug auf Prozesse und/oder organisatorische Einheiten festgelegt werden, zeigen Maßnahmen im operativen Bereich schnell Wirkung. Zudem ist ein Prozess für die schnelle Lösung von Konflikten erforderlich, der korrekt etabliert und vollständig verstanden werden muss.

Menschen

Vom Management der Veränderungen hängt es ab, ob ein Unternehmen den Weg des E-Business beschreitet oder sich von ihm abwendet. Der Erfolg bedeutender technologischer Integrationsprojekte kann und wird häufig von Menschen blockiert. Es ist daher nicht überraschend, dass viele Führungskräfte angeben, dass das Personalmanagement ihre größte Herausforderung bei großen technologischen Initiativen darstellt. Die Barrieren in den Köpfen werden durch das Internet nicht abgebaut, sondern in einigen Fällen sogar verstärkt. Die Fähigkeit, Veränderungen steuern zu können, ist ein Lackmus-Test für jede Art des geschäftlichen Erfolgs. Das Management solcher Veränderungen stellt in komplexen erweiterten Unternehmen eine sogar noch größere Herausforderung dar.

Auf strategischer Ebene wenden E-Unternehmen folgende Change-Management-Grundsätze an:

- Kommunikation der Gründe für die Veränderungen,
- Unterstützung für die Veränderungen gewinnen,
- Identifizieren und Belohnen der führenden Köpfe der Veränderungen,
- Schulungen zu den neuen Prozessen und Systemen,
- Feedback zulassen,
- Integrieren von Lerninhalten,
- Pflege der Umgebung durch Nachschulungen und Auffrischungen.

Durch Menschen werden Veränderungen organisch

Lebende Organismen verändern sich durch Lernen und Erfolg. Veränderungen lassen sich ausdehnen und erzeugen weitere Veränderungen, und je mehr Veränderungen eine Organisation in der Vergangenheit erfolgreich abgeschlossen hat, desto „veränderungsfreundlicher" wird sie, da sie die Fähigkeit entwickelt hat, sich immer wieder zu verändern. Veränderungen folgen ihren eigenen Gesetzen. Je mehr Veränderungen auf den oberen Ebenen durchgeführt werden, desto mehr Veränderungen kommen auch auf den unteren Ebenen an. Wenn Führungskräfte ihr Verhalten und ihre Wortwahl ändern, setzen sich diese Veränderungen in der gesamten Organisation durch. Wenn die Führungskräfte aber einfach sagen „Sie müssen sich ändern", wird keine Dynamik auf den anderen Ebenen in Gang gesetzt.

Die heutige Marktdynamik zwingt die Unternehmen zu kontinuierlichen Veränderungen. Das Management muss aber den Umfang und die Geschwindigkeit der Veränderungen sorgsam steuern und Instrumente identifizieren, die jeweils für strikte und sanfte Steuerungsmaßnahmen benötigt werden. Abbildung 8.3 zeigt solche Steuerungsinstrumente, die zu strategischen oder taktischen Zwecken kontinuierlich eingesetzt werden können.

Outsourcing kann förderlich oder hinderlich sein. Dies hängt von der Kultur des Unternehmens ab. Outsourcing erfordert eine klare Definition der Aufgaben, Verantwortlichkeiten, Kennzahlen und Resultate von Einzelpersonen und kleinen Teams, und zwar sowohl für die im operativen Bereich tätigen Personen und Teams als auch für diejenigen, die für das Management der Beziehungen zu Outsourcing-Organisationen zuständig sind.

Abb. 8.3 Unterschiedlich gesetzte Kontrollpunkte

Die Förderung auf der Führungsebene ist ein Schlüsselfaktor

In strategischer Hinsicht ist eine Förderung durch die Führungsebene von essentieller Bedeutung. Ein verantwortlicher „Sponsor", der dem Geschäftsführer, dem Präsidenten, Vorsitzenden oder dem Büro des Vorsitzenden direkt unterstellt ist, ist eine treibende Kraft für Veränderungen. Diese Person ist aktiver Berater und Fürsprecher und fördert die Initiative in der Geschäftsleitung und im gesamten Unternehmen. Zwischen der aktiven Förderung auf der Führungsebene und dem Erfolg jeder größeren organisatorischen Veränderung besteht ein direkter Zusammenhang, insbesondere wenn solche Veränderungen neue Technologien oder Prozesse beinhalten. Für Unternehmen, die ERP einführen und sich gleichzeitig mit E-Business beschäftigen, ist diese Art der Förderung sogar noch wichtiger.

Der verantwortliche „Sponsor" erfüllt mehrere wichtige Aufgaben. Eine dieser Aufgaben besteht darin, die richtigen Erwartungen innerhalb des Unternehmens zu wecken und den Fortschritt, gemessen an diesen Erwartungen, im gesamten Unternehmen zu kommunizieren. Darüber hinaus muss er Unterstützung für die übrigen Aufgaben finden und gemeinsam mit der Unternehmensführung an der Beseitigung organisatorischer und bürokratischer Hürden arbeiten. Eine dritte Aufgabe besteht darin, allgemeine unternehmensweite Bedingungen und übergeordnete Ziele zu definieren und aufeinander abzustimmen. Vorgesetzte können den Grad, inwieweit diese Ziele und Bedingungen erreicht werden, als Grundlage für das Lösen von Konflikten und die Belohnung von Anstrengungen nutzen.

Operative Probleme

Operative Probleme drehen sich um die Frage, wie E-Business-Projekte im Rahmen der verfügbaren Budgets, rechtzeitig und unter Berücksichtigung praktischer Gesichtspunkte umgesetzt werden müssen, so dass die Optionen ausgewählt werden können, die den schnellen Veränderungen der wirtschaftlichen und Marktbedingungen Rechnung tragen.

Technologie

Bei jeder E-Business Einführung müssen die folgenden sieben operativen Aufgaben im Zusammenhang mit technischen Problemen gelöst werden:

1. Entwicklung eines Produktqualifizierungs- oder Zertifizierungsprozesses für die verschiedenen anzuschaffenden E-Business Front-End Pakete, der gewährleistet, dass die geeigneten Produkte ausgewählt werden, die benötigte Performance erreicht wird und ein adäquater Support zur Verfügung steht.
2. Definition der Anforderungen an den Produkt-Support und Festlegung regelmäßiger Leistungsprüfungen.
3. Definition der Leistungserwartungen, zum Beispiel Systemverfügbarkeit, mittlerer Abstand zwischen Störungen (MTBF) und mittlere Wartungsdauer (MTTR).
4. Koordinierung des Einführungsplans, Durchführung der Produktschulung und Überwachung der Produktinstallationen.
5. Sicherstellen, dass die zum Einsatz kommende Technologie mit der Geschäfts- und Technologiestrategie des Unternehmens sowie mit seinem Budget vereinbar ist. Web-basierte Technologie ist relativ kostengünstig. Fehler können jedoch teuer werden. Darüber hinaus kommen bei der Web-basierten Technologie nahezu wöchentlich neue Funktionen hinzu. Die Versuchung ist groß, sich spontan für die neueste und beste Technologie zu entscheiden. Mittel- oder langfristig kann dies jedoch in allen Bereichen des Unternehmens schweren Schaden anrichten.

6. Sicherstellen, dass die Budget-Planung, einschließlich Notfallplänen, falls unerwartete Bedingungen eintreten, eng mit dem Freigabeplan verknüpft ist. Wird die Technologie verändert, nachdem die Website und Links freigeschaltet wurden, müssen diese Veränderungen für den Nutzer transparent sein.
7. Sicherheit und Datenkonsistenz sicherstellen. Wirksame Firewalls zur Außenwelt und Katastrophenbehebungs- und Backup-Prozesse und Technologien sowie effiziente Autorisierungsverfahren für Zugriffe sind hierfür geeignet.

Prozesse

Die Projektkriterien auf operativer Ebene umfassen das Erreichen der Ziele und Timelines, die auf der strategischen Ebene für das Engineering oder Reengineering der „Feeder"-Prozesse festgelegt wurden, aus denen sich die End-to-End Prozesse zusammensetzen:

- Ein wirksamer Mechanismus für die Steuerung von Veränderungen reflektiert, überwacht und ergänzt die auf der strategischen Ebene etablierten operativen Steuerungen und „justiert kontinuierlich die Regler" dieser Steuerungen. Bei der Einführung von E-Business muss in jedem Fall der Natur von E-Business Rechnung getragen werden: Veränderungen gehen mit der Entwicklung der geschäftlichen Erfordernisse einher.
- Effiziente Prozesseinführungs-Teams sind weisungsbefugt und tragen die Verantwortung für die Umsetzung der Prozessparameter und die Realisierung der Prozessresultate.
- Die Budgets funktionieren am besten, wenn sie sowohl auf Prozess- als auch auf organisatorischer Ebene verfolgt werden.

Menschen

Um die wichtigsten Vorteile des Wandels nutzen zu können, müssen Manager auf operativer Ebene typischerweise fünf größere Herausforderungen bewältigen: Organisatorische Reichweite, Komplexität der Veränderungen, Widerstände, kulturelle Herausforderungen und Fähigkeit zum Wandel. E-Business besitzt einen starken Einfluss auf diese Herausforderungen. Bei der Skizzierung einer Strategie zur Bewältigung dieser Herausforderungen ist es erforderlich, die spezifischen Auswirkungen von E-Business auf die einzelnen Aspekte zu identifizieren und eine entsprechende Planung durchzuführen. Darüber hinaus steht der Manager einer E-Business Initiative vor der Notwendigkeit, Mitarbeiter mit „kritischen Fähigkeiten" zu rekrutieren und zu binden, die sich möglicherweise lieber der nächsten aufregenden Aufgabe zuwenden, als das laufende E-Business System nach seiner Implementierung zu pflegen. In einer solchen Umgebung ist jedes einzelne Team-Mitglied für den Wissenstransfer und das Wissens-Management verantwortlich. Wissenstransfer und Wissens-Management müssen zudem institutionalisiert werden.

Organisatorische Reichweite

Funktionsübergreifende Veränderungen sind besonders schwierig. Veränderungen in großen, komplexen Organisationen sind sogar noch schwieriger und Veränderungen in kooperierenden Organisationen stellen wahrscheinlich die größte Schwierigkeit dar. Der Erfolg von E-Business, insbesondere wenn es mit einer integrierten Wertschöpfungskette verbunden ist, basiert auf der Zusammenarbeit von Partnern und Kunden über geografische, kulturelle und organisatorische Grenzen innerhalb von Unternehmen hinweg.

Trotz dieser Schwierigkeiten haben es viele neue Marktteilnehmer geschafft, auf diese Art zusammenzuarbeiten. Die Erfahrungen aus so unterschiedlichen Unternehmensmodellen, wie das JIT-Modell in der Automobilindustrie, Wal-Mart und Amazon.com, legen die Vermutung nahe, dass die Kommunikation zwischen einzelnen Standorten verschiedener Unternehmen einfacher ist als innerhalb des selben Unternehmens.

Komplexität der Veränderungen

Komplexe Veränderungen sind nur schwer durchzuhalten. Die Veränderungsbereitschaft der Menschen kann bis über das erträgliche Maß hinaus in Anspruch genommen werden. E-Business Veränderungen (Veränderungen im Zusammenhang mit dem Übergang zwischen den einzelnen „Schnappschüssen" im E-Business Panorama) sind eine Herausforderung für Strategen und nicht zuletzt auch für jeden Mitarbeiter im Alltagsgeschäft des Unternehmens. Einem Außenstehendem mag dies vielleicht simpel erscheinen, aber die Komplexität der Zusammenarbeit innerhalb eines

Unternehmens kann entmutigend sein. Ohne die Entwicklung einer Zukunftsvision bleiben die möglichen Ergebnisse eines E-Business Programms im Dunkeln. In einem Unternehmen, das ein ERP-Paket im Rahmen eines E-Business Projektes einführt, sind Veränderungen auf diese Weise wesentlich schwerer umzusetzen.

Widerstände

Der Erfolg von Veränderungen hängt von der Entschlossenheit der Verantwortlichen auf allen Ebenen ab. Beim E-Business ist Wissen Macht. Eine Vielzahl von Machtzentren und die damit verbundenen Verhaltensweisen stellen die Entschossenheit der Führungskräfte auf die Probe. In einem erweiterten Unternehmen ist dieses Phänomen um ein Vielfaches stärker ausgeprägt.

Wer sich als Verlierer von Veränderungen empfindet, leistet starken Widerstand. Bei der Integration von Wertschöpfungsketten werden Gewinne innerhalb des gesamten erweiterten Unternehmens neu verteilt. Ganze Unternehmen können in dem Prozess zusammengefasst werden, während andere vielleicht einen großen Teil ihres Kerngeschäfts einbüßen. Diejenigen, die sich als Verlierer sehen oder tatsächliche Verlierer sind, zeigen eine geringe Bereitschaft, sich zu engagieren, insbesondere wenn Arbeitsplätze auf dem Spiel stehen. Selbst innerhalb eines Unternehmens beeinflusst die Existenz von Gewinnern und Verlierern die Implementierung von Programmen zur Mitarbeiterbindung. Innerhalb einer IT-Organisation haben Mitarbeiter, die nicht mit der Kerntechnologie arbeiten (in diesem Fall E-Business), möglicherweise den Eindruck, dass sie in einem Nullsummenspiel nicht ausreichend berücksichtigt werden oder weniger wichtig sind.

Der Schlüssel für eine erfolgreiche E-Business Einführung, sowohl innerhalb eines Einzelunternehmens als auch in einem erweiterten Unternehmen, besteht darin, Commitment von allen, die Veränderungen bewirken können, zu erhalten. Alle Beteiligten – Einzelpersonen wie auch Teams – profitieren von transparenten Zielen und einer angemessenen Belohnung für das Erreichen dieser Ziele.

Kulturelle Herausforderungen

Veränderungen lassen sich nur schwer durchsetzen, wenn die neue Arbeitsweise die Grundfesten der Unternehmenskultur erschüttert. Äußerungen wie „Dies entspricht nicht der Arbeitsweise, mit der wir bisher erfolgreich waren" oder „Warum etwas ändern, wenn es doch so gut läuft?" hört man allenthalben, wenn große Veränderungen anstehen. Durch seinen technologielastigen Charakter, sein auf Kundennutzen ausgerichtetes Geschäftskonzept und seine Betonung der Kooperation rührt E-Business zutiefst an den traditionellen Konzepten.

Fähigkeit zum Wandel

Für Unternehmen, denen es in der Vergangenheit nicht gelungen ist, Veränderungen herbeizuführen, ist die Wahrscheinlichkeit höher, auch bei einer E-Business Einführung zu scheitern, da das E-Business die traditionellen Geschäftsmodelle in Frage stellt. Veränderungen können unter der aktuellen Geschäftsführung und dem bestehenden Management möglicherweise nicht vorangetrieben werden. Ein Unternehmen muss gegebenenfalls seinen Aufbau und seine Rolle innerhalb des Netzwerks überdenken. Um einen schnellen Start in das E-Business zu realisieren, kann für ein Unternehmen eine Aufteilung in separate Firmen (eine davon ein Dot.com-Unternehmen) sinnvoll sein.

Demgegenüber dürfte es Unternehmen, die schon größere Veränderungen erfolgreich durchlaufen haben, leichter fallen, E-Business einzuführen und sich zu einem erweiterten Unternehmen zu wandeln.

Konzepte des Change-Managements

Die Instrumente für das Management von Veränderungen, zum Beispiel Führung, Kommunikation, Schulung, Planung und Anreizsysteme, können als Hebel verwendet werden, mit denen sich, richtig eingesetzt, große Hindernisse mit minimalem Aufwand beseitigen lassen. Eine falsche Anwendung dieser Hebel kann sich hingegen sehr negativ auf Veränderungsinitiativen auswirken.

Die Installation der erforderlichen Technologie, um ein Unternehmen fit zu machen für seine Teilnahme an einem erweiterten Unternehmen, ist einfach. Die Schwierigkeit besteht darin, das Unternehmen organisatorisch darauf vorzubereiten. Manager, die die Komplexität der Aufgabe erkennen und die Instrumente für einen schnellen Wandel im Rahmen eines strukturierten Ansatzes einsetzen, werden Veränderungen erfolgreich durchsetzen. Abbildung 8.4 veranschaulicht die möglichen Schritte eines Unternehmens, um potentiellen Partnern zu zeigen, dass es bereit, gewillt und in der Lage ist, sich in der Welt des E-Business zu bewegen.

Entwicklung einer Vision des Wandels

Eine Vision des Wandels muss ein kohärentes und kraftvolles Statement dessen sein, welche Ziele das Unternehmen in der Welt des E-Business verfolgt, welchen Platz es im erweiterten Unternehmen einnehmen wird und welche Fertigkeiten und Kompetenzen es in das erweiterte Unternehmen einbringt. Eine klare und prägnante Unternehmensvision in der Welt des E-Business und anderen Bereichen veranlasst das Unternehmen, gesichertes Terrain zu verlassen und Risiken einzugehen. Diese Vision motiviert und inspiriert die Mitarbeiter, indem sie in das Zukunftskonzept der Unternehmensführung eingebunden und Widersprüchlichkeiten abgebaut werden. Eine Vision bündelt die unterschiedlichen organisatorischen Einheiten innerhalb des Unternehmens und richtet sie auf ein gemeinsames Ziel aus.

Die Entwicklung einer Vision ist von besonderer Bedeutung, da sie die Aufhebung des Mandats der IT-Abteilung, die (in einigen Fällen standardmäßig) die ERP-Systeme des Unternehmens kontrolliert, beinhaltet und die verschiedenen lieferantenseitigen und nachfrageseitigen organisatorischen Elemente betrifft, die durch den Einsatz Web-basierter Technologie die betrieblichen Abläufe verbessern sollen.

Festlegung einer Änderungsstrategie

Die Entwicklung einer Änderungsstrategie ist ein iterativer Prozess, der sich zusammensetzt aus Analysen, der Formulierung einer Strategie, Planung und der Festlegung von Aufgaben und Leitungsbefugnissen. Dieser Prozess wird während einer Änderung meist zwei oder drei Mal mit jeweils zunehmenden Details wiederholt. Beinhalten die Änderungen die Einführung von ERP, tragen diese Wiederholungen zu einer genaueren Definition des Schwerpunkts des Projekts und zur Stärkung der Organisation bei. In der Welt des E-Business gibt es wahrscheinlich weniger Gelegenheiten, die Veränderungsstrategie innerhalb eines Projekts anzupassen, da diese Pro-

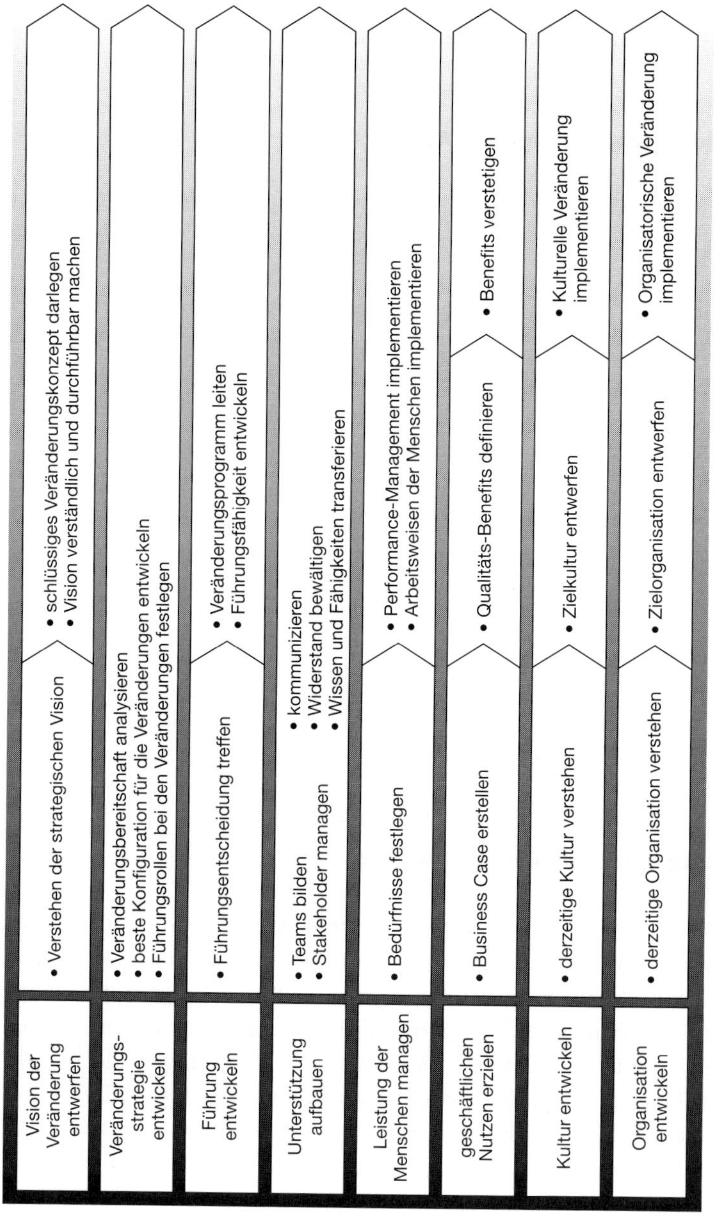

Schritt	Aktivitäten	Ergebnisse
Vision der Veränderung entwerfen	• Verstehen der strategischen Vision	• schlüssiges Veränderungskonzept darlegen • Vision verständlich und durchführbar machen
Veränderungsstrategie entwickeln	• Veränderungsbereitschaft analysieren • beste Konfiguration für die Veränderungen entwickeln • Führungsrollen bei den Veränderungen festlegen	
Führung entwickeln	• Führungsentscheidung treffen	• Veränderungsprogramm leiten • Führungsfähigkeit entwickeln
Unterstützung aufbauen	• Teams bilden • Stakeholder managen	• kommunizieren • Widerstand bewältigen • Wissen und Fähigkeiten transferieren
Leistung der Menschen managen	• Bedürfnisse festlegen	• Performance-Management implementieren • Arbeitsweisen der Menschen implementieren
geschäftlichen Nutzen erzielen	• Business Case erstellen	• Qualitäts-Benefits definieren • Benefits verstetigen
Kultur entwickeln	• derzeitige Kultur verstehen	• Zielkultur entwerfen • Kulturelle Veränderung implementieren
Organisation entwickeln	• derzeitige Organisation verstehen	• Zielorganisation entwerfen • Organisatorische Veränderung implementieren

Abb. 8.4 Veränderungsprozess in acht Schritten

jekte relativ schnell abgeschlossen werden. Zwischen den einzelnen E-Business Projekten sollte die Veränderungsstrategie jedoch sorgfältig überprüft werden, um die nachfolgenden Arbeitsschritte effektiver zu gestalten.

Aufbau einer Führungsstruktur für Veränderungen

Eine für Veränderungen zuständige Leitung ist für die erfolgreiche Einführung von Veränderungen unverzichtbar. Viele Studien haben ergeben, dass bei rund einem Viertel der größeren Veränderungsprojekte die Leitung vor Beginn des Projektes etabliert wurde. Veränderungsleitung ist nicht dasselbe wie Projektleitung. Eine Verwechslung dieser beiden unterschiedlichen Aufgaben führt häufig zu Misserfolgen. Veränderungsleiter sind Repräsentanten des Wandels, die sich mit den umfassenden Aspekten des Wandels und nicht mit den alltäglichen Aktivitäten, die verändert werden sollen, beschäftigen. Erfolgreiche Veränderungen erfordern klare Vereinbarungen zwischen der Projektleitung und dem Veränderungsleiter.

Die Veränderungsleitung eines E-Business Projekts muss sich von der Veränderungsleitung für eine ERP-Einführung, an der E-Business nicht beteiligt ist, unterscheiden. Während diese Art des ERP-Wandels in erster Linie eine interne Angelegenheit innerhalb des Unternehmens ist, beinhaltet die E-Business Komponente einen drastischen Wandel in den Beziehungen zu Kunden, Lieferanten und Geschäftspartnern, die alle berücksichtigt und im Verlauf des Projekts informiert werden müssen.

Commitment für Veränderungen aufbauen

Veränderungen können nur durch Commitment umgesetzt werden. Die Möglichkeiten eines Unternehmens, das die Führung in einem erweiterten Unternehmen anstrebt, werden beschränkt durch den Mangel an Kontrollmöglichkeiten in den Unternehmen potenzieller Geschäftspartner. Daher können Veränderungen intern zwar durchgesetzt werden, E-Business Veränderungen in erweiterten Unternehmen erfordern jedoch ein Commitment von Kunden, Lieferanten und Geschäftspartnern.

Glücklicherweise bietet die Web-basierte Technologie einzigartige Möglichkeiten, Kommunikationspläne umzusetzen und Commitment zu erzeugen. Auf die gleiche Weise, wie Unternehmen Tools für die Schaffung eines „Market of One" einsetzen, können sie auch die Mitteilungen im Rahmen des Veränderungsmanagements verwenden, um ein „Audience-of-One" zu schaffen. Abbildung 8.5 enthält einen Vergleich zwischen verschiedenen Taktiken, die intern eingesetzt werden können, und einigen Taktiken, die in einem erweiterten Unternehmen Anwendung finden.

Performance-Management und Menschenführung

Das Performance-Management beschäftigt sich mit der Steuerung des Verhaltens anhand der gemessenen Leistung. Die Ziele eines Unternehmens sollten mit den Performance-Kennzahlen verknüpft sein, die das Unternehmen verwendet, um bestimmte Aktionen auszulösen. Im Optimalfall vermitteln hoch transparente Ziele die Veränderungen im Handeln, die von den Mitarbeitern innerhalb des gesamten Unternehmens (in einem Einzelunternehmen oder in einem erweiterten Unternehmen) verlangt werden.

Leicht verständliche Performance-Messungen werden von denjenigen, deren Leistung gemessen werden soll, bereitwillig akzeptiert. Ein System, bei dem ein Manager an der Performance seines Teams gemessen wird,

Interne Umsetzungstaktiken	Umsetzungstaktiken im erweiterten Unternehmen

• Informationssysteme verändern
• Mitarbeiterzahl reduzieren
• Organisationsstruktur verändern
• Neue Meeting-Struktur
• Neues Arbeitsplatz-Design
• Neuer Verwaltungsprozess
• Genehmigungsprozess verändern
	• Teams aufbauen
	  - Projekt-Teams
	  - Arbeitsgruppen-Teams
	• Stakeholder managen
	  - Bedürfnisse verstehen
	  - 4-Augen-Gespräche
	• Veränderung kommunizieren
	  - gegenüber Stakeholdern
	  - gegenüber Projekt-Teams
	• Wissen + Fertigkeiten transferieren
	  - Neue Arbeitsweisen
	  - Fertigkeiten verändern
	• Widerstand bewältigen
	  - Ursachen verstehen
	  - Ablehnende Personen einbinden
	  - Konflikte lösen
	• Anpassung fördern

Abb. 8.5 Veränderungstaktiken

erhöht die Akzeptanz. Das Belohnungssystem muss eng mit dem Erreichen der Kennzahlen verbunden sein.

Definition der Business-Benefits

Einen nachhaltigen geschäftlichen Nutzen zu erzielen, stellt eine erhebliche Herausforderung dar. Damit Veränderungen erfolgreich umgesetzt werden können, muss definiert werden, wie die Benefits im Verlauf des Projekts zu quantifizieren sind. Es müssen Referenzpunkte festgelegt werden, die den Business Case verdeutlichen und die Richtung vorgeben, so dass allen Beteiligten klar ist, was, wann und zu welchem Preis sie liefern müssen und welche Risiken existieren.

Die Benefits im Zusammenhang mit den im Plan enthaltenen Projekt-Meilensteinen verdeutlichen, was, von wem und wann geliefert wird. Im Rahmen einer Change-Load-Analyse wird festgestellt, ob diese Veränderungen im Prozess der Organisation assimiliert werden können. Ein Change-Load-Analyseprozess, mit dem vorübergehende Überschneidungen beim Veränderungsbedarf identifiziert werden können und der die Notwendigkeit von harten Entscheidungen in bezug auf das Timing und den Grad der geplanten Veränderungen aufzeigt, ist für die Veränderungsstrategie insgesamt von großer Bedeutung.

Die Entwicklung einer Unternehmenskultur

Eine Unternehmenskultur ist eine Kombination aus Werten und Überzeugungen, die dem alltäglichen Handeln der Menschen Richtung und Wirkung verleihen. Die Kultur eines Unternehmens ist sichtbar in Gegenständen und Darstellungen, zum Beispiel in Performance-Standards, Symbolen, Mythen und Geschichten, Ritualen, Traditionen, Sprache und Beziehungen. Kulturelle Werte und Überzeugungen sind tief verankert und beeinflussen das tägliche Verhalten von Einzelpersonen und Organisationen. Sie beeinflussen beispielsweise die Art und Weise, wie Personen belohnt werden oder wie sie ermutigt werden, um Verzeihung zu bitten oder um Erlaubnis zu fragen, bevor sie Risiken eingehen. Verhaltensweisen müssen den Bedürfnissen des Marktes entsprechen und weiterentwickelt werden können, wenn sich diese Bedürfnisse ändern.

Unterrichtung (im Gegensatz zu Schulung) ist die beste Möglichkeit, kulturelle Änderungen umzusetzen. Wenn sich ein Unternehmen zum E-Business wandelt, wickelt es dennoch einen Teil seiner alltäglichen Aktivitäten auf nicht-elektronischem Wege ab. Da aber E-Business im Laufe der Zeit das fundamentale Geschäftsmodell vieler Unternehmen verändern wird, muss jeder Mitarbeiter in E-Business unterrichtet werden. Dies ist ein wesentlicher Unterschied zu nicht auf E-Business ausgerichtetem ERP, bei dem nur diejenigen geschult wurden, die mit dem System arbeiten mussten.

Organisationsdesign

Den Abschluss bei radikalen Veränderungen bildet der Aufbau einer Organisation, die dem neuen Geschäftstyp Rechnung trägt. Das Organisationsdesign ist für Unternehmen, die Herausforderungen beim E-Business bestehen müssen, von entscheidender Bedeutung. Die Elemente des Organisationsdesigns sind Berichtsstrukturen, Rollenverteilung, Performance-Messungen, Arbeitsgruppen und Integrationsmechanismen. Zu den Herausforderungen des E-Business gehören Veränderungen der globalen Wirtschaftsfaktoren: Erwartungen der Mitarbeiter und gesetzliche Rahmenbedingungen, anspruchsvollere Kunden, ein globalisierter Markt, globaler Wettbewerb und die Entwicklung immer neuer Technologien.

Veränderungen im Zusammenhang mit der ERP-Einführung erfordern, dass ein Unternehmen das Organisationsdesign auf zwei organisatorischen Ebenen entwickelt: auf Unternehmensebene (Corporate Center und Business Unit) und auf der Ebene der Geschäftsbereiche (Arbeitseinheiten und individuelle Positionen). Bei Veränderungen im Zusammenhang mit E-Business muss ein Unternehmen aber noch eine dritte Organisationsebene berücksichtigen: das Design der Wertschöpfungskette im erweiterten Unternehmen oder sogar von unterschiedlichen Wertschöpfungsketten, die heute zwar völlig unterschiedlich erscheinen, in Zukunft aber miteinander verschmelzen werden.

Zielpunkte in der ERP/E-Business Matrix

Die zwei großen Wahrheiten über E-Business lauten:

1. Bei E-Business geht es um Strategie und nicht um Technologie
2. Bei E-Business geht es um Schnelligkeit und Flexibilität. Um Schnelligkeit und Flexibilität zu erreichen, müssen so viele Optionen wie möglich offengehalten werden.

Große, globale Unternehmen, die sich mit E-Business beschäftigen, prüfen, wie sie ihr Geschäftsmodell anpassen müssen, um den neuen Gegebenheiten Rechnung zu tragen und gleichzeitig ihre bisherigen Stärken beibehalten und davon profitieren zu können. Zu den Dingen, die große Unternehmen immer besser beherrschen, gehört das Management ihrer internen Informationsflüsse mit Hilfe der ERP-Technologie.

Sechs definierte Bereiche in der ERP/E-Business Matrix

Die Grundthese dieses Buches lautet: E-Business und die ERP-Technologie arbeiten Hand in Hand, beflügeln sich gegenseitig und verschmelzen letztendlich zu einer einzigen, nahtlosen Lösung. Zum jetzigen Zeitpunkt ist es aber noch möglich, die ERP/E-Business Matrix in einzelne Segmente zu unterteilen und die positiven und negativen Aspekte für ein Unternehmen, das sich in einem dieser Bereiche befindet, herauszuarbeiten. Die aus 25 Segmenten zusammengesetzte ERP/E-Business Matrix (Abbildung 9.1) ist in sechs Bereiche unterteilt.

Für Unternehmen des 21. Jahrhunderts werfen diese abgegrenzten Bereiche zwei Fragen auf: Erstens, „Warum soll ich dorthin gelangen?", und zweitens, „Wie gelange ich von meiner jetzigen Position dorthin?". Dieses Kapitel beschäftigt sich mit der ersten Frage.

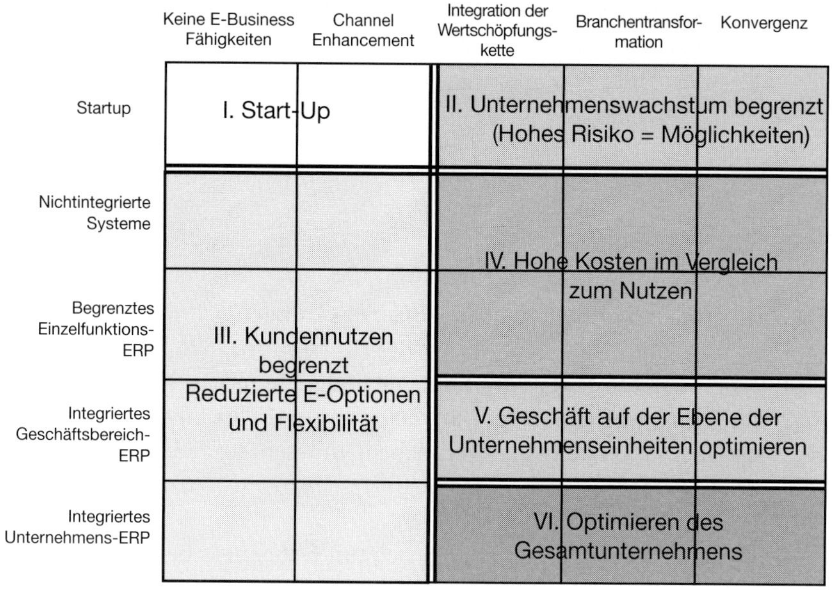

	Keine E-Business Fähigkeiten	Channel Enhancement	Integration der Wertschöpfungskette	Branchentransformation	Konvergenz
Startup	I. Start-Up		II. Unternehmenswachstum begrenzt (Hohes Risiko = Möglichkeiten)		
Nichtintegrierte Systeme			IV. Hohe Kosten im Vergleich zum Nutzen		
Begrenztes Einzelfunktions-ERP	III. Kundennutzen begrenzt Reduzierte E-Optionen und Flexibilität				
Integriertes Geschäftsbereich-ERP			V. Geschäft auf der Ebene der Unternehmenseinheiten optimieren		
Integriertes Unternehmens-ERP			VI. Optimieren des Gesamtunternehmens		

Abb. 9.1 Organisatorische Aspekte von ERP/E-Business: Bereichs- und Stufenmatrix

Welches Ziel kann ein Unternehmen ansteuern und warum?

Der Bereich I (Start-Up) ist beispielsweise die Ausgangsposition eines neuen Dot.com-Unternehmens, das heute den Markt betritt. Ein Unternehmen kann nicht nach eigenem Ermessen entscheiden, ob es diesem Bereich angehören will, sondern es landet dort automatisch. Es steht am Beginn seines Daseins und verlässt diesen Bereich dann wieder sehr schnell. Dabei muss sich das Unternehmen entscheiden, ob es seine Anstrengungen bündelt und darauf ausrichtet, das E-Business Panorama so schnell wie möglich von links nach rechts zu durchlaufen, ob es ein ERP-System einführt, oder ob es seine Anstrengungen aufteilt, um eine ERP-Infrastruktur aufzubauen und gleichzeitig das E-Business Panorama zu durchlaufen. Diese Entscheidung hängt weitgehend von der Wettbewerbssituation, den Geschäftspartnerschaften und den internen Fähigkeiten des Unternehmens ab.

Der Bereich II (Unternehmenswachstum begrenzt [Hohes Risiko = Möglichkeiten]) bildet die Fortsetzung entlang der Achse Startup-ERP. Für ein neues Unternehmen ist dies eine mögliche Option. Das Unternehmen verfügt über bedeutende technische Fähigkeiten und geht davon aus, dass es sein Wachstum auch ohne ERP fortsetzen kann. Ein positiver Aspekt der Zuordnung zu diesem Bereich ist, dass das Unternehmen weder Zeit, Geld noch Personal für die Installation der ERP-Technologie aufwenden muss und die ganze Flexibilität der Web-basierten „Best-in-Class" Technologie nutzen kann, ohne sich darum sorgen zu müssen, welche Front-End-Technologie mit seinem ERP-System harmoniert. Ein negativer Aspekt ist das Fehlen einer unterstützenden technologischen Infrastruktur. Dies beschränkt die Komplexität und den Umfang der internen Organisation, die das Unternehmen entwickeln kann, und hat möglicherweise ein eingeschränktes Wachstum zur Folge, bis und soweit ERP-Systeme durch einen technologischen Durchbruch abgelöst werden. Trotz leistungsfähiger E-Business Front-Ends werden die internen Prozesse in diesem Bereich oft manuell abgewickelt. Ihre geringe oder nicht vorhandene Integration macht Partnerschaften schwierig. Wenn Anbieter von Web-basierter Front-End Technologie in Zukunft ihre Engines für die Transaktionsverarbeitung aufrüsten und wenn ERP-Anbieter oder andere „ERP Light" Lösungen entwickeln, kann ein Unternehmen, das sich in dieser Position befindet, eine dieser Optionen nutzen.

Der Bereich III (Customer Benefits begrenzt; Reduzierte E-Optionen und Flexibilität) umfasst acht Segmente, die von den vier anderen Umgebungen auf der ERP-Achse und den beiden ersten Segmenten entlang dem E-Business-Panorama begrenzt werden. Dieser Bereich weist nur wenige oder keine positiven Aspekte auf. Die Customer Benefits sind begrenzt, und es gibt nur wenig Spielraum für einen Aufstieg im E-Business Panorama. Wenn ein Unternehmen lediglich einen E-Commerce-Kanal öffnet, befindet es sich außerhalb der E-Business-Zone und wird schnell feststellen, dass es die Bedürfnisse von Kunden und Lieferanten nicht befriedigen kann. Ein Unternehmen sollte diesen Bereich so schnell wie möglich verlassen, so dass es seine internen Prozesse verbessern und seine E-Business-Fähigkeiten ausbauen kann. In diesem Bereich ist das Wachstumsvermögen des Unternehmens durch interne manuelle Prozesse begrenzt, und da keine integrierten Unternehmensinformationen zur Verfügung stehen, ist auch seine Fähigkeit, Partnerschaften mit anderen Unternehmen einzugehen, beschränkt.

Unternehmen, die in ihren Unternehmenseinheiten oder im Gesamtunternehmen über eine integrierte ERP-Technologie verfügen, sollten versuchen, direkt nach rechts in andere „Schnappschüssen" des E-Business Panorama zu gelangen. Unternehmen, die über nicht-integrierte Alt-Systeme oder über ein begrenztes Einzelfunktions-ERP verfügen, müssen sich entscheiden, wie viele ihrer Ressourcen sie für den Wechsel in andere Schnappschüsse des E-Business-Panoramas einsetzen wollen und wie viel sie für die Entwicklung eines ERP-Systems mit einem höheren Integrationsgrad aufwenden müssen. Die Entscheidung, ob eine Integration innerhalb der

Geschäftsbereiche oder im Gesamtunternehmen angestrebt werden soll, hängt von der Organisation des Unternehmens ab. Handelt es sich bei den Geschäftsbereichen um autonome Firmen, die unterschiedliche Produkte herstellen und unterschiedliche Dienstleistungen anbieten, und ist das Unternehmen als Holding-Gesellschaft organisiert, kann ERP innerhalb der einzelnen Geschäftsbereiche integriert werden. Sind die Geschäftsbereiche Teil der gleichen Wertschöpfungskette, sollte sich das Unternehmen für eine Integration auf Unternehmensebene entscheiden.

Zwei Segmente dieses Bereichs (Integriertes Geschäftsbereich-ERP/Channel Enhancement und Integriertes Unternehmens-ERP/Channel Enhancement) bilden einen Unterbereich, der einen folgerichtigen Ausgangspunkt für Unternehmen mit integrierter ERP-Technologie darstellt. In diesem Bereich muss ein Unternehmen über einen E-Commerce-Kanal verfügen und diesen Schnappschuss im E-Business-Panorama als Lernmöglichkeit nutzen, bevor es sich komplexeren E-Business-Konstrukten zuwendet.

Der Bereich IV in der Matrix (Hohe Kosten im Vergleich zum Nutzen) umfasst sechs Segmente, die sich entlang zweier ERP-Achsen und über drei E-Business-Schnappschüsse erstrecken. In diesem Bereich ist ein großer Aufwand erforderlich, um Daten zu sammeln, Transaktionen zu verarbeiten und die Technologie zu verbessern. In diesem Bereich sind die Durchlaufzeiten lang und es existieren mehrere Schnittstellen. Wenn die E-Business Bemühungen erfolgreich sind, werden die Mitarbeiter bis an ihre Grenze belastet, da die Infrastruktur durch Aufträge über das E-Business Front-End überschwemmt werden. Einige produzierende Unternehmen und Dot.com-Einzelhändler wurden durch die Flut an E-Business Aufträgen, die in nicht-integrierte Fertigungs- und Vertriebssysteme eingehen, in die Knie gezwungen.

Wenn sich Unternehmen mit Geschäftspartnern zu einer Wertschöpfungskette zusammen tun und ein erweitertes Unternehmen bilden wollen, das den Wettbewerb innerhalb einer Branche grundlegend verändert, müssen sie in der Lage sein, die internen Informationsströme mit Hilfe von ERP zu verwalten. Derzeit gibt es außer ERP keine Engine für die Transaktions- und Informationsverarbeitung, die leistungsfähig genug ist, um diese Anforderungen zu erfüllen.

Der Bereich V (Geschäft auf Geschäftsbereichsebene optimieren) ist die Achse Integriertes Geschäftsbereich-ERP, die die Zellen Integration der Wertschöpfungskette, Branchentransformation und Konvergenz abdeckt. Der Bereich VI (Optimieren des Gesamtunternehmens) ist die Achse Integriertes Unternehmens-ERP, die die gleichen E-Business-Schnappschüsse

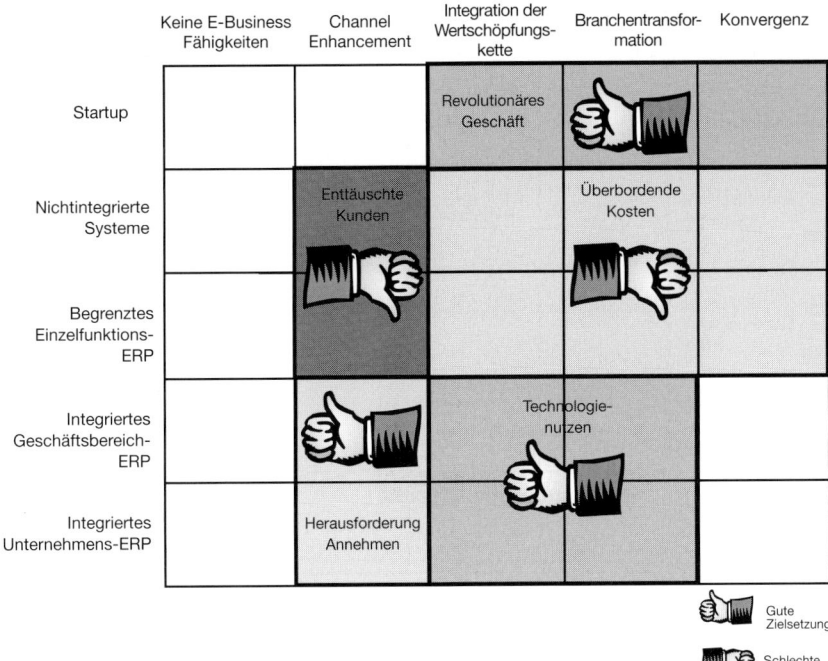

	Keine E-Business Fähigkeiten	Channel Enhancement	Integration der Wertschöpfungskette	Branchentransformation	Konvergenz
Startup			Revolutionäres Geschäft 👍	👍	👍
Nichtintegrierte Systeme		Enttäuschte Kunden 👎		Überbordende Kosten 👎	
Begrenztes Einzelfunktions-ERP					
Integriertes Geschäftsbereich-ERP		👍	Technologienutzen 👎		
Integriertes Unternehmens-ERP		Herausforderung Annehmen			

👍 Gute Zielsetzung
👎 Schlechte Zielsetzung

Abb. 9.2 Mögliche Zielpunkte

umfasst. Abbildung 9.2 veranschaulicht, dass die meisten Unternehmen möglichst schnell in einen dieser beiden Bereiche gelangen wollen.

Ausgangspunkt: Wo befinden sich die meisten Unternehmen heute?

Heute befinden sich die meisten Unternehmen in einem der sechs Segmente, die in Abbildung 9.3 aufgeführt sind. Die grauen Segmente enthalten die verschiedenen E-Möglichkeiten und E-Charakteristiken.

Die Mehrzahl der Unternehmen hat tatsächlich in irgendeiner Weise mit dem Internet zu tun. Viele haben jedoch Schwierigkeiten, Verkaufsmöglichkeiten über das Internet zu entwickeln und verwenden ihre Websites nach wie vor nur als Schaufenster. Diese Unternehmen besitzen jedoch die Fähigkeit, über elektronischen Datenaustausch (EDI) mit Geschäftspartnern zusammenzuarbeiten. In einem Unternehmen mit ERP, das nach Geschäftsbereichen oder Funktionen organisiert ist, nehmen solche EDI-

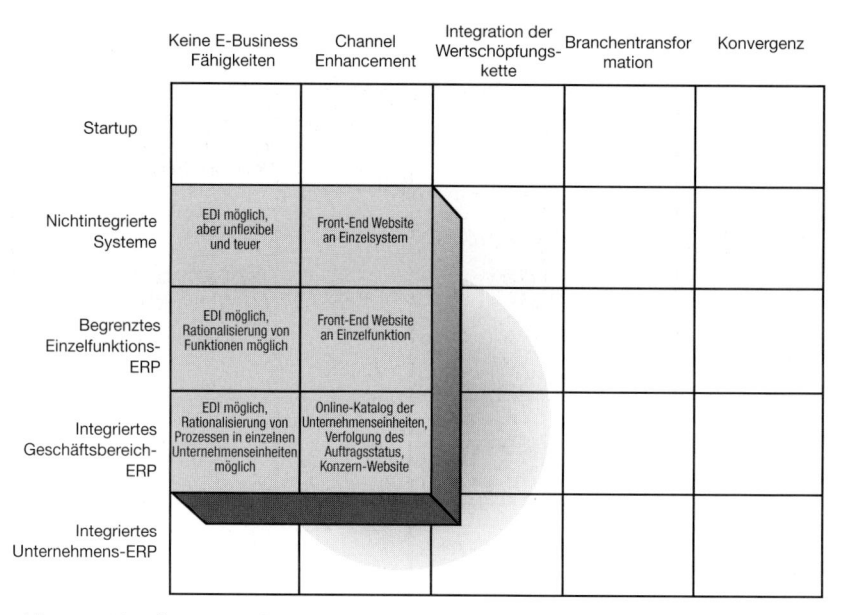

	Keine E-Business Fähigkeiten	Channel Enhancement	Integration der Wertschöpfungskette	Branchentransformation	Konvergenz
Startup					
Nichtintegrierte Systeme	EDI möglich, aber unflexibel und teuer	Front-End Website an Einzelsystem			
Begrenztes Einzelfunktions-ERP	EDI möglich, Rationalisierung von Funktionen möglich	Front-End Website an Einzelfunktion			
Integriertes Geschäftsbereich-ERP	EDI möglich, Rationalisierung von Prozessen in einzelnen Unternehmenseinheiten möglich	Online-Katalog der Unternehmenseinheiten, Verfolgung des Auftragsstatus, Konzern-Website			
Integriertes Unternehmens-ERP					

Abb. 9.3 Aktueller Status der meisten Unternehmen

Fähigkeiten weniger Ressourcen in Anspruch als in Unternehmen mit nicht-integrierten Systemen.

Führende Unternehmen haben, zumindest provisorisch, die Integration der Wertschöpfungskette Integration mit ihren Geschäftspartnern erreicht. Inzwischen treten die ersten erweiterten Unternehmen auf und verändern ihre Branchen. Infomediaries sind ebenfalls in der Lage, Branchen zu transformieren, und sie verändern die Rolle, die Hersteller physischer Waren in den verschiedenen Branchen spielen.

Das Entstehen einer Konvergenz wird in den betreffenden Branchen in der Regel von anderen Faktoren (zum Beispiel durch Deregulierung) beeinflusst. Die Telekommunikationsbranche ist hierfür ein gutes Beispiel. Bei den Anbietern von Telekommunikationsdiensten ist aufgrund der Deregulierung und Privatisierung eine Konsolidierung zu beobachten (zum Beispiel MCI/WorldCom, Vodaphone/Mannesmann, AT&T/TCI). Dieser Trend wird durch die Internet-Telefonie, mobile Datenverarbeitung, Breitbandzugang und niedrigere Kosten für diese Technologien angeheizt. Das Gedeihen von Telekommunikationsunternehmen hängt ab von ihrer Flexibilität, Schnelligkeit und der Fähigkeit, Partnerschaften einzugehen.

Endpunkt: Wo sollten sich die meisten Unternehmen befinden?

Um alle Möglichkeiten des E-Business ausschöpfen zu können, benötigen die Unternehmen die ERP-Technologie, integriert entweder nach Geschäftsbereichen oder auf Unternehmensebene (Abbildung 9.4). Die verschiedenen E-Möglichkeiten und E-Charakteristiken sind wiederum in den grauen Segmenten aufgeführt.

Unternehmen ohne echte E-Commerce Kanäle, die einen Web-basierten Verkauf und gegebenenfalls Produktkonfigurationsmöglichkeiten bieten, können sich möglicherweise nicht lange am Markt halten. Wenn es ihnen dennoch gelingt, werden sie zweifellos Mühe haben, ihre Pläne den Kunden, Lieferanten und Geschäftspartnern zu erklären. Die meisten Unternehmen werden aber erhebliche Anstrengungen für eine Value Chain Integration unternehmen, entweder als ein Unternehmen, das die Integration anführt, oder als ein Lieferant, der eine Reihe von erweiterten Unternehmen beliefert, die von anderen Firmen angeführt werden.

Erweiterte Unternehmen werden sich weiterentwickeln und viele Branchen verändern. Die Fähigkeit von erweiterten Unternehmen, ihre Fähigkeiten zum Überschreiten von Branchengrenzen einzusetzen, wird den Trend

	Keine E-Business Fähigkeiten	Channel Enhancement	Integration der Wertschöpfungskette	Branchentransformation	Konvergenz
Startup					
Nichtintegrierte Systeme					
Begrenztes Einzelfunktions-ERP					
Integriertes Geschäftsbereich-ERP		Online-Katalog der Unternehmenseinheiten Verfolgung des Auftragsstatus Konzern-Website	Partnerschaften innerhalb des Unternehmens Externes E-Partnering der Unternehmenseinheiten Outsourcing nach Unternehmenseinheiten	Von Unternehmenseinheiten geführt E-Konsorzien, usw. aber keine Synergien auf Konzernebene	
Integriertes Unternehmens-ERP		Produktkonfiguration Online-Konzernkatalog Verfolgung des Auftragsstatus Konzern-Website	Re-/Disintermediation E-Partnering Outsorcing kompletter Geschäftsprozesse	Branchenumgestaltung Virtuelle Organisation E-Konsorzien	

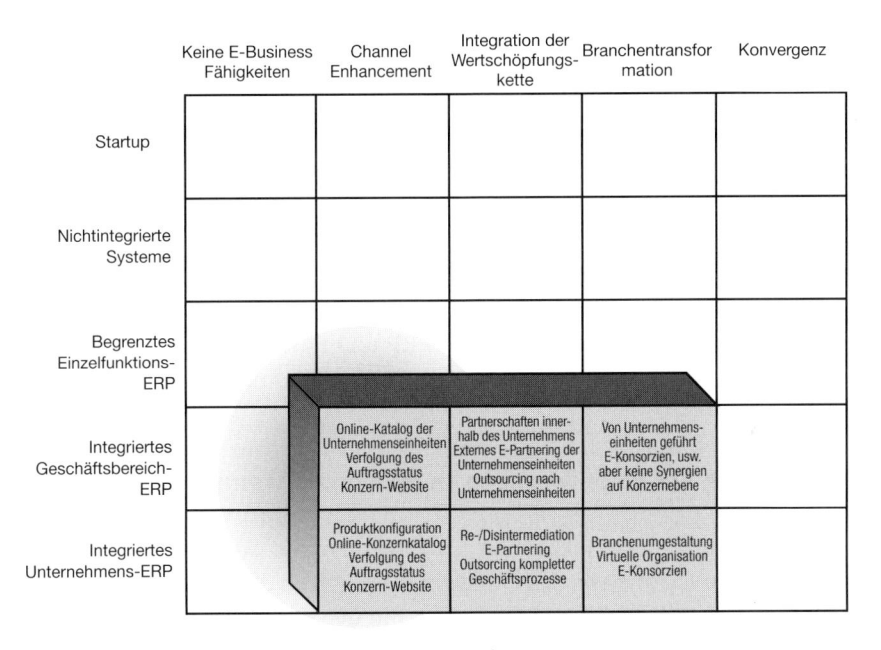

Abb. 9.4 **Angestrebter Status der meisten Unternehmen**

zur Konvergenz verstärken. Diese Unternehmen werden von der zunehmenden Deregulierung und Globalisierung profitieren.

Der Weg zum Ziel

Ein Unternehmen kann verschiedene Wege einschlagen, um von seinem Ausgangspunkt zu einem erfolgreichen Endpunkt zu gelangen. Aber gleichgültig, für welchen Weg sich ein Unternehmen letztlich entscheidet, für einen erfolgreichen Übergang müssen in jedem Fall die folgenden neun Bedingungen erfüllt sein:

1. Unterstützung durch die Geschäftsführung
2. Kopplung der Veränderungen an die Geschäftsstrategie
3. Unterstützung durch Mitarbeiter
4. Proaktive Teams
5. Software- und Hardware-Integration
6. Definierte und verfeinerte Geschäftsprozesse
7. Datenkonsistenz
8. Klug ausgewählte Geschäftspartner
9. Innovationsfähigkeit

Unterstützung durch die Geschäftsführung

Ein engagiertes Mitglied der Geschäftsleitung gehört zu den wichtigsten Faktoren für einen erfolgreichen Wandel. Diese Führungspersönlichkeit muss Zeit aufbringen können, kompetent sein, Autorität besitzen und glaubwürdig sein. Sie muss in der Lage sein, die benötigten organisatorischen Ressourcen zu bündeln, um die Entscheidungsprozesse zu unterstützen, und sie muss die Bedeutung von ERP und E-Business auf allen Ebenen des Unternehmens oder des Geschäftsbereichs kommunizieren.

Kopplung der Veränderungen an die Geschäftsstrategie

Die Führungspersönlichkeiten im Unternehmen oder im Geschäftsbereich müssen die Vorteile des Übergangs in die Welt des E-Business und die Verbindung von E-Business Fähigkeiten mit der ERP-Technologie als strategische Aufgabe begreifen. Die Führungskräfte müssen erwarten, dass durch die Veränderungen Wettbewerbsvorteile erzielt werden können, und wissen, wie diese Vorteile gemessen werden. E-Business und ERP müssen zudem eng mit den taktischen Zielen des Unternehmens verknüpft sein, zum Beispiel der Integration der Wertschöpfungskette und der Entwicklung von Shared Services-Fähigkeiten.

Unterstützung durch Mitarbeiter

Um in einer elektronischen Welt erfolgreich zu sein, ist eine positive Einstellung gegenüber Veränderungen nötig. Eine positive Einstellung kann durch Schulung und Überzeugung und durch aufrichtige Kommunikation erreicht werden. Die wichtigste Voraussetzung für erfolgreiche Veränderungen besteht jedoch darin, dass man bereits früher Veränderungen erfolgreich durchgeführt hat. Unternehmen, die ERP in Unternehmenseinheiten oder im Gesamtunternehmen bereits erfolgreich eingeführt haben, sind anderen Unternehmen, die E-Business und ERP gleichzeitig einführen wollen, weit voraus. Unternehmen, die bereits Business Reengineering durchgeführt oder Shared Service Center für nicht-strategische Geschäftsprozesse erfolgreich implementiert haben, sind ebenfalls gut gerüstet. Eine Unternehmenskultur, die Veränderungen zulässt, und Mitarbeiter, die die erforderlichen Fähigkeiten zum Change Management mitbringen, sind die besten Garanten für den Erfolg.

Proaktive Teams

In jedem ERP- oder E-Business Design- und/oder Implementierungsteam muss es Personen geben, die sowohl mit den Aktivitäten des Unternehmens als auch mit der neuen Technologie vertraut sind. Enthusiasmus, Kommunikationsfähigkeit und die Bereitschaft, zusammen mit anderen kreative Lösungen zu erarbeiten, sind ebenfalls unverzichtbare Eigenschaften, die Teammitglieder mitbringen müssen.

Software- und Hardware-Integration

Software vereinfacht die Integration von Daten, und die Hardware muss eine nahtlose, Plattform übergreifende Kommunikation ermöglichen. Jedes

Unternehmen, das ERP und Web-basierte Technologien integrieren will, muss sich die wichtigsten technologischen Neuerungen zunutze machen.

Definierte und verfeinerte Geschäftsprozesse

Es muss Einvernehmen herrschen, wie die Abläufe innerhalb des Geschäftsbereichs oder des Gesamtunternehmens oder zwischen verschiedenen Unternehmen sein sollen. Unternehmen innerhalb eines erweiterten Unternehmens, die bereits ein Reengineering durchlaufen haben, um ineffiziente Verfahren auszumerzen und ihre Effektivität zu steigern, sollten ihr Wissen mit den anderen Mitgliedern des erweiterten Unternehmens teilen, um möglichst effiziente Prozesse im erweiterten Unternehmen zu etablieren. Netzwerke müssen sich grundsätzlich darüber einigen, wie sie ihre Geschäfte über das Internet abwickeln wollen.

Datenstandards und Datenintegrität

Datenstandards sind von entscheidender Bedeutung. Soweit dies möglich ist, sollten offene Standards verwendet werden. Unternehmen müssen die Sprache für den Datenaustausch (Extensible Markup Language, Internet Protocol) sowie die Wörter (Datenbankbeschreibungsverzeichnisse) und den Dialog (Prozess und Workflow) festlegen. Ohne eine Festlegung solcher Standards ist kein elektronischer Austausch von Geschäftsinformationen (das bedeutet, keine E-Business Geschäftspartnerschaften) möglich. Nachdem diese Standards festgelegt wurden, müssen alle Geschäftspartner saubere, konsistente und zuverlässige Daten liefern, und zwar sowohl innerhalb jedes Geschäftsbereichs und des Gesamtunternehmens als auch zwischen Firmen innerhalb eines erweiterten Unternehmens.

Klug ausgewählte Geschäftspartner

Jeder Geschäftspartner innerhalb eines erweiterten Unternehmens muss im Hinblick auf die obigen Eigenschaften ausgewählt werden. Ein erweitertes Unternehmens ist immer nur so schnell wie sein langsamstes Mitglied. Der erste Schritt bei der Suche von Geschäftspartnern, die diesen Kriterien entsprechen, ist eine sorgfältige Analyse ihrer Fähigkeiten. Wenn ein Unternehmen die Anforderungen nicht erfüllt, kann es nicht Teil des erweiterten

Unternehmens sein oder es muss an das Niveau angeglichen werden. Alle Geschäftspartner sollten untereinander die gleichen kritischen Maßstäbe anlegen.

Innovationsfähigkeit

Innovationsfähigkeit ist die wichtigste Voraussetzung dafür, dass ein Unternehmen neue Geschäftspraktiken dynamisch umsetzen, neue Technologien nutzen und die Führung in Branchen und Marktsegmenten erobern (und behalten) kann. Innovatives Denken ermöglicht es einem Unternehmen, täglich Fortschritte auf allen Ebenen zu erzielen. Diese Fortschritte sind für eine schnelle Wandlungsfähigkeit unverzichtbar und um sich gegenüber seinen Mitbewerbern behaupten zu können. Die kontinuierliche Innovationsfähigkeit eines Unternehmens ist eine Frage der Unternehmenskultur, erfordert die Unterstützung des Managements und basiert auf der Bereitschaft, neue Wege zu beschreiten und zu akzeptieren, dass sich einige als Irrtum erweisen werden.

Migrationsoptionen

Die meisten Unternehmen erkennen, wie wichtig es ist, E-Business-Fähigkeiten zu entwickeln. Tatsächlich haben die meisten Unternehmen bereits erste Schritte in dieser Richtung unternommen. In vielen Unternehmen waren diese Bemühungen bislang jedoch nicht eingebettet in ein systematisches und zielgerichtetes Konzept, das dem Unternehmen innerhalb möglichst kurzer Zeit den größtmöglichen Nutzen verschafft. Stattdessen verfolgen diese Unternehmen bei der Entwicklung des E-Business eine vom Zufall geprägte Strategie. Dazu gehören isolierte Projekt-Teams, nicht aufeinander abgestimmte Investitionen und unklare strategische Ziele. Daher müssen sie einen Weg finden, um den Planungsprozess für die E-Business-Strategie zu straffen.

Die E-Business Bemühungen vieler Unternehmen führen bei Kunden, Lieferanten und Mitarbeitern häufig zu Verwirrung und Enttäuschung. Die ERP/E-Business Matrix und die in diesem Kapitel beschriebenen Migrationspfade ermöglichen es einem Unternehmen, die vorhandenen Optionen sinnvoll zu nutzen. Für eine sinnvolle Migration von einem beliebigen Ausgangspunkt in der ERP/E-Business Matrix zu einem der bevorzugten Zielorte, die auf der ERP-Achse an Integriertes Geschäftsbereich-ERP oder Integriertes Unternehmens-ERP und auf der E-Business Achse an Integration der Wertschöpfungskette oder Branchentransformation angrenzen, sind die folgenden vier Schritte erforderlich:

1. Festellen, wohin ein Unternehmen steuert und warum.
2. Analysieren der organisatorischen Fähigkeiten, um möglichst schnell dorthin zu gelangen.
3. Planung der weiteren Vorgehensweise.
4. Implementierung der weiteren Route.

Feststellen, wohin ein Unternehmen steuert und warum

Das E-Business-Panorama-Modell zeigt neue Geschäftsmöglichkeiten auf. E-Business eröffnet in erster Linie neue strategische Optionen, zum Beispiel eine neue Art der Zusammenarbeit mit Kunden und Lieferanten, und neue interne Geschäftsmodelle. Um feststellen zu können, welche Möglichkeiten am sinnvollsten sind, muss ein Unternehmen seine Kernkompetenzen und die wichtigsten Geschäftsprozesse analysieren. Anschließend muss es entscheiden, wie die Web-basierte Technologie eingesetzt werden kann, um die Prozesse zu verbessern, Kompetenzen von externen Geschäftspartnern möglichst effizient für das Unternehmen nutzbar zu machen und um dafür zu sorgen, dass diese Partner von den Stärken des Unternehmens profitieren.

Die Zusammenarbeit mit Kunden und Lieferanten kann sich unmittelbar auf die Planung und Prognosen, den Eingang und die Verfolgung von Aufträgen, das Design und die Konfiguration von Produkten sowie die Auftragsabwicklung auswirken, auch wenn im Hinblick auf die Besonderheiten der jeweiligen Geschäftspartnerschaft und der Branche eine Vielzahl anderer Optionen denkbar ist. Veränderungen des internen Geschäftsmodells betreffen beispielsweise die Entwicklung oder Neubelebung von Shared Service Centern, das Einführen von Software sowie Kostensenkungsmöglichkeiten. E-Business kann zudem genutzt werden, um Geschäftsbereiche innerhalb eines Unternehmens enger zu integrieren. Intra-Enterprise.

Da sich die Geschäftsumgebung und die Technologie ständig weiterentwickeln, werden in jedem dieser Bereiche im Laufe der Zeit immer mehr Möglichkeiten entstehen und eine konsistente Neubewertung der E-Business-Optionen erforderlich machen. Ist dies abgeschlossen, kann das Unternehmen eine Vision und eine Planung für den E-Business-Bereich festlegen. Die Vision kann eine oder mehrere der folgenden Prioritäten beinhalten:

– Aufbau von Kundentreue,
– Erreichen der Marktführerschaft,
– Rationalisierung und Erweiterung von Prozessen,
– Entwicklung neuer Produkte und Dienstleistungen,
– Vordringen in neue Märkte,
– Kostensenkung.

Eine solche Vision wird auf Unternehmensebene entwickelt, und zwar unabhängig vom Geschäftsbereichsmodell (integrierte Geschäftsbereiche, aus denen ein Unternehmen aufgebaut ist, oder unabhängig operierende Geschäftsbereiche, die unter einer Holding-Gesellschaft zusammengefasst sind), nach dem das Unternehmen aufgebaut ist. Die Vision sollte vom Unternehmen auf die einzelnen Geschäftsbereiche übertragen werden und nicht umgekehrt. Der Kernpunkt besteht darin, dass sich das Konzept für die Entwicklung einer Geschäftsstrategie, in der die E-Business-Transformation entsprechend berücksichtigt ist, im Grunde nicht unterscheidet von der Entwicklung einer Strategie ohne E-Business. Der einzige Unterschied besteht in den potenziellen strategischen Optionen und einem differenzierteren Bewertungsansatz, zum Beispiel die Real Options Valuation (ROV™).

In einem dezentralisiertem Modell kann die Unternehmensvision zwar relativ allgemein ausfallen, aber die Führung der Geschäftsbereiche erhält zumindest eine Richtschnur und Parameter, an denen sie sich orientieren können. Dies ist wichtig, wenn die E-Business-Projekte eines Unternehmens darauf ausgerichtet sind, dem Kunden ein einheitliches Bild zu bieten und das Markenimage zu wahren. Aus dieser Vision entsteht eine Strategie, und auf der Grundlage der Strategie werden die einzelnen E-Business-Projekte innerhalb der Geschäftsbereiche und/oder im Gesamtunternehmen entwickelt. Der Entwurf der eigentlichen Strategie erfordert einen Plan, der mit Hilfe von DCF und ROV™-Verfahren entwickelt werden kann.

Analyse der organisatorischen Fähigkeiten

Wenn ein Unternehmen seinen Ausgangspunkt und seinen Zielpunkt ermittelt hat, muss es analysieren, welche Fähigkeiten ihm zur Verfügung stehen, um dorthin zu gelangen. Dies beinhaltet eine Analyse seiner organisatorischen Fähigkeiten in den Bereichen: Technologie, Prozesse und Menschen. Ein Migrationspfad ist nur dann durchführbar, wenn er auf der Grundlage des wirklichen Leistungsstands in diesen drei Schlüsselbereichen, die den Erfolg jedes Wandels im Unternehmen maßgeblich beeinflussen, realistisch ausgewählt wurde.

Im Bereich Technologie muss ein Unternehmen seine aktuelle ERP-Software und die bestehende Web-basierte Technologie sowie alle anderen Software-Pakete, selbst entwickelte Software und seine EDI-Technologie analysieren. Es ist wichtig, die E-Business Fähigkeiten des ERP-Systems zum Zeitpunkt der Analyse und seine potenziellen E-Business Fähigkeiten zu kennen.

Darüber hinaus muss das Unternehmen seine Datenstandards analysieren. Wie werden Daten innerhalb des Unternehmens gehandhabt? Verwenden alle Systeme die gleiche Kodierung? Sind Übertragungen zwischen einzelnen Datenformaten klar definiert? Wurde eine Middleware installiert, die standardisierte Übertragungen zwischen Systemen ermöglicht? Ist das Messaging zwischen den Systemen vereinheitlicht?

Zweck der Technologieanalyse ist es, eine Gesamtarchitektur für die Technologiemigration zu entwerfen, die auf Unternehmensebene den Pfad von der heutigen Technologie zur Technologie von Morgen festlegt. Im Bereich Geschäftsprozesse muss das Unternehmen die aktuelle Effizienz und Effektivität der einzelnen Prozesse analysieren, um solche Prozesse zu identifizieren, die für das Unternehmen kurzfristig und langfristig von entscheidender Bedeutung sind. Das Unternehmen kann auf diese Weise entscheiden, welche Prozesse auf jeden Fall weitergeführt und welche an einen unabhängigen Anbieter vergeben werden sollen und welche Prozesse einem Geschäftspartner in einem erweiterten Unternehmen übertragen werden können.

Im Personalbereich sollte das Unternehmen die Fähigkeiten seiner Mitarbeiter, mit Veränderungen umzugehen, prüfen. Ist es ihnen gelungen, frühere Veränderungen erfolgreich zu integrieren? Haben sie die natürliche Neigung, sich Veränderungen zu widersetzen, überwunden? Sind sie jetzt für weitere Veränderungen bereit oder sind sie aufgrund permanenter Veränderungsmaßnahmen in den letzten fünf oder zehn Jahren ausgebrannt? Eine repräsentative Umfrage über die Veränderungsbereitschaft, die in einer frühen Phase des Veränderungsprozesses durchgeführt wird, und ein geeignetes Veränderungsmanagement können sich positiv auswirken.

Neben der Analyse der eigenen Fähigkeiten sollte das Unternehmen auch potenzielle Geschäftspartner innerhalb der Wertschöpfungskette auf diese Fähigkeiten überprüfen. Das Unternehmen sollte zudem die technischen Fähigkeiten, Prozesse und organisatorischen Besonderheiten sowie das Commitment der Geschäftsleitung der einzelnen Partner oder potenzieller Partner gegenüber einem erweiterten Unternehmen analysieren und feststellen, welche Probleme bei der Entwicklung eines gemeinsamen Datenstandards bei den Partnern und dem Unternehmen auftreten können, um eine elektronische Kommunikation zu ermöglichen.

Planung der Vorgehensweise

Um das weitere Vorgehen festlegen zu können, muss das Unternehmen eine realistische Balance zwischen seinen Fähigkeiten zu organisatorischen Veränderungen, den technischen Optionen und den Interessen seiner Geschäftspartner herstellen, die es ihm ermöglicht, seine strategischen Ziele zu erreichen. Ein guter Anfang ist eine Überprüfung der verschiedenen Software-Optionen, um das ERP-System (sofern vorhanden) Web-kompatibel zu machen. Solche Optionen sind zum Beispiel Web Front-Ends von ERP-Anbietern, Front-Ends, die am besten mit dem ERP-System zusammenarbeiten, oder „Best-in-Class" Web Front-Ends, die in das ERP-System integriert werden können.

Das Unternehmen muss sich für einen Weg entscheiden, der sich an den strategischen Bedürfnissen des Unternehmens oder des Geschäftsbereichs orientiert und der sämtlichen Kernprozesse des Unternehmens oder des Geschäftsbereichs E-Business Fähigkeiten verleiht. Dieser Weg muss sich die Stärken des Unternehmens oder des Geschäftsbereichs zunutze machen und gangbar sein. Die technologische Umstellung muss möglich sein. Die Mitarbeiter müssen bereit und in der Lage sein, diesen Weg zu beschreiten. Die Geschäftsführung muss für den ausgewählten Weg werben und der Weg muss finanzierbar sein.

Ein erfolgreicher Migrationspfad erfordert ein realistisches Paket von klaren und überschaubaren Projekten mit einer vernünftigen Größe, die alle miteinander harmonieren und auf ein gemeinsames Ziel ausgerichtet sind. Mit anderen Worten, die Migration muss ein Unternehmen an sein letztlich angestrebtes Ziel bringen, und zwar in mehreren Schritten, die die Möglichkeiten des Unternehmens nicht übersteigen.

Dazu muss ein Unternehmen eines der vier folgenden Konzepte für sein weiteres Vorgehen auswählen:

1. Wette auf die realistische Unbekannte.
   - Ein Unternehmen kann darauf setzen, dass eine realistische (zu dieser Zeit noch unbekannte) Technologie und/oder Arbeitsweise innerhalb der nächsten fünf Jahre entwickelt wird, die es ihm ermöglicht, seine Geschäfte mit einer nicht ERP-basierten Technologie abzuwickeln. Dies ist ein mögliches, wenn auch unwahrscheinliches Szenario.
   - Das oben beschriebene Konzept eignet sich nur für Start-Up-Unternehmen, die auf das Internet ausgerichtet sind und die keine festgelegten Geschäftsprozesse oder nichtintegrierte Alt-Systeme besitzen.

Diese Unternehmen sind am besten positioniert sind, um erfolgreich völlig neue Wege zu beschreiten.

2. Großer Hausputz im Unternehmen.
   - Bei diesem Konzept sollte das Unternehmen interne Daten bereinigen, interne Prozesse auf eine konsequente Unterstützung seiner Geschäftsziele ausrichten und erfolgreich Veränderungen durchführen, bevor es E-Business in großem Maßstab einführt. Ein solches Unternehmen will sich neue Technologien aneignen und Shared Services nutzen. Ein Unternehmen, das sich für diesen Ansatz entscheidet, geht in kleinen Schritten vor und will möglicherweise zuerst die angestrebte Position auf der ERP-Achse erreichen, bevor es eine zu große Strecke im E-Business Panorama zurücklegt.
   - Ein Unternehmen, das diesen Ansatz auswählt, hat erkannt, dass es nicht der beste Weg zum Erfolg ist, einen Sprung ins kalte Wasser des E-Business zu wagen, wenn die internen Prozesse nicht vollständig abgestimmt sind und keine integrierten Computer-Systeme zur Verfügung stehen. In der Welt des E-Business können leere Versprechungen gegenüber Kunden und Geschäftspartnern schlimmer sein als eine Verzögerung beim Eintritt in diese Welt.

3. Doppelstrategie.
   - Ein Unternehmen, das eine Doppelstrategie verfolgt, will im E-Business Panorama und gleichzeitig auf der ERP-Achse vorankommen. Ein Unternehmen oder Geschäftsbereich kann sich für diesen Ansatz entscheiden, wenn es bereits zuvor bedeutende Veränderungen erfolgreich integriert hat, wenn die Unternehmensführung mit der Durchführung von Veränderungen vertraut ist und Veränderungen vorantreiben will, um strategische Ziele zu erreichen, und wenn genügend Personen vorhanden sind, die die Web-basierte Technologie wirklich verstehen. Wir sind der Auffassung, dass dieser Ansatz riskant ist und nur dann verwendet werden sollte, wenn das Unternehmen zuversichtlich ist, die Veränderungen bewältigen zu können.

4. Ausschöpfen der Benefits im Geschäftsbereich oder Gesamtunternehmen.
   - Dieser Ansatz steht im Grunde nur solchen Unternehmen offen, die entweder in Geschäftsbereichen oder im Gesamtunternehmen bereits ein integriertes ERP-System implementiert haben und die mit diesem Integrationsgrad zufrieden sind. Ein solches Unternehmen

ist in der Lage, schnell höhere Stufen im E-Business Panorama zu erreichen, da es keine Ressourcen für ERP aufwenden muss.

Die Entwicklung eines Plans zur Abwägung von Kosten, Nutzen und Risiken ist von entscheidender Bedeutung. Ein Unternehmen, das zu viel zu schnell erreichen will, wird letztendlich scheitern oder seine Beziehungen zu Kunden und Partnern ernsthaft belasten.

Schlüsselfragen bei allen Migrationspfaden

Wenn sich ein Unternehmen für einen Migrationspfad entscheidet, muss die Unternehmensführung eine Reihe von Fragen beantworten.

1. Wie kann man feststellen, ob der eingeschlagene Weg die erforderlichen Ergebnisse liefert? Wann sollten Alternativen in Erwägung gezogen werden?
   - Diese Fragen stellen sich bei einer Veränderung der Schlüsselfaktoren, zum Beispiel der Akzeptanz von Veränderungen im Unternehmen, der technischen Fähigkeiten oder der Fähigkeiten der Geschäftspartner.

2. Besitzt der Plan für eine vorrangige ERP-Einführung Priorität vor dem Plan für eine vorrangige Einführung einiger E-Business Fähigkeiten?
   - Die Antwort auf diese Frage liefert die globale Geschäftsstrategie, in der die Geschäftsprioritäten festgelegt sind. Ohne eine klare strategische Notwendigkeit sollte ein Unternehmen keine Technologie implementieren.

3. Ist es immer schneller, gleichzeitig das E-Business Panorama und die ERP-Achse zu durchlaufen, oder kann es in einigen Fällen schneller sein, beide Richtungen nacheinander einzuschlagen?
   - Diese Frage ist für jedes Unternehmen individuell zu beantworten, da diese Entscheidung von den organisatorischen Fähigkeiten des Unternehmens abhängt, sich anzupassen und zu wandeln.

4. Wie lässt sich feststellen, ob ein Unternehmen genügend organisatorisches Potenzial besitzt, um eine Doppelstrategie zu verfolgen?
   - Eine objektive Untersuchung des Managements von früheren großen Veränderungsprojekten liefert die erforderlichen Erkenntnisse

für die Beantwortung dieser Frage. Darüber hinaus können eine Reihe von Analyse-Tools zur Beurteilung der organisatorischen Bereitschaft eingesetzt werden.

Implementierung auf dem Migrationspfad

Während ein Unternehmen das E-Business-Panorama durchläuft, kann es an jedem beliebigen Punkt Halt machen, seine Bemühungen konsolidieren, bevor es fortfährt, und sich sogar entschließen, nicht weiter voranzuschreiten. Ausgehend von jedem der fünf ERP-Ausgangspunkte gelangt ein Unternehmen zu mehreren Entscheidungspunkten. Zu Beginn der Reise muss nicht der gesamte Migrationspfad skizziert werden. Vielmehr sollte die Führung von Geschäftsbereichen oder Unternehmen offen und flexibel bleiben für eine eventuelle Änderung ihres Ziels oder ihres Wegs, um dieses Ziel zu erreichen. Eine Migrationspfadstrategie sollte alle drei bis sechs Monate neu definiert werden, soweit die Bedingungen in der jeweiligen Branche dies rechtfertigen.

Startup

Einem Unternehmen auf der Achse Startup-ERP bieten sich eine Reihe von Optionen. In Abbildung 10.1 sind alle diese Optionen aufgezeigt. Ein Unternehmen kann sich beispielsweise gegen eine Einführung von ERP entscheiden und versuchen, das E-Business Panorama so schnell wie möglich zu durchlaufen. Dabei hofft es auf die Entwicklung von Technologien, die es ihm ermöglichen, Transaktionen zu verarbeiten und interne Informationen zu verwalten, ohne auf die ERP-Technologie zurückgreifen zu müssen. Oder ein Unternehmen versucht, ERP und E-Business gleichzeitig einzuführen. Dabei bewegt es sich von seinem Ausgangspunkt zum integrierten Geschäftsbereich-ERP oder integrierten Unternehmens-ERP und durchläuft gleichzeitig ein, zwei oder sogar drei Schnappschüsse im E-Business-Panorama.

Der Übergang vom Ausgangspunkt zum Status der ERP-Integration im Schnappschuss Channel Enhancement erfordert eine Akzentuierung des Vertriebskanals, da das vorrangige Ziel darin besteht, auf diesem Wege eine starke Präsenz zu etablieren. Der Übergang vom Ausgangspunkt zum Status der ERP-Integration im Schnappschuss Integration der Wertschöpfungskette erfordert die Entwicklung eines individuellen Geschäftsmodells, da

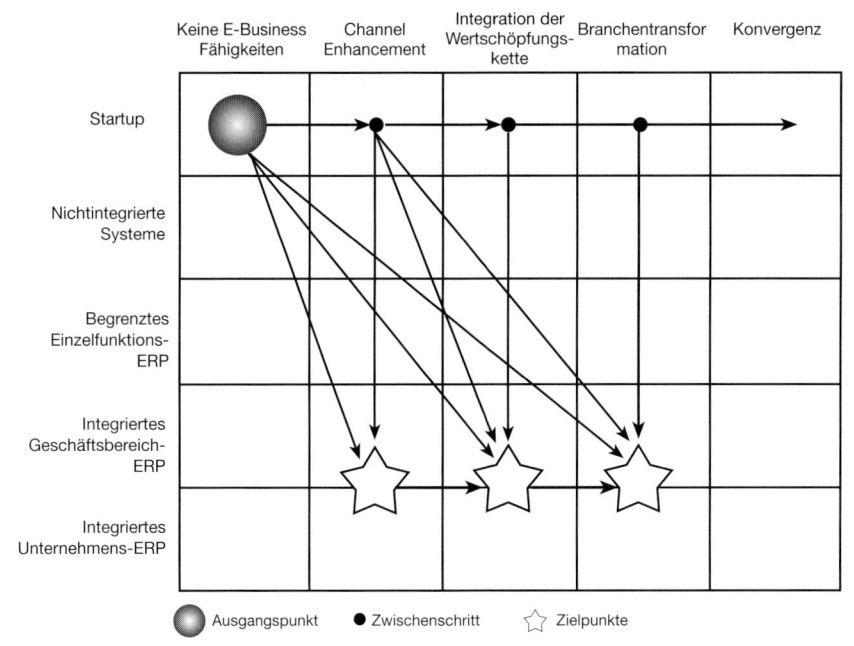

Abb. 10.1 Migrationsoptionen bei Startups

einem Unternehmen in diesem Bereich heute zahlreiche Möglichkeiten offen stehen. Unternehmen, die vom Ausgangspunkt zum Status der ERP-Integration im Schnappschuss Branchentransformation springen, streben die Branchenführerschaft an, da dieser Ansatz ein immenses Potenzial birgt.

Wenn ein Unternehmen, das ganz von vorne beginnt, eine bestimmte Stufe im E-Business-Panorama erreicht hat, kann es ein integriertes ERP-System innerhalb seiner Geschäftsbereiche oder im Gesamtunternehmen installieren, und zwar als nächsten Schritt oder gleichzeitig während es das nächste Snapshot im E-Business Panorama anstrebt. Ein neu beginnendes Unternehmen wird nur sehr selten, wenn überhaupt, ein integriertes ERP-System einführen, bevor es nicht im E-Business-Panorama eine höhere Stufe erreicht hat.

Nicht-integrierte Systeme

Einem Unternehmen mit nichtintegrierten internen Systemen bieten sich weitgehend die gleichen Optionen wie einem Startup-Unternehmen, es wird jedoch durch seine Ausgangsposition eingeschränkt. Abbildung 10.2 zeigt eine Übersicht über die möglichen Migrationspfade für ein solches Unternehmen. Ein solches Unternehmen kann versuchen, seine internen Abläufe zu ordnen und ERP entweder in seinen einzelnen Geschäftsbereichen oder im Gesamtunternehmen zu implementieren, bevor es seine E-Business-Reise antritt, oder es kann zunächst einige E-Business-Fähigkeiten entwickeln und anschließend ERP implementieren. Ein solches Unternehmen kann nur eine bestimmte Strecke im E-Business-Panorama zurücklegen, bevor eine ERP-Einführung erforderlich wird. An einem gewissen Punkt innerhalb des Schnappschusses »Integration der Wertschöpfungskette« wird dieses Unternehmen zu der Erkenntnis gelangen, dass es eine bessere Kontrolle über seine internen Informationen benötigt, um möglichst effizient und effektiv arbeiten zu können. Ein solches Unternehmen könnte von einem stärkeren Partner zur Einführung von ERP gezwungen werden.

Ein nichtintegriertes Unternehmen kann sich auf jeder Stufe entlang des E-Business Panoramas entscheiden, ob es ERP vor dem Übergang zum nächsten Schnappschuss einführt oder ob es seine Anstrengungen verteilt und ERP einführt während es gleichzeitig in den nächsten Schnappschuss des E-Business Panoramas wechselt.

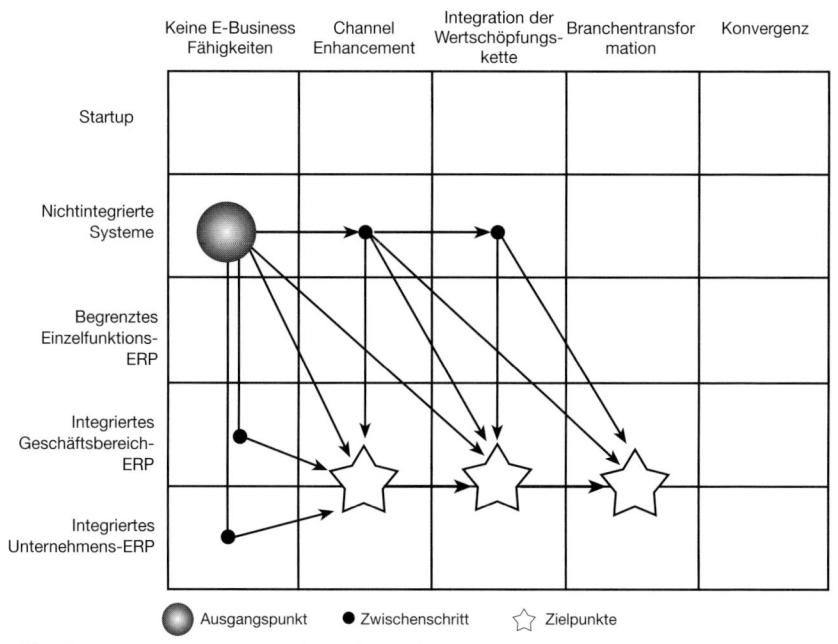

Abb. 10.2 Migrationsoptionen bei nichtintegrierten Systemen

Begrenztes/Einzelfunktions-ERP

Ein Unternehmen, das mit einem begrenzten/Einzelfunktions-ERP beginnt, besitzt eine Reihe von Migrationspfadoptionen, wie sie in ähnlicher Form auch einem Unternehmen mit nicht-integrierten Systemen zur Verfügung stehen. Diese Optionen sind in Abbildung 10.3 dargestellt. Das Unternehmen kann seine internen Abläufe ordnen und seine ERP-Systeme innerhalb der Geschäftsbereiche oder im Gesamtunternehmen integrieren und anschließend E-Business-Fähigkeiten entwickeln, oder es kann zuerst E-Business-Fähigkeiten entwickeln. Für ein solches Unternehmen ist es einfacher als für ein nicht-integriertes Unternehmen, ein integriertes ERP-System zu integrieren, da es sich zumindest ansatzweise mit den Veränderungen im Zusammenhang mit der Einführung eines ERP-Systems beschäftigt hat. Wenn das Unternehmen sich entscheidet, zuerst E-Business-Fähigkeiten zu entwickeln, kann es in jedem Schnappschuss innerhalb des E-Business-Panoramas anhalten und dann ein integriertes ERP-System einführen, bevor es weitere Schritte beim E-Business unternimmt, oder es kann seine Anstrengungen verteilen, um ein integriertes ERP-System einzuführen und gleichzeitig in andere Snapshots des E-Business-Panoramas aufzusteigen.

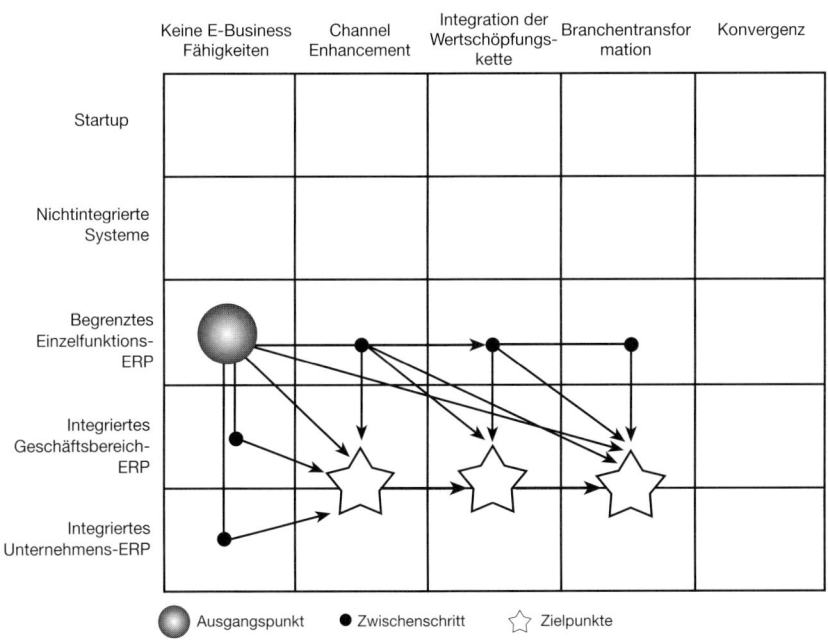

Abb. 10.3 Migrationsoptionen bei begrenztem/Einzelfunktions-ERP

Integriertes Geschäftsbereich-ERP

Einem Unternehmen, das ERP bereits innerhalb seiner Geschäftsbereiche integriert hat, steht ein schmaler Migrationspfad offen (Abbildung 10.4). Die erste Frage, die es hierbei zu beantworten gilt, ist, ob das Unternehmen mit seinem integrierten Geschäftsbereich-ERP zufrieden ist oder ob es glaubt, dass beim E-Business eine Integration im Gesamtunternehmen größere Vorteile bietet. Wenn ein solches Unternehmen seine Integration innerhalb der Geschäftsbereiche als ausreichend empfindet, kann es von seinem Integrationsstand Gebrauch machen und kontinuierlich im E-Business Panorama aufsteigen, oder es kann seine Anstrengungen bündeln und versuchen, die Schnappschüsse Integration der Wertschöpfungskette oder Branchentransformation direkt zu erreichen. Wenn ein solches Unternehmen meint, dass es seine Integration auf das Gesamtunternehmen ausdehnen muss, kann es diese Integration entweder direkt verwirklichen und anschließend die nächsten Stufen im E-Business Panorama anstreben, oder es kann die Integration auf Unternehmensebene durchführen und gleichzeitig in den Schnappschuss E-Commerce-Channel wechseln oder gleichzeitig bis zu den Schnappschüssen Integration der Wertschöpfungskette Integration oder Branchentransformation springen.

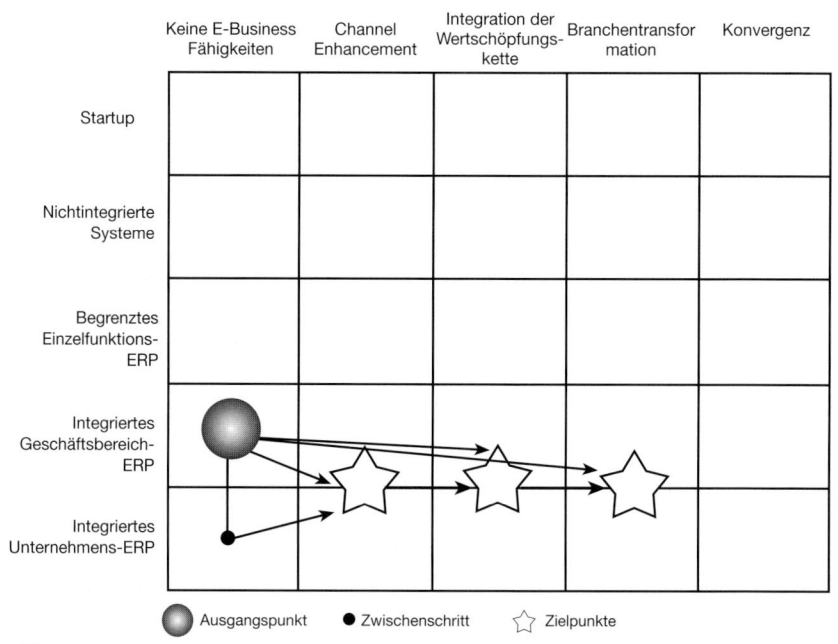

Abb. 10.4 Migrationsoptionen bei integriertem Geschäftsbereich-ERP

Integriertes Unternehmens-ERP

Ein Unternehmen, das ERP im Gesamtunternehmen integriert hat, verfügt über eine Reihe von Migrationspfad-Optionen (Abbildung 10.5). Ein solches Unternehmen kann sich entweder kontinuierlich über das E-Business Panorama bewegen oder zwei oder drei Schnappschüsse überspringen und direkt zur Integration der Wertschöpfungskette oder Branchentransformation gelangen. In jedem Fall muss das Unternehmen eine Vorgehensweise festlegen, die es ihm ermöglicht, seine strategischen Ziele innerhalb einer angemessenen Zeit und zu akzeptablen Kosten zu erreichen. Dies beinhaltet eine sorgfältige Abwägung von organisatorischen Fähigkeiten, technischen Möglichkeiten und den Interessen von Geschäftspartnern.

Jedes Unternehmen befindet sich in einer individuellen Situation. Die E-Business-Anstrengungen, wie alle strategischen Projekte, bedürfen jedoch eines systematischen Managements. Dies bedeutet im Besonderen, dass diese Initiativen durch die Geschäftsleitung gesteuert und in geeigneter Weise innerhalb des Unternehmens koordiniert werden müssen. Durch die Web-basierte Technologie ist die Informationstechnologie zur Chefsache geworden. Die Geschäftsführung muss sich nun noch intensiver mit Technologien beschäftigen, um ihr Unternehmen zum Erfolg zu führen.

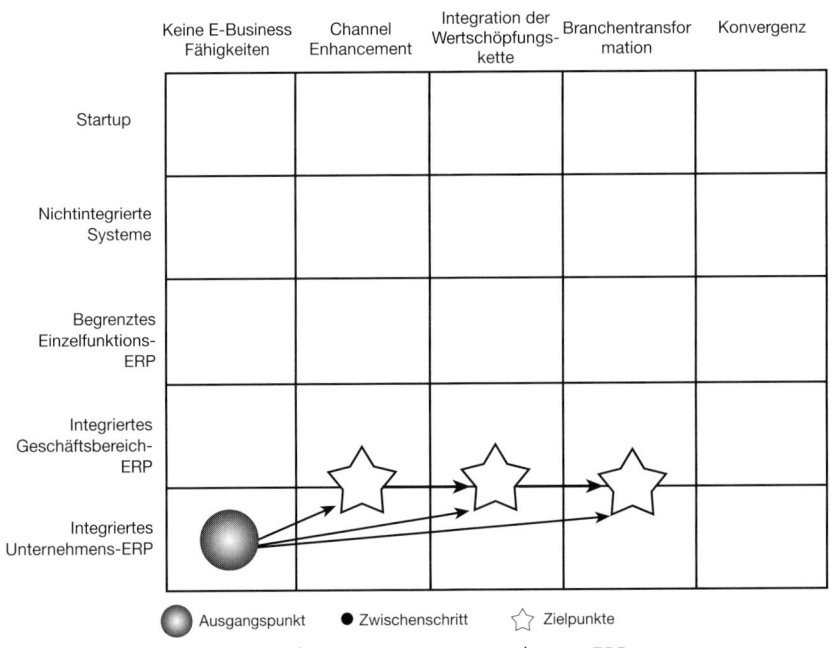

Abb. 10.5 Migrationsoptionen bei integriertem Unternehmens-ERP

Programm- und Projektmanagement

Durch unsere Arbeit mit vielen Hundert ERP-Einführungen haben wir festgestellt, dass ein erstklassiges Projekt- und Programmmanagement eine wesentliche Voraussetzung für den Erfolg ist. Dies gilt auch für Unternehmen mit großen E-Business Projekten. Wegen der Unterschiede zwischen ERP- und E-Business-Projekten, unterscheiden sich auch die Aufgaben der Programm- und Projektmanager.

Programmmanagement

Sowohl bei ERP-Installationen als auch bei einem E-Business-Projekt ist das Programm eine Zusammenstellung von Einzelprojekten. Die Aufgabe des Programmmanagers ist es, sicherzustellen, dass die verschiedenen Projekte in der richtigen Reihenfolge sowie fristgerecht und im Rahmen des Budgets durchgeführt werden. Das Programmmanagement bei diesen beiden Arten von Projekten unterscheidet sich jedoch. Bei einer ERP-Einführung stehen die einzelnen Projekte in enger Beziehung zueinander. Im E-Business-Bereich stellen die Projekte quasi eine Reihe von Einzellösungen dar. In der Regel kann beim E-Business eine größere Zahl von Projekten gleichzeitig abgewickelt werden als bei einer ERP-Einführung. Während die ERP-Projekte meist in ein Produktionsstatus-Zeitfenster münden oder mit einer Reihe von verbundenen, koordinierten und voneinander abhängigen „Go-Lives" enden, erfolgt die Umsetzung bei E-Business-Projekten, sobald sie abgeschlossen sind.

Sowohl bei einer ERP-Einführung als auch bei einem E-Business-Projekt sind Anpassung und Abstimmung die Schlüsselelemente des Programmmanagements. Programmmanager müssen die Ziele der einzelnen Projekte an die globale Strategie, das Konzept und den eingeschlagenen Kurs des Unternehmens anpassen. Sie müssen die Ressourcen unter den einzelnen Projekten so aufteilen, dass alle Projekte arbeitsfähig bleiben. Programmmanager sind darüber hinaus für die Vermittlung und Lösung von Konflikten zuständig, wenn verschiedene Projekte um die vorhandenen Ressourcen streiten.

Die wichtigste Frage, die sich Programmmanagern stellt, lautet: Können die Teams ihre Meilensteine innerhalb akzeptabler Fristen erreichen? Um diese Frage zu beantworten, müssen Programmmanager prüfen, ob jedem Team die für den Erfolg erforderlichen Ressourcen zur Verfügung stehen. Der Programmmanager ist verantwortlich für die Verteilung der oft knappen internen geschäftlichen und technischen Ressourcen sowie der Beratungsressourcen unter den einzelnen Projekten. Nur wenn die Ressourcen richtig verteilt sind kann von den einzelnen Teams erwartet werden, dass sie die gewünschten Ergebnisse erzielen.

Der Erfolg jedes Projekts ist jedoch gewährleistet, wenn die folgenden Bedingungen erfüllt sind:

– Commitment aller Beteiligten
– Realisierung der geschäftlichen Benefits
– Vorhersagbarkeit der Arbeiten und des Zeitplans
– Der Umfang ist realistisch und gut gemanagt
– Reduzierung der Risiken
– Ein gutes Team
– Realisierung der Benefits für die Lieferorganisation

Struktur des Geschäftsmodells und der Führungsebene

Die Art und Weise, wie ein Unternehmen organisiert ist (als Ansammlung von unabhängig arbeitenden Geschäftsbereichen unter dem Dach einer Holding-Gesellschaft oder als unabhängige Geschäftsbereiche innerhalb eines straff integrierten Konzerns), beeinflusst die Arbeitsweise des Programmmanagements. In einem zentral aufgebauten Unternehmen, in dem die unternehmerische Kontrolle über alle Unternehmenseinheiten gebündelt ist, besitzt der Programmmanager in der Regel eine weit reichende Kontrolle über Budgets und Ressourcen. In einem dezentral aufgebauten Unternehmen agiert der Programmmanager eher als „Center of Excellence" und Koordinator, während die Projektmanager die Mehrzahl der Entscheidungen über Budgets und Ressourcen treffen. Bei Streitigkeiten über Ressourcen zu vermitteln ist in einem dezentral aufgebauten Unternehmen schwieriger.

In ERP- und E-Business-Projekten erfüllen die Programmmanager sehr unterschiedliche Aufgaben. ERP stellt aufgrund seines Charakters und seiner Konzeption die Bemühung dar, das Unternehmen straffer zu integrieren. ERP ist ausgerichtet auf die internen Prozesse im Unternehmen. Seine Ziele sind präziser definiert, und es wirkt als treibende Kraft, die die Zentralisierung des Unternehmens fördert, da es einheitliche Prozessstrukturen und einen einheitlichen Datenstandard erfordert.

E-Business ist hingegen nach außen gerichtet und dient Geschäftsstrategien und nicht Geschäftsprozessen. In dieser Umgebung, in der der strategische Aspekt im Vordergrund steht, ist es die Aufgabe des Programmmanagers verstärkt dafür Sorge zu tragen, dass die Projektmanager die Unternehmensentscheidungen, wie Produkte und Dienstleistungen den Kunden geliefert werden sollen und wie die Kommunikation mit Geschäftspartnern abgewickelt wird, befolgen. Diese strategischen Unternehmensentscheidungen, die entwickelt, implementiert und überwacht werden müssen, betreffen das Aussehen und die Anmutung einer Website, die Art und Weise, wie Daten präsentiert und wie geschäftliche Transaktionen durchgeführt werden. Das Aussehen und die Anmutung einer Website resultiert in einer Marktpräsenz im Internet und ist wesentlicher Bestandteil von Corporate Design und Branding eines Unternehmens. Mit anderen Worten, Programmmanager, die sich mit Web-basierter Technologie beschäftigen, müssen sich in gewisser Weise als Brand-Manager verstehen. Dies erfordert einen anderen Ansatz als das Management eines ERP-Programms.

Projektmanagement

Gute Projektmanager, gleichgültig ob sie an einer ERP-Einführung arbeiten oder im Rahmen eines E-Business-Projektes tätig sind, weisen die folgenden fünf Eigenschaften auf:

1. Sie sind intelligent und zeigen Lernbereitschaft.
2. Sie besitzen gute Kommunikationsfähigkeiten.
3. Sie werden im gesamten Unternehmen oder im Geschäftsbereich respektiert.
4. Sie verfügen über Erfahrungen mit Technologien, mit Change-Management und mit Geschäftsprozessen.
5. Sie sind gute Stimmungsmacher.

Projektmanager repräsentieren die nach außen gerichteten Seiten der Projekte. Sie sind die Bindeglieder zwischen den Mitgliedern der verschiedenen Projekt-Teams und all derjenigen innerhalb des Unternehmens, die nicht täglich in das Projekt einbezogen sind, zum Beispiel die Geschäftsführung oder Mitarbeiter auf anderen Ebenen.

Die meisten ERP-Programme sind als strukturierte Hierarchien aufgebaut und bestehen aus einer Reihe von Projekten, die zentralen Programmabteilungen unterstellt sind und von diesen überwacht werden, und mehreren Activity- oder Prozess-Teams, die Projekt-Managern unterstellt sind. E-Business-Projekte erfordern eine Koordinierung auf einer höheren Ebene, sind häufig von kürzerer Dauer und verfolgen meist spezifischere, kundenbezogene Ziele. Dieser Koordinierungsbedarf beruht darauf, dass E-Business Projekte auf technischer Ebene in der Regel nicht so eng miteinander verflochten sind und daher im Rahmen eines kohärenten Programms koordiniert werden müssen, um das Projekt insgesamt zum Erfolg zu führen.

E-Business-Manager und Projekt-Teams innerhalb eines Unternehmens, das ein ERP-System erfolgreich installiert hat, müssen weniger Zeit für die Koordinierung von Projekten aufwenden und haben mehr Zeit für das Brand-Management und die Kommunikation und Abstimmung mit Geschäftspartnern. Die meisten E-Business- Anwendungen besitzen standardisierte Web-Browser Interfaces, die eine intuitive „Point-and-Click"-Bedienung bieten sollten. Dies bedeutet, dass sich die Schulung weniger mit der Bedienung eines Systems beschäftigen muss, sondern sich stärker auf die geschäftlichen Aspekte der Funktionsweise und der zeitlichen Abläufe konzentrieren kann.

E-Business-Projektmanager müssen sich aber auch um eine Reihe weiterer Probleme kümmern, über die sich Projektmanager bei ERP-Installationen keine Sorgen machen müssen. Dazu gehört in erster Linie die Notwendigkeit einer einfachen, intuitiven Oberfläche sowie die Hilfefunktion, die in die nach außen gerichteten Webseiten integriert werden muss. Dazu gehört ausserdem die Sicherheit aller Transaktionen über das Internet zu gewährleisten, die Koordinierung zwischen der Web-basierten Front-End Technologie und dem Back Office ERP oder Alt-Systemen zu ermöglichen und Prozesse, Daten und die Kommunikation zwischen den Geschäftspartnern zu koordinieren. Wie bei ERP-Installationen müssen sich Projektmanager, die an einer E-Business-Einführung arbeiten, auf die drei Schlüsselelemente der Projektplanung konzentrieren: Ziele, Umfang und Ressourcen. Die Ziele bei E-Business-Projekten sind meist kurzfristiger ausgerichtet und durch weniger Meilensteine gekennzeichnet als bei einer ERP-Einführung. Der Umfang ist in der Regel eher begrenzt und kann leicht definiert werden. Welche Ressourcen benötigt werden, lässt sich meist leicht feststellen. Bei der Beschaffung dieser Ressourcen können jedoch Probleme auftreten, da E-Business eine „heiße" Technologie ist und alle Unternehmen Leute suchen, die in der Lage sind, ihre E-Business-Projekte in die Tat umzusetzen. Darüber hinaus muss ein Unternehmen, das eine ERP/E-Business-Initiative verfolgt, die Wechselwirkung der Faktoren Zeit, Kosten und Qualität berücksichtigen und versuchen, eine optimale Balance zwischen diesen Faktoren zu erreichen (Abbildung 11.1).

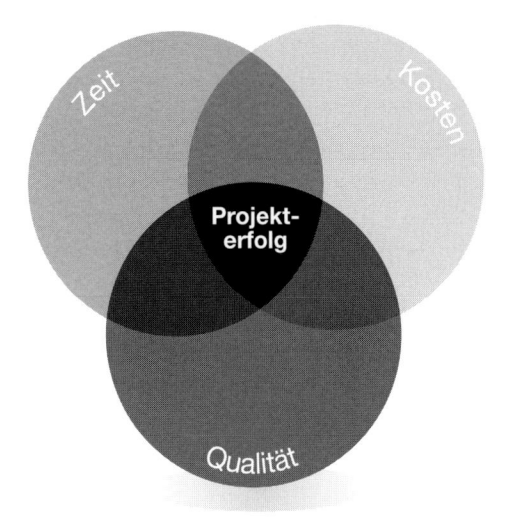

Abb. 11.1 Der Projekterfolg basiert auf den Aspekten Zeit, Kosten und Qualität

Wenn ein Unternehmen versucht, eine Web-basierte Technologie zu implementieren und gleichzeitig ein ERP-System einzuführen oder aufzurüsten (wir bezeichnen dies als „Doppelstrategie" bei seiner Migration), können durch die Überlagerung der verschiedenen Programme und Projektgruppen, die eng koordiniert werden müssen, Probleme entstehen. Dies kann sich als extrem schwierig erweisen, da die beiden Projekte oft sehr unterschiedlich strukturiert sind und sie sich in ihrem natürlichen Ablauf unterscheiden.

Wie begegnen ERP-Anbieter den Herausforderungen des E-Business?

E-Business Investments auf dem Business-to-Business Markt schaffen bereits heute ein zunehmend komplexes und effizientes Netz von Geschäftspartnern, das es erforderlich macht, ERP eine neue Rolle zuzuweisen. Die ERP-Anbieter arbeiten intensiv an der Aufstellung und Umsetzung von Strategien, die sich in das E-Business Modell einfügen. In der Welt des E-Business müssen Unternehmen ihre Erwartungen, was ERP leisten kann, revidieren. Anfang der neunziger Jahre wurde ERP als ein Instrument für rationellere Geschäftsprozesse und als strategische Investition angepriesen, das dazu beiträgt, eine erstklassige Systeminfrastruktur aufzubauen. Heute hingegen gilt ERP als Grundgerüst, über das Daten an leistungsfähige Tools für den Entscheidungs-Support und andere Tools geleitet werden, die diese Daten in nutzbare Geschäftsinformationen verwandeln. Installation und Wartung eines ERP-Systems sind taktische Aufgaben.

In den neunziger Jahren galt ein gut funktionierendes ERP-System als Wettbewerbsvorteil. Tatsächlich basierte dieser Vorteil aber auf Supply Chain Management (SCM) und Customer Relationship Management-Systemen (CRM). Ohne ERP entfalten jedoch weder SCM noch CRM ihr volles Potenzial. Anbieter von ERP-Systemen sahen sich an ihren Flanken attackiert von Nischenanbietern, die Systeme für die Vernetzung der einzelnen Unternehmen untereinander entwickeln. Einige dieser Systeme sind Front-End Buy- oder Sell-Technologien, andere sind komplexere CRM- oder SCM-Systeme. Einige dieser Systeme sollen innerhalb des Unternehmens so miteinander verknüpft werden können, dass ein ERP-System überflüssig wird. Zum jetzigen Zeitpunkt halten wir diese Behauptungen jedoch für unglaubwürdig. Diese „Bolt-On"-Produkte lassen sich oft nur schwer integrieren und erfordern vermittelnde beziehungsweise „Middleware"-Produkte.

Vorläufig gibt es für ein Unternehmen keinen Grund, sein installiertes ERP-System abzuschaffen. ERP ist noch immer die geeignetste und leistungsfähigste Transaktions-Engine, um Informationen innerhalb des Unternehmens zu bewegen. Wir sind der Überzeugung, dass ERP auch weiterhin das Transaktions-Backbone sein wird, auf dem Entscheidungs-Support-,

„Data Warehousing"- und E-Business-Anwendungen aufsetzen. Um ihre Position in der Welt der elektronischen Transaktionsverarbeitung aber behaupten zu können, müssen ERP-Anbieter die drei folgenden strategischen Initiativen kombinieren und umsetzen:

1. Erweiterte ERP-Funktionalität. Um E-Business zu unterstützen, werden sich die ERP-Systeme der Zukunft deutlich von den Systemen des zwanzigsten Jahrhunderts unterscheiden. Das Design und der Aufbau dieser zukünftigen Systeme wird auf einer Cross-Enterprise Connectivity basieren, die mit Hilfe des Internet Protocol (IP) eine Integration zwischen Geschäftspartnern ermöglicht und integriertes Sales- und Marketing- sowie Supply Chain Management, Customer Relations Management, Human Resources, Finanzen und Engineering und Design umfasst. Diese Systeme werden auch in Zukunft ein immer leistungsfähigeres Decision-Support Modeling, „Date Warehousing"-Lösungen und CRM-Funktionalitäten bieten.

2. Aufbau von „User Communities" durch Portale und Börsen. ERP-Anbieter werden versuchen, entweder allein oder in Zusammenarbeit mit Partnern, Trading Communities über Web-Portale aufzubauen, die ihre eigene ERP-Software nutzen. Diese Strategien der ERP-Anbieter zielen in ihrer Gesamtheit auf eine Verbreiterung der ERP-Kundenbasis (entweder durch hausinternes Management, Outsourcing an einen Service-Anbieter oder „gemietete" Anwendungen von einem Application Service Provider [ASP]) und auf eine Intensivierung der Nutzung der ERP-Funktionalität in den Unternehmen von Kunden.

3. Schaffung neuer Modelle für die Bereitstellung von ERP-Funktionalitäten. Um die hohen Kosten zu vermeiden, die Unternehmen bei der Installation und Wartung von ERP-Systemen entstehen, werden ERP-Anbieter verstärkt Modelle entwickeln, die den Unternehmen das Outsourcing des Systemmanagements von speziellen ERP-Technologien an externe Service-Anbieter ermöglichen. ERP-Software Unternehmen, die bereits am Markt sind, und möglicherweise einige neue Firmen oder Partnerschaften zwischen mehreren Unternehmen, werden ebenfalls Services anbieten, die es den Kunden ermöglichen, ERP-Anwendungen auf Transaktions- oder Benutzer-Basis zu erwerben. Die Bereitstellung dieses Service ist in hohem Maße vom Internet abhängig.

Dimensionen	ERP-Anwendungen	E-Business Anwendungen
Mitarbeiter	Kunden	Verkäufer
Fokus	Internes Unternehmen nach außen	Externes Unternehmen nach innen
Freigabeprozess	Periodische, komplexe Aufrüstung	Kontinuierliche, kleine Änderungen
Verfahren der Integration mit anderen Unternehmen	Durch API oder EDI	Browser, Portale, IT
Geschäftsprozesse	komplex	einfach
Benutzer-Schnittstelle	Benutzerschulung erforderlich	intuitiv

Abb. 12.1 ERP-Anwendungen verglichen mit E-Business Anwendungen

Abbildung 12.1 veranschaulicht den Unterschied zwischen ERP- und E-Business Anwendungen in verschiedenen Bereichen.

Erweiterte ERP-Funktionalität

In der Welt der elektronischen Transaktionsverarbeitung geht es nicht mehr allein darum, wie gut Daten in einer Anwendung gespeichert und verwaltet und im Unternehmen verteilt werden können. Im Mittelpunkt des Interesses steht heute sowohl die Aufbereitung dieser Daten, um sie in Informationen und Wissen zu verwandeln, als auch die Verteilung dieser Daten und Informationen im gesamten Unternehmen, um kompetente erweiterte Unternehmen zu schaffen. ERP-Software-Pakete werden unter anderem die folgenden Bereiche abdecken:

– Customer Relationship Management
– Advanced Planning and Scheduling
– Wert-basiertes strategisches Management

In einer 1999 durchgeführten Umfrage von AMR Research wurden 800 US-amerikanischen Unternehmen mit Umsätzen zwischen 30 und 80 Millionen Dollar gefragt „Was ist das wichtigste Auswahlkriterium?" für einen ERP-Anbieter. 40 Prozent der befragten Unternehmen gaben SCM als wichtigstes Kriterium an. Weitere 17 Prozent nannten CRM und weitere 15 Prozent gaben E-Business an. Branchenerfahrung wurde hingegen von weniger als zehn Prozent als wichtigstes Kriterium genannt, und weniger als fünf Prozent sagten, dass die Informationsbeschaffung am wichtigsten sei.

Customer Relationship Management

Früher war die CRM-Technologie mit dem ERP-System des Unternehmens gekoppelt. Heute sind die Anwendungen in zunehmenden Maße über das Internet verfügbar oder Teil eines ERP-Programmpakets. Web-basierte CRM-Anwendungen beinhalten Customer Self-Service, Data-Mining zur Abgrenzung und Ausnutzung des Kaufverhaltens sowie eine datengestützte Personalisierung des Selling-Bereichs auf der Grundlage der von Kunden gezeigten Präferenzen, die anhand ihrer Klick-Muster festgestellt wurden. Diese Daten müssen jedoch an einem bestimmten Ort gespeichert werden. ERP-Anwendungen mit einer Verbindung zu E-Business-Anwendungen und Data-Warehouses sind zwei mögliche Optionen.

Die Kundenbegeisterung ist der Schlüssel zur Steigerung des Umsatzes. Studien haben ergeben, dass nur begeisterte Kunden wirklich loyal sind. Wenn Kunden begeistert sind, ist ihre Zufriedenheit so groß, dass sie immer wieder kommen. Die Informationstechnologie ermöglicht es flexiblen Unternehmen, ihre Kundenbeziehungen zu stärken, indem sie den Verkauf, die Produktkonfigurations-, Planungs- und Designprozesse mit den Prozessen ihrer Kunden integrieren.

CRM-Systeme ermöglichen einem Unternehmen, Daten über Kunden zu sammeln, von denen sie sich Aufschluss über spezifische Kaufgewohnheiten und Trends erhoffen. Aber erst durch die Nutzung des Internet sind im Bereich der Massenproduktion tätige Unternehmen in der Lage, ihre Kundenbeziehungen effektiv zu personalisieren. In der Welt des E-Business können Unternehmen die persönlichen Kundenbeziehungen wieder aufleben lassen, die vor der Entstehung der Massenmärkte existierten. Die Unternehmen können ihr Wissen über Kunden nutzen, um den Kunden-Service zu personalisieren, während sie weiterhin standardisierte Produkte verkaufen. CRM ist hierfür ein geeignetes Instrument.

Der GartnerGroup zufolge wird „CRM erreicht, indem qualifiziertes Personal für den Kundenkontakt, optimierte Prozesse und qualifizierte Technologien miteinander kombiniert werden, um optimale Unternehmensumsätze und Gewinne mit einer maximalen Kundenzufriedenheit in Einklang zu bringen." Die Betonung liegt dabei auf *kombinieren*. Um eine möglicht hohe Effizienz zu erreichen, muss CRM als eine Kombination von Menschen, Prozessen und Systemen aufgefasst und darf nicht als eine eng definierte IT-Anwendung verstanden werden. CRM gehört zu der neuen Generation von ERP-Anwendungen, bei denen nach außen gerichtete Prozesse im Mittelpunkt stehen. Bei diesen Anwendungen werden die Prozesse mit Hilfe der unternehmensinternen Transaktionsverarbeitungs-Engine der eigentlichen

ERP-Systeme miteinander verknüpft. Da in vielen Unternehmen bereits ERP-Systeme implementiert wurden, existiert bereits ein Backbone, auf dem CRM aufgebaut werden kann. CRM erfordert ein „Neues Marketing", das auf der Kombination von vier Schlüsseltechnologien basiert: Technologie-gestütztes Selling, Call Center, E-Business sowie Data-Warehousing und Data-Mining, um einen nahtlosen Kunden-Service zu ermöglichen.

Advanced Planning and Scheduling

Durch die Globalisierung und kürzere Produktzyklen sowie eine größere Zahl an Produktvarianten ist es für Unternehmen wichtiger als je zuvor, die Effizienz ihrer Supply Chains zu maximieren. Mit ERP-Systemen lassen sich die Informationsströme von Supply-Chain-Aktivitäten zwar integrieren, aber diese Systeme basieren auf der Logik des Manufacturing Resource Planning (MRP II). Advanced Planning and Scheduling (APS) Software ermöglicht jedoch ein besseres Management der Informationsströme von Supply-Chain-Aktivitäten.

APS-Systeme arbeiten zwar ähnlich wie jede andere Planungs-Software, die dem Kunden einen uneingeschränkten Service bietet und gleichzeitig die Kosten für das Unternehmen minimiert, diese Systeme unterscheiden sich jedoch insofern von ERP-Planungs-Software, dass sie Managern Eingriffe in die Lieferkette in Echtzeit ermöglichen. Die Vorteile dieser Software betreffen im wesentlichen die drei folgenden Bereiche:

1. Faktorenbasierte Planung
2. Transaktionsverarbeitung in Echtzeit
3. Integration

Während Materials Requirement Planning (MRP) und seine Nachfolgesysteme MRP II und ERP dem Planer für multiple Faktoren lediglich Ausnahmeberichte liefern, gewichtet ASP sämtliche Faktoren (Materialien, Arbeit, Maschinen sowie Lager und Logistik) und schlägt optimale Planungsszenarien zur Abstimmung dieser Faktoren vor, damit den Kunden der bestmögliche Service zu möglichst niedrigen Kosten für das Unternehmen geboten werden kann. Und während MRP-basierte Planungs-Tools immer nur jeweils einen Aspekt der Lieferkette berücksichtigen (zum Beispiel Materialien oder Kapazitäten), sind ASP-Systeme modular aufgebaut und können so ausgelegt werden, dass gleichzeitig mehrere Faktoren einbezogen werden. Auf diese Weise entsteht eine wirklich integrierte Lösung für die Probleme des Supply Chain Managements.

Unternehmen, die auf APS-Software umgestellt haben, konnten deutliche Verbesserungen in verschiedenen Bereichen erzielen, zum Beispiel eine Verringerung der Lagerbestände um 20 bis 70 Prozent, Einsparungen bis zu 12 Prozent und eine Reduzierung des Kapitalbedarfs um bis zu 15 Prozent. Die bedeutendsten Fortschritte aber konnten beim Umsatz realisiert werden, der dank eines verbesserten Kunden-Service um 2 bis 15 Prozent anstieg, und bei der Produktion, deren Ausstoß sich um 2 bis 6 Prozent erhöhte, sowie in Gestalt einer besseren Customer Response bei niedrigeren Gesamtkosten. Die Verbesserungen beschränken sich jedoch nicht auf die quantifizierbaren Resultate. APS bewirkt auch Prozess- und Verhaltensänderungen. Die Produktionsorganisation kann somit von einem funktionsbasierten Konzept auf ein prozessorientiertes System umgestellt werden. Planer können Wissen besser nutzen und auf diese Weise bessere Entscheidungen treffen. Die Produktionsorganisation kann sich zudem schneller und effektiver auf veränderte Kundenwünsche einstellen.

Wertorientiertes strategisches Management

Unternehmensentscheidungen können in drei Kategorien aufgeteilt werden: Investitionen, Finanzen und Entscheidungen im operativen Bereich. Investitions- und Finanzentscheidungen basieren auf Kapitalwert-Modellen oder ROV™. Bei Entscheidungen im operativen Bereich haben die Unternehmen jedoch nicht immer den Shareholder Value. Um die Nachhaltigkeit der Wertschöpfung zu gewährleisten, müssen aber die Manager auf allen Ebenen, wertorientierte Entscheidungen treffen. Um wertorientierte Entscheidungen wirksam zu unterstützen, müssen die Informationssysteme eines Unternehmens die folgenden Eigenschaften aufweisen:

- Während der Entscheidungsfindung müssen die wesentlichen Informationen verfügbar sein.
- Das System muss flexibel sein und Veränderungen von Organisationsstruktur, Prozessen und Markt widerspiegeln.
- Es muss möglich sein, Daten in einem für das Unternehmen relevanten Kontext darzustellen. Zum Beispiel Umsätze nach Ländern, Umsätze nach Produktlinien, Gewinn je Geschäftsbereich und Entwicklungszeit nach Werken.

- Das System muss einen Multi-User Zugriff bieten, der es ermöglicht, dass eine gemeinsame Informationsquelle von allen Entscheidungsträgern im Unternehmen genutzt werden kann.
- Die Konsistenz der Daten muss gewährleistet sein. Darüber hinaus müssen die Daten zeitnah verfügbar sein, damit alle Benutzer diesen Daten vertrauen können.
- Das System muss auch für Entscheidungsträger außerhalb des Finanz- und IT-Bereichs benutzerfreundlich sein.
- Das System muss flexibel, dynamisch und weitgehend automatisiert sein, um eine Entscheidungsfindung in Echtzeit zu ermöglichen, und es muss mit Dritt-Anwendungen, die die Funktionalität verbessern, integrierbar sein.
- Und schließlich muss es stabil und skalierbar sein, um auch große Datenmengen aus verschiedenen Quellen verarbeiten zu können.

In einem solchen integrierten System müssen Daten sowohl aus internen als auch aus externen Quellen zusammenlaufen und im Rahmen des Leistungsmessungsprozesses mit den Zielvorgaben verglichen werden. Auf diese Weise werden Daten in Management-Informationen verwandelt. Diese Informationen werden dann mit Hilfe von Simulationen und Szenarien in Wissen umgewandelt, das als Grundlage für die strategische Planung dient. Aus diesen Plänen werden Zielvorgaben entwickelt, die das Management der operativen Performance bestimmen. Damit schließt sich der Kreis.

Ein Unternehmen muss nicht nur Vergangenheitsdaten auswerten können sondern zudem in der Lage sein, in die Zukunft gerichtete Informationen zu beherrschen, zum Beispiel Budgets, Forecasts und Kalkulationen. Um die Beschaffung von Daten zu gewährleisten und eine solide Basis für Entscheidungen zu schaffen, müssen die internen Informationen mit Informationen aus externen Quellen abgeglichen werden. Über das Internet ist der Zugriff auf externe Daten kein Problem mehr. Die Herausforderung besteht darin, aus einer Unmenge von Daten die wesentlichen Informationen herauszufiltern. Die sich permanent verändernden, oft unstrukturierten und in der Regel eher qualitativen als quantitativen externen Daten lassen sich nur schwer filtern und assimilieren.

Ohne die geeigneten Tools haben viele Unternehmen externe Informationen in der Vergangenheit unmethodisch und sporadisch genutzt. Die Geschwindigkeit, mit denen sich Veränderungen im Informationszeitalter vollziehen, macht einen systematischeren Ansatz jedoch unverzichtbar. Alle größeren ERP-Hersteller bieten wertorientierte strategische Management-

Funktionalitäten. Zum Beispiel PeopleSoft mit seiner Enterprise Performance Management Workbench oder die Module von Oracle und SAP.

Shared Services

Die Ausdehnung von ERP-Funktionen auf das Internet bietet die Möglichkeit, die Organisationsstruktur von Shared Service Centern (SSC) zu verändern. Mit Hilfe der Web-basierten Technologie können Mitarbeiter, die an entfernten Standorten arbeiten, Shared Services anbieten. Auf diese Weise entsteht ein virtuelles SSC. Die gleiche Internet-Technologie, die Kunden den Zugriff auf Informationen über die Ausführung von Bestellungen und Lieferanten den Zugang zu Nachfrageinformationen ermöglicht, eröffnet die Möglichkeit, viele Aktivitäten, die bislang den Einsatz von Personal erforderten, auf ein „Self-Service"-Modell umzustellen. Diese Aktivitäten mit Personaleinsatz machen einen immer größeren Teil der Aufgaben eines SSC in einer Internet-basierten Welt aus.

Portale, Communities und Börsen

Beim Web-basierten Einkauf und Verkauf werden die größten Benefits realisiert, wenn die Produktionsplanung und Beschaffung aller (produktions- und nicht-produktionsbezogenen) Materialien Internet-gestützt und integriert abläuft. Derzeit schaffen ERP-Anbieter, Anbieter von Spezialsystemen, Unternehmen aus verschiedenen Branchen und Dot.com-Unternehmen eine Reihe unterschiedlicher Portale, Communities und Börsen. Einige dienen ausschließlich dem Einkauf und Verkauf in einer bestimmten Phase der Produktion. Andere beinhalten Produktionsmaterialien, Hilfsstoffe, Subunternehmen, Zulieferwerke und Transportoptimierung.

Die zurzeit entstehenden Portale, Communities und Börsen weisen noch keine engen Verbindungen zu ERP-Systemen auf. Einige ERP-Anbieter versuchen, eigene Portale aufzubauen. Andere wiederum gehen Partnerschaften ein, um entweder horizontale Portale innerhalb einer bestimmten Branche oder vertikale Portale aufzubauen, die auf ein bestimmtes Segment innerhalb einer Branche abzielen. Im Zusammenhang mit Portalen stellt sich in erster Linie die Frage „Werden die einzelnen Branchen viele oder nur einige wenige Portale hervorbringen und werden diese Portale offen oder proprietär sein?" Bislang gibt es viele proprietäre Portale und die Frage lautet „Wie weit kann ein proprietäres Portal wachsen, bevor es an seine natürliche Grenzen stößt?"

Portale und Business Communities sind schnell entstehende Geschäftskonzepte, und die an ihrer Entwicklung beteiligten Unternehmen durchlaufen einen rapiden Konsolidierungsprozess. Ende Dezember 1999 zum Beispiel übernahm Ariba (ein Hersteller von „Nonproduction"-Beschaffungs-Software und Manager von „Nonproduction"-Einkaufskatalogen für Unternehmen) Tradex Technologies (ein Entwickler von elektronischen Marktplätzen) für einen Kaufpreis von 1,86 Milliarden Dollar, der in eigenen Aktien bezahlt wurde. VerticalNet, eines der ersten Unternehmen im Bereich der unabhängigen Börsenplätze, ging 1999 an die Börse und verwendete den Erlös für die Übernahme von vertikalen Börsen. Einige Börsen ermöglichen Branchenteilnehmern die Übernahme von Aktienpaketen, die nicht nur der Kapitalbeschaffung dienen sondern auch übernommen werden, um das Konzept und die operativen Prozesse des betreffenden Unternehmens zu validieren. Beispielsweise hat sich DuPont an CheMatch beteiligt, und Dow hat in ChemConnect investiert.

Neue Modelle für die Bereitstellung von ERP-Funktionen

In Zukunft wird ERP nicht nur ein anderes Aussehen besitzen als heute, es wird den Kunden in vielen Fällen auch auf andere Weise bereitgestellt. In Zukunft muss sich die Hardware, auf der ein ERP-System installiert ist, nicht unbedingt auf dem Gelände eines Unternehmens befinden oder vom Unternehmen verwaltet werden. Diese Aufgabe kann durch ERP-Vertragsunternehmen und ASPs wahrgenommen werden. Die Wartung und Services für die Anwendungen und die Datenbank können an externe Firmen vergeben werden.

Neben den klassischen Kunden und ASPs gibt es einen neuen, nicht-traditionellen Anbieter in der Welt des ERP: Seit 1996 entwickelt BizTone ein ERP-System, das nur über das Internet bereitgestellt wird. Das Unternehmen, das sich 1999 in Asien niedergelassen hat, vermietet seine ERP-Anwendungen und andere Anwendungen, die mit seinem ERP-System kombiniert werden können, an Kunden auf der ganzen Welt. Während die traditionellen ERP-Anbieter ihre ERP-Systeme für den Internet-Betrieb nachträglich umgerüstet haben, hat BizTone seine ERP-Software mit Hilfe einer Java-Version entwickelt, um das Basissystem über das Internet verfügbar zu machen.

Der Wert, den eine Beziehung zu einem traditionellen Outsourcer (ASP) oder einem Anbieter von Internet-gestützten Dienstleistungen für ein Unternehmen hat, ist abhängig von der Komplexität der Anwendung, die auf Transaktionsbasis, im Rahmen eines langfristigen Mietvertrages oder als Eigentum mit externer Wartung eingesetzt wird. In jedem Fall stehen dem Kunden auf diese Weise immer die neuesten Software-Upgrades zur Verfügung, die auf dem Server des Service-Anbieters installiert sind. Die Einsparungen bei der Installation, Schulung und der laufenden Wartung können beträchtlich sein.

Wo stehen die Anbieter heute?

Zurzeit arbeiten die ERP-Anbieter entweder allein oder im Verbund mit anderen Anwendungsanbietern oder Branchenteilnehmern daran, ihre traditionellen Module für das Internet fit zu machen, ihre Lösungen zur Erweiterung der E-Buy und E-Sell Module, zur Integration von Wertschöpfungsketten und um den Kunden fern-gehostete Implementierungsoptionen zu bieten und Portale zu entwickeln. Mit diesem Bemühungen sollen die Nischenanbieter zurückgedrängt werden, die an die Türen der Unternehmen klopfen. Abbildung 12.2 enthält eine Übersicht über die E-Business Funktionalitäten und die Software-Anbieter, die in diesem Bereich konkurrieren.

SAP mit einem Marktanteil von 30 Prozent bei den installierten ERP-Systemen (12 000 Kunden) ist derzeit damit beschäftigt, seine aktuelle Modulpalette für das Internet fit zu machen. Das Unternehmen, dessen ERP-Module auf der Grundlage eng umrissener Geschäftsprozesse konzipiert wurden, baut diese Prozesse momentan zu so genannten unternehmensübergreifenden Geschäftsszenarien aus. SAP prüft zudem die Möglichkeiten, ein Outsourcing des Betriebes von ERP-Modulen anzubieten. Dabei kooperiert das Unternehmen mit externen Firmen, die ein ERP-Management im Outsourcing anbieten können.

Darüber hinaus hat das Unternehmen den Online-Arbeitsplatz mySAP.com entwickelt. Mit mySAP.com hofft SAP, 20 vertikale Börsen (so genannte Marktplätze) in den Schlüsselbranchen zu schaffen, in denen das Unternehmen über eine breite installierte Basis verfügt. Außerdem will es ASP-Dienste für Unternehmen anbieten, die die SAP-Technologie zurzeit noch nicht nutzen. Bis Oktober 1999 hatte das Unternehmen bereits einige dieser Marktplätze etabliert, aber in den meisten Fällen waren wichtige Fra-

Oracle, SAP

Siebel, Vantive, SAP (CRM)

BroadVision

CheckFree TransPoint Spectrum (The Exchange)

SAS Hyperion

PeopleSoft

Microsoft, Oracle, NCR

Sterling Software

IBM Digital Cash CyberCash Qpass

Ariba Commerce One SAP (B2B)

i2, Manugistics SAP (APO)

IBM, CrossWorlds

Kunden

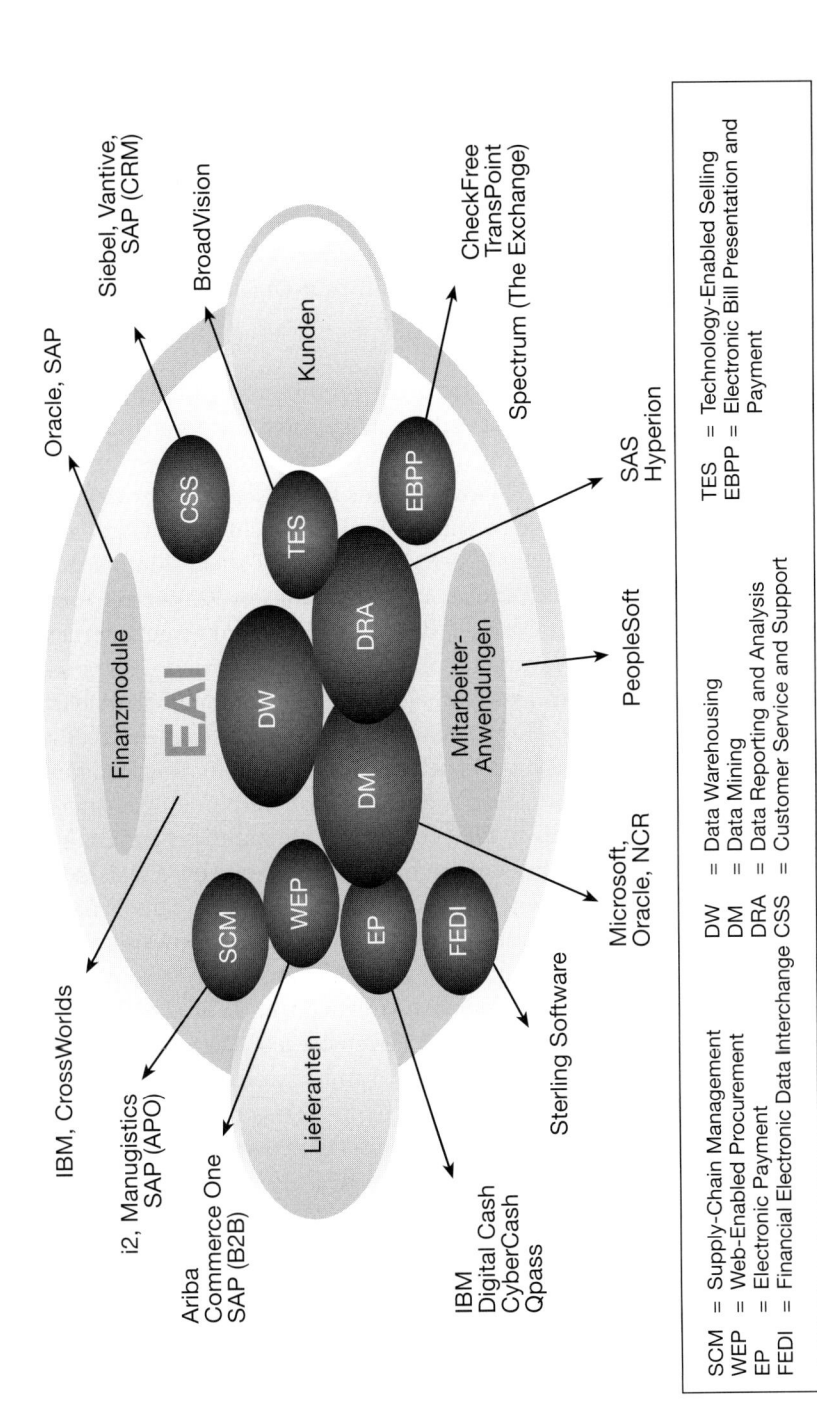

Finanzmodule

EAI

Mitarbeiter-Anwendungen

Lieferanten

CSS, TES, DW, DRA, DM, EBPP, SCM, WEP, EP, FEDI

SCM	= Supply-Chain Management	DW	= Data Warehousing	TES	= Technology-Enabled Selling
WEP	= Web-Enabled Procurement	DM	= Data Mining	EBPP	= Electronic Bill Presentation and Payment
EP	= Electronic Payment	DRA	= Data Reporting and Analysis		
FEDI	= Financial Electronic Data Interchange	CSS	= Customer Service and Support		

Abb. 12.2 E-Business-Fähigkeiten von ERP-Anbietern

gen, wie zum Beispiel Handelsregeln, Methoden und Verfahren, Preisgestaltung und das Datencentermanagement noch nicht vollständig gelöst.

Oracle war der erste der großen ERP-Anbieter, der seine Module für das Internet angepasst hat. Derzeit erweitert das Unternehmen sein Programmpaket um die CRM-Technologie. Oracle hat mit seinem Business Online (BOL) ebenfalls den Schritt zu alternativen Bereitstellungslösungen gewagt. Über dieses System verkauft das Unternehmen ERP-Software und übernimmt gegen eine Gebühr das Management. Laut Oracle macht BOL das Unternehmen zum größten ASP-Anbieter in Europa und den Ländern Amerikas.

Im September 1999 kündigte Oracle ein Joint-venture mit Ford unter dem Namen AutoXchange an. Mit AutoXchange sollte für Ford und seine Zulieferer eine Trading Community für den Einkauf geschaffen werden. Die Zulieferer von Ford sollten mit Hilfe des Portals in die Lage versetzt werden, untereinander einzukaufen, auch wenn die Einkäufe nicht in die Güter einfließen, die für Ford als Endkunde gefertigt werden. General Motors und Commerce One kündigten im Oktober 1999 ein ähnliches Projekt an. Ford, General Motors und Daimler-Chrysler, das bis dahin noch keinen Internet-Marktplatz geschaffen hatte, wurden jedoch von den Lieferanten gedrängt, einen gemeinsamen Standard auszuarbeiten. Die drei Automobilhersteller und zwei Technologieunternehmen sind an dem neuen Gemeinschaftsunternehmen beteiligt. Andere Unternehmen folgen diesem Beispiel, zum Beispiel Sears und Oracle sowie die französische Carrefour im Einzelhandel.

PeopleSoft bietet seit Sommer 1999 ein E-Procurement-Paket an und hat zudem Vantive Corporation übernommen, um in den Besitz der CRM-Technologie zu gelangen. PeopleSoft hat darüber hinaus unter dem Namen *Enterprise Performance Management* eine Palette von Analyseanwendungen für das strategische Management entwickelt. Seit Anfang 2000 kooperiert PeopleSoft mit dem Einzelhandelsunternehmen GUESS? Und mit Commerce One, um ein Portal für Zulieferer, Hersteller und Einzelhändler der Bekleidungsindustrie zu entwickeln. Das System verwendet PeopleSoft eProcurement und Supply-Chain-Management-Lösungen in Verbindung mit MarketSite von Commerce One, der Business-to-Business Portaltechnologie des Unternehmens.

PeopleSoft kooperiert zudem mit der Gallaudet University in Washington D.C., der weltweit einzigen geisteswissenschaftlichen Hochschule für Taube, bei der Entwicklung einer Self-Service E-Business-Umgebung für Studenten und die Fakultät, um Zugang zu der ERP-Informationsdatenbank der Schule zu erhalten. Die Studenten können mit den Systemen den Katalog durchsuchen, ihre Zensuren anzeigen und Kurse belegen oder streichen. Die Fakultät kann Zensuren eingeben, Klassenpläne prüfen und andere Verwaltungsaufgaben durchführen.

J.D. Edwards arbeitet unter dem Namen OneWorld an einer Internetfähigen Version seiner Basis-ERP-Programme. Durch die Übernahme von Numetrix stößt das Unternehmen zudem in das Supply Chain Management vor. Da bei seinen Produkten immer die Geschäftsabläufe von Anwendungen und Daten getrennt waren, hofft J.D. Edwards, eine größere Flexibilität zu erreichen und Kunden eine einfachere Einbindung von E-Business Front-End-Technologien zu ermöglichen. Das Unternehmen hat zudem das Portal ActivEra entwickelt, das Benutzern einen Zugang zu den ERP-Lösungen von J.D. Edwards und auch zu Software-Anwendungen von anderen Anbietern, wie zum Beispiel der CRM-Software von Siebel Systems, bietet.

Die E-Business-Anwendungen von Baan basieren auf der Site-Server-Software von Microsoft. Das Programmpaket umfasst drei Module: E-Sales, E-Collaboration und E-Procurement. Diese Module sind einfache, relativ kostengünstige Self-Service Anwendungen.

Das Unternehmen i2 ist ein traditioneller Anbieter von Supply Chain Management Software, der leistungsfähige APS-Software verkauft. Es ist jedoch zu erwarten, dass i2 (wahrscheinlich in naher Zukunft) von außen in Unternehmen Einzug hält. Das Unternehmen entwickelt SCM-Software, die laut Miller-Williams, einem Forschungsinstitut mit Sitz in Atlanta, seinen Kunden (meist Computer-Herstellern) durch die Integration der Supply Chains bereits Einsparungen in Milliardenhöhe ermöglicht hat. i2 hat zudem mit der Entwicklung von Branchenportalen begonnen, über die sich die Kunden des Unternehmens untereinander vernetzen können. Ende 1999 startete i2 sein eigenes Portal TradeMatrix, das eine eingebettete Logik zur Optimierung des Decission Support beinhaltet. Ein Portal-Client kann die Faktoren und Losgrößen berechnen sowie APS und eine Zusammenarbeit bei der Planung innerhalb des Portals durchführen. Anschließend können diese Berechnungen in das eigene Decission Support System des Client übertragen werden.

Wie werden sich Unternehmen vernetzen?

Heute besitzt E-Business noch eine integrierte modulare Architektur. Bislang hat noch kein Unternehmen die Standards festgelegt, an denen sich andere Unternehmen orientieren müssen. Bleibt die Frage „Wie werden sich Unternehmen vernetzen? Mit ERP-zu-ERP, Vernetzung der Einkaufsseite eines Unternehmens mit der Verkaufsseite eines anderen Unternehmens oder über externe Integratoren (Portale von Einzelanbietern oder mehreren Anbietern)?"

Alle ERP-Anbieter setzen auf Portale – die einen mehr, die anderen weniger. Sie betrachten diese Strategie, wie auch alternative Modelle der Bereitstellung von ERP (durch Outsourcing oder ASP-Beziehungen), als Möglichkeit, ihre installierte Basis oder ihre Mieterbasis auszuweiten und ihr Wachstum trotz E-Business fortzusetzen. Externe Analysten stimmen dieser Sichtweise zu. AMR Research glaubt, dass ERP-Anbieter zwischen 2000 und 2005 ein Wachstum von rund 30 Prozent pro Jahr erzielen können. Dies entspricht einer Halbierung der Wachstumsrate in den Jahren 1995 bis 2000, stellt aber dennoch ein stabiles Wachstum dar. Es ist aber nicht zu erwarten, dass alle diese Anbieter ihren Wachstumskurs fortsetzen können. Wie wir bereits bei der Vorstellung der Bewertungsmodelle für ERP und E-Business festgestellt haben, muss jedes Unternehmen an einem gewissen Punkt einige der Optionen ausschließen, die E-Business eröffnet; es muss sich für eine Strategie entscheiden und diese dann effizient in die Tat umsetzen.

Wenn Unternehmen untereinander Verbindungen aufbauen wollen, um Informationen auszutauschen und ihre Beziehungen effektiver zu gestalten, müssen sie sich auf eine gemeinsame Sprache, Grammatik und Syntax für die auszutauschenden Daten einigen. Die Software-Anbieter (traditionelle ERP-Anbieter und andere) mit den offensten Systemen, die eine Zusammenarbeit zwischen den Unternehmen leicht machen, werden die Gewinner sein. E-Business erfordert eine enge Zusammenarbeit der Geschäftspartner. Die meisten ERP-Systeme sind technisch dazu noch nicht in der Lage. ERP wurde ursprünglich für die Welt des elektronischen Datenaustauschs (EDI) entwickelt. An der Schwelle zum Internet-Zeitalter befinden sich die ERP-Anbieter heute in einem Anpassungsprozess. Daher müssen die meisten Unternehmen ihre bestehenden ERP-Systeme, die schnell veralten und zu Altsystemen werden, umarbeiten, aufrüsten und in einigen Fällen sogar ersetzen oder neu einführen. Als die meisten großen, globalen Konzerne Mitte der neunziger Jahre mit der Implementierung solcher Systeme begannen, war der erforderliche Umfang der Zusammenarbeit jedoch nicht abzusehen.

Eine einzelne Anwendung schafft oder bietet keinen Wettbewerbsvorteil. Derzeit ist eine Integration von ERP von externen Anbietern, Decision-Support-Tools, Middleware, Customer Development und Websites zwischen den einzelnen Geschäftspartner-Communities erforderlich, damit sich die Verheißungen des E-Business erfüllen. Jedes große Unternehmen, das ernsthaft am E-Business teilnehmen will, muss noch große Anstrengungen bei der Systemintegration unternehmen. Eine Patentlösung ist nicht in Sicht.

Glossar

Advanced Planning and Scheduling (APS)

Komplexe Decission-Support-Anwendungen, die eine lineare Programmierungslogik verwenden, um die optimale Lösung für komplexe Planungsprobleme zu finden, die von den Faktoren Material, Arbeit oder Kapazitäten bestimmt werden.

Applet

Eine extrem portable, von Maschinen unabhängige Anwendungskomponente, die entweder auf einem Web-Server oder lokal innerhalb eines Client-Browsers ausgeführt werden kann. Applets werden auf dem Server installiert, gewartet und aktualisiert und bei Bedarf transparent heruntergeladen. Applets werden auf dem Client-Computer gespeichert und vom Server „aufgefrischt", wenn der Client erneut eine Verbindung zu diesem Server herstellt.

Applications Programming Interface (API)

Eine Reihe von Aufrufkonventionen, die festlegen, wie eine Folge per Software aufgerufen wird. Mit API können von Benutzern oder Dritten geschriebene Programme mit bestimmten Programmen anderer Hersteller kommunizieren. Dies ermöglicht es Benutzern und Dritten, Funktionen zur Software anderer Hersteller hinzuzufügen.

Applications Service Provider (ASP)

Ein Unternehmen, das Software-Anwendungen zur „Miete" über das Internet anbietet. Einige ERP-Hersteller bieten selbst ASP Services in der Hoffnung, kleine und mittlere Unternehmen zu erreichen, die sich die Kosten für die Lizenzierung, Installation und den Betrieb von ERP-Produkten nicht leisten können, da diese Produkte möglicherweise bereits veraltet sind, nachdem sie vollständig installiert und in Betrieb genommen wurden. Andere ERP-Hersteller lizenzieren ihre Software an externe ASPs, die Software von vielen Herstellern besitzen und betreiben. Ein ASP ist nicht mit einem Anwendungs-Outsourcer identisch. Während der Outsourcer mit jedem Kunden eine individuelle Beziehung unterhält, liefert der ASP eine Standard-Lösung.

Geschäftsprozess-Outsourcing

Die Durchführung von Geschäftsprozessen auf Vertragsbasis, die nicht Teil des Kerngeschäfts sind, wie zum Beispiel Buchhaltung, Management von Sozialleistungen oder Logistik.

Customer Relationship Management (CRM)

Eine integrierte Kombination von Software-Tools, Geschäftsprozessen und Mitarbeiterfähigkeiten, die es einem Unternehmen ermöglichen, seinen Kunden einen besseren Verkauf und Service zu bieten. Dazu gehört ein personalisiertes Marketing, Werbemaßnahmen und die Preisgestaltung.

Enterprise Resource Planning (ERP)

Das Informationsleitungsnetz innerhalb eines Unternehmens, das eine effiziente Verteilung der internen Informationen ermöglicht, so dass sie für den Decision Support innerhalb des Unternehmens genutzt und mit Hilfe der E-Business-Technologie an Geschäftspartner in der gesamten Wertschöpfungskette weitergegeben werden können.

Extensible Markup Language (XML)

XML besitzt die gleichen Wurzeln wie Hypertext Markup Language (HTML), die Sprache des Internet. XML fügt aber Tags in die Daten ein, so dass sie von jedem Benutzer auf jeder beliebigen Computer-Plattform verstanden werden können.

Firewall

Spezielle Sicherheits-Hardware- und Software-Systeme, die den Netzwerkverkehr überwachen und den Informationsfluss zwischen den Netzwerken validieren. Eine Firewall schützt die interne IT-Umgebung eines Unternehmens vor Infiltration von außen, z.B. dem Internet.

Hypertext Markup Language (HTML)

Die zur Erstellung eines Hypertext-Dokuments verwendete Sprache. Hypertext-Dokumente sind das meistverwendete Format, mit dem im World Wide Web Information präsentiert wird. Sie ermöglichen, dass Dokumente mit verschiedenen Browsern und auf unterschiedlichen Computern angezeigt werden können.

Java

Eine von Sun Microsystems entwickelte objektorientierte Programmiersprache. Java kann zur Entwicklung von Internet-Applets oder als Allzwecksprache für die Anwendungsentwicklung verwendet werden. Ein Java-Programm wird auf einem virtuellen Computer, der Java Virtual Machine (JVM), ausgeführt. Dadurch werden Java-Programme portabel und können ohne Änderung auf vielen Betriebssystem-Plattformen ausgeführt werden.

Materials Requirement Planning (MRP)

Die erste, in den sechziger Jahren entwickelte Fertigungsplanungs-Software. Mit dieser Software wurde ermittelt, welche Materialien für welchen Fertigungsschritt und zu welchem Zeitpunkt benötigt werden.

Manufacturing Resource Plannung (MRP II)

Eine Weiterentwicklung von MRP mit differenzierteren Kalkulationen. Die logische Struktur von MRP wurde jedoch übernommen. MRP II wurde in den achtziger Jahren entwickelt.

Portal

Portale sind Zugänge zu integrierten Sets von Internet-basierten Informationen oder Business-Tools. Portale können von einem Software-Hersteller eingerichtet werden, um seine Tools Internet-fähig zu machen, von einem Branchenteilnehmer, um Lieferanten und Käufer innerhalb der gesamten Wertschöpfungskette zusammenzubringen, oder von Dritten, um Ein- und Verkäufe zusammenzufassen und zu vermitteln, entweder innerhalb einer Branche oder branchenübergreifend nach Produkten.

Shared Services

Die Zusammenlegung von nicht zum Kerngeschäft gehörenden Prozessen der Geschäftsbereiche eines Unternehmens in eine einzige Organisation. Das Konzept der Shared Services basiert auf Service-Levels und gegenseitigem Nutzen für die Geschäftsbereiche und die Shared-Service-Organisation. Die Auslagerung von nicht zum Kerngeschäft gehörenden Prozessen gibt den Geschäftsbereichsleitern die Möglichkeit, sich auf ihre strategischen Aktivitäten zu konzentrieren.

Supply Chain Management (SCM)

Die verschiedenen Aktivitäten, Tools und Software, die es einem Unternehmen ermöglichen, die Produktion der Geschäftspartner innerhalb der Wertschöpfungskette enger zu integrieren. Eine leistungsfähige Planungs-Software, wie zum Beispiel APS, ist Teil der Supply Chain Management Software.

Transmission Control Protocol/Internet Protocol (TCP/IP)

Verschiedene Protokolle über die das Internet definiert wird und die die Kommunikation zwischen verschiedenen, mit dem Internet verbundenen Computer- und Netzwerk-Typen ermöglichen.

Web-Browser

Software, die es dem Benutzer ermöglicht, die Inhalte im World Wide Web oder im Intranet oder Extranet eines Unternehmens zu betrachten und mit diesen Inhalten zu interagieren. Browser verarbeiten Texte, Grafiken und zum Teil auch Töne und Videosequenzen. Mit Browsern lassen sich Dateien heruntergeladen und bei Bedarf auch bearbeiten. Die wichtigste Aufgabe von Browsern ist die Anforderung von Daten von einem Server, die Interpretation der empfangenen Daten und die Darstellung dieser Daten für den Benutzer.

Web Server

Die Kombination von Hardware und Software, mit der Internet Web-Informationen abgerufen und Webseiten auf einen Web-Browser übertragen werden. Ein Web Server bietet zudem Messaging, Daten, Dialogmanagement und eine sichere Kommunikation.

Web Server Application Programming Interface (API)

Das API adressiert den Dialog zwischen den Web Servern und Unternehmensdaten und ermöglicht den Informationsfluss zwischen dem Browser, Web Server und dem Speicher für Unternehmensdaten. Das API ermöglicht es autorisierten Benutzern, mit Hilfe eines Browsers Finanzberichte zu betrachten, die direkt aus der Buchhaltungsdatenbank des Back-Office generiert wurden.

Danksagung

Dieses Buch wäre nicht möglich gewesen ohne die Hilfe und Hingabe von zahlreichen Personen. Ihr Beitrag zu diesem Projekt hat den manchmal beschwerlichen Weg von der Konzeption bis zur Veröffentlichung wesentlich erleichtert. Wir danken allen diesen Personen für ihre unschätzbare Unterstützung.

Unser Dank gilt insbesondere Ric Andersen für seine unerschütterliche Unterstützung. Ric gab uns Inspiration, war Ideengeber, Ratgeber und Motivator bei der Arbeit an diesem Projekt.

Gene Zasadinski redigierte unser Manuskript mit einer Hingabe und einer Liebe zum Detail, an der sich alle Leser erfreuen werden. Vor allem danken wir Gene Zasadinski für den Stil und das Gespür, mit dem er seine Aufgabe erfüllte und uns die nötigten Inputs gab. Dafür gebührt ihm unser Dank.

Ohne Jon Zonderman wäre dieses Buch nicht zustande gekommen. Er unterstützte uns als Ideengeber, half, unsere Gedanken zu ordnen, und trug dazu bei, dass wir uns auf das Wesentliche konzentrieren konnten. Wir danken ihm für seine zentrale Rolle in diesem Projekt.

Unser Dank geht auch an Yolanda White, die für sämtliche Abbildungen in diesem Buch verantwortlich war. Ihre Kreativität und technischen Fertigkeiten haben unser „Gekritzel" in professionelle Grafiken verwandelt, die den Text so großartig ergänzen.

Unser besonderer Dank gebührt den folgenden Kollegen für die Durchsicht unseres Manuskripts: Ryan Balsam, Chris Bennett, Ed Berryman, Jeff Brugos, William Dauphinais, William Q. Davis, Martin Deise, David Duray, Volker Flottau, Robert Freeman, Felix Giebfried, Larry Hupka, Mark E. Johnson, Lawrence Kenny, Joel A. Kurtzman, John Leffler, Bruce A. Levy, Roger Lipsey, Cathy Neuman, Edward M. Pillard, David A. Pleasance, Roderick N. Roy, William Serrao und Peggy Vaughn. Sie haben viele Stunden ihrer Zeit geopfert, um unsere Ideen zu konkretisieren und zu verfeinern und, dies ist wahrscheinlich ihr größtes Verdienst, unsere Worte in Frage zu stellen. Für diesen Beitrag gebührt ihnen unsere Anerkennung.

Andrew Alpern und Edward Silver berieten uns in Rechtsfragen und unterstützten uns mit konstruktiver Kritik am Manuskript. Sheck Cho und die Mitglieder seines Redaktions- und Herstellungs-Teams bei John Wiley & Sons waren unermüdlich für uns tätig. Wir danken jedem einzelnen für seine Unterstützung.

Cynthia A. Angel, Charlene Ardent, Lori A. Bagent, Lorraine M. Buck, Jacqueline Collette, Maureen A. Connolly, Beth Dunleavy, Antonio Hernandez, Monica O'Shaughnessy, Eileen Peat, Kimberley Wood und Connie Yee-Cohen haben in der Verwaltung an diesem Projekt mitgewirkt. Wir danken ihnen für die Geduld, die sie trotz unserer unerreichbaren Fristen aufgebracht haben, und für ihre gute Arbeit.

Nicht zuletzt gebührt unser Dank unseren Familien und Freunden, die auf so vieles verzichteten, um uns die Verwirklichung dieses Projekts zu ermöglichen. Ohne ihre Toleranz und ihr Verständnis wäre dieses Buch nicht zustande gekommen.

Grant Norris
James R. Hurley
Kenneth M. Hartley
John R. Dunleavy
John D. Balls

Register

a

Aggregatoren 95
Amortisationsperiode 46 ff., 100
APS (Advanced Planning and Scheduling) 89–92, 169, 171, 179, 181
Assemble-to-Order (Montage auf Bestellung) 85 f.
ASP (Application Service Provider) 5, 24, 69 f., 168, 175 f., 180, 182, 184
Auktionatoren 95

b

Back-Office Bereich, Back-Office System 63, 72, 75, 77 f., 111, 113 f., 164, 185
Branchenkonvergenz, Konvergenz 17 f., 20, 67, 69, 72, 77, 136, 138–142, 155–159
Branchentransformation 17 f., 20, 67, 69, 72, 77, 96, 136, 138–141, 147, 155–159

c

Cashflow, abgezinster 47 f.
Cashflow, zukünftiger 55, 59
Channel Enhancement 17 ff., 67, 136–141, 154–159
Commitment 127, 131, 150, 162
CRM (Customer Relationship Management) 6, 23, 35, 97 ff., 102 f., 167–170, 178 f., 182

d

Demand Chain, Demand Chain Management 30, 39 f., 69 f., 73, 76, 78
Discounted Cash-Flow Analysis (DCF) 48, 53, 55 f., 58, 60 f., 63, 149
Dot.com-Firmen, Dot.com-Unternehmen 6, 11, 58, 69, 96, 128, 136, 174
Dream Tree™ 60 f.

e

E-Buy-Anwendungen 6, 36 f., 176
E-Commerce, E-Commerce Channel 14, 19, 49, 64, 69, 72, 75, 77, 94, 137 f., 141, 158
eCRM (E-Customer Relationship Management); s. auch CRM 19
EDI (Electronic Data Interchange), elektronischer Datenaustausch 14, 38, 41 f., 93, 139, 149, 180
Edwards, J.D. 179
Effektivität 14, 25, 34, 61, 105, 150
Effizienz, Kosteneffizienz 4, 14, 19, 25, 34, 39, 41, 61, 90, 93, 101, 105 f., 109 f., 119, 125, 150, 170 f.
E-Logistics 87
ERP-Anwendungssoftware s. ERP-Software
ERP/E-Business Matrix 17 f., 67, 73, 118, 135 ff., 147
ERP-Einführung, ERP-Implementierung (ERP: Enterprise Resource Planning) 12, 22, 50–54, 64, 74 ff., 80, 129, 134, 156, 164
ERP-Software, ERP-Anwendungssoftware 1–4, 12 f., 25, 29, 30 ff., 40, 69, 78, 110, 149, 168 f., 178
ERP-System 1, 3 f., 13, 16, 23, 25, 28 f., 31, 38, 41, 50, 52, 54, 68 ff., 72-78, 80, 88 ff., 93-96, 98, 100, 111, 117, 129, 136 f., 149, 151 f., 155, 157, 164 f., 167 f., 170 f., 174 ff., 180
ERP-Technologie 1, 3, 16, 25, 28, 32, 36, 39 f., 73, 78, 135, 137 f., 141 f., 154, 168
eSCM (E-Supply Chain Management); s. auch Supply Chain Management 19, 82, 85
E-Sell-Anwendungen 6, 36 f., 176
Exchanger 95
Extraprises 36

f

Font-Office 112 ff.
Forrester Research 85, 88

h

HTML (Hypertext Markup Language) 37, 41, 183
Human-Factor-Kosten 53

i

Infomediaries 94 f., 140
Internet-basierte Technologie, s. Web-basierte Technologie

k

Kapitalwert 48, 61 f.
Konvergenz s. Branchenkonvergenz
Kosteneffizienz s. Effizienz
Kosteneinsparung, Kostensenkung 13 f., 22, 31, 39, 45, 47 f., 50, 55, 81, 148
Kostenrentabilität s. Rentabilität

m

Make-to-Order (Fertigung auf Bestellung) 85 f.
MRP (Materials Requirement Planning) 2, 27, 65, 90, 92, 171, 183
MRP II (Manufacturing Resource Planning) 2, 27, 32, 90, 171, 183
MSA-Analyse (MSA: Market Strategy Advisory) 63 f.

o

Open Framing™ 60, 64
Outsourcing 5, 19, 27 f., 34, 69 f., 78 f., 109 f., 115 f., 118, 122, 168, 176, 180, 182

p

Performance, finanzielle 13
Performance, geschäftliche 14
Performance, historische 43
Performance-Indikatoren 59
Performance-Messungen 132, 134
Performance, operative 13, 173
Performance, strategische 31
Performance, zukünftige 32, 59
Product Flow Chain 39

r

Rentabilität, Kostenrentabilität 7, 32, 50, 119
Resource Planning 29
ROV™ (Real Options Valuation) 47, 49, 55, 57 f., 60, 63, 149, 172

s

Shared Service Center (SSC) 79, 105-115, 117, 143, 148, 174, 184
Shareholder Value 20, 46, 60, 108, 172
Startups, Start-Up-Unternehmen 6, 18, 21, 67 ff., 80, 136, 151, 154
Supply Chain, Supply-Chain Management (SCM) 1 f., 6, 23, 30, 34, 73, 81–83, 88–92, 94, 120, 167 ff., 171 f., 178 f., 184
Supply Chain Replenishment 85
Supply Web 85, 88

t

Technologie, adaptive 10, 27
Technologie, disruptive 10 f., 27, 46
TES (Technology-Enabled Selling) 99 f.
Trading Community 4, 88, 168, 178
Transaktion 15, 27, 31, 33 f., 68, 80, 88, 94, 111, 114, 138, 154, 163 f., 167
Transaktionssystem, Transaktionsverarbeitung 3–6, 12, 27 f., 30, 38, 42, 68, 70, 98, 102, 110, 137 f., 169 ff.

v

Value-Added Service 35
Value Chain, Wertschöpfung, Wertschöpfungskette 6, 12–15, 17 f., 22, 34, 36–40, 45, 49, 64, 67, 69, 73, 75-78, 81–85, 89, 93, 96 ff., 126 f., 134, 136, 138-141, 143, 147, 150, 154–159, 172, 176, 182, 184
Value Network 38
Veränderungsleiter 131

w

Web-basierte Technologie 2 f., 14, 16, 25, 27 ff., 34, 36, 38–43, 72 f., 75, 79, 82, 86 f., 106, 124, 129, 144, 148 f., 152, 159, 163, 165, 174
Wertschöpfung, Wertschöpfungskette s. Value Chain
Wissensmanagement 26

x

XML (Extensible Markup Language) 37, 41, 144, 183